WHEN ANGRY HEARTS FORGIVE
용서가 주는 선물

로버트 워렌 지음 · 김묘정 옮김

쿰란출판사

When Angry Hearts Forgive :
Opening the Floodgates of Glory with the Power of Forgiveness

Copyright ⓒ 2006 by Robert Graham Warren
All rights reserved.
Korean edition ⓒ 2013 by Qumran Publishing House.

내가 전혀 사랑스럽지 않았을 때조차
(나의 소중했던 유년기 시절과 반항적이었던 사춘기 시절)
내게 사랑을 베풂으로 용서의 원리를 가르쳐 주신
내 사랑하는 부모님
스탄 워렌과 놀린 워렌에게 이 책을 바칩니다.
그리고,
내가 기억할 수 있는 것보다
훨씬 더 많은 순간 나를 용서해 주었던
내 소중한 아내 헬렌.
용서를 통해 아내는 나를 지켜 왔고,
그로 말미암아 우리는
지금도 함께 동행하는 삶을 살고 있습니다.
내 사랑하는 아내에게 감사를 보냅니다.

서문

이제 우린 용서를 주제로 한 여행을 떠나기 위해 함께 출발할 것이다. 처음부터 이 여행은 분노를 조절하는 법을 가르쳐 준다거나, 문제 있는 결혼 생활을 위한 안내서가 아님을 밝혀 둔다. 하지만 우리가 하나님의 빛을 향해 걸어갈 때 생길 수 있는 부수적인 효과가 그러한 문제들에 대한 해결책이 될 수도 있음을 또한 밝혀 둔다.

이 책은 우리를 하나님의 보좌로 인도하며, 우리로 하여금 하나님의 놀라운 영광을 볼 수 있게 해주는 용서가 가진 힘에 대한 것이다. 각 장의 이야기들은 예수 그리스도가 당신을 품에 안아 데려가실 천국으로 가는 길을 밝혀 주는 등대가 될 것이다.

기독교 서적들이 홍수처럼 넘쳐나지만, 진정한 용서란 무엇인가에 대해 다루는 책들이 거의 없다는 사실은 참으로 놀랍다. 임상심리학의 관점에서 용서에 관해 쓰여진 책들은 시중에 많이 나와 있다. 하지만 참된 용서란 우리 마음(heart)의 문제이며, 하나님 나라의 근간이 되는 것이다. 그리스도인으로서 우리는 아마도 용서를 통한 거듭남이라는 경험에 만족해할지도 모른다. 그래서 보다 깊이 그것들을 살펴보자는 내 말이 마음에 와닿지 않을 수도 있다.

아마도 단박에 당신은 이런 종류의 메시지가 당신에겐 필요하지 않은 것이라 생각할 수도 있다. 하지만 책장을 하나하나 넘겨가며 곰곰이 생각해 보면 당신이 상상해 왔던 것 이상의 용서가 필요하다는 것을 깨닫게 될 것이다. 이 땅에서 살아가는 우리의 짧은 생애 동안 하나님은 오직 겸손과 용서하는 마음을 통하여 그에 합당한 영광을 받으신다.

용서는 단순히 그리스도인으로 개종했다는 사실로부터 시작하는 것도, 끝나는 것도 아니다. 용서는 그리스도인으로서 우리의 삶 순간순간마다 필요한 것이다. 용서를 통해 우리는 하나님과 우리 형제자매의 관계를 유지해 나갈 수 있기 때문이다. 하나님의 용서는 우리를 더 깊고도 달콤한 하나님과의 사랑의 관계로 이끄신다.

이 책의 영문 제목 "When Angry Hearts Forgive"는 노래 제목에서 따온 것이다. 그 곡은 우리의 죄로 고백되어야 할 성냄과 분노에 대한 용서의 필요성과, 어떠한 상황에서 자비로이 베풀 수 있는 조그만 용서의 필요성에 대해 노래하고 있다.

분노(anger)란 용서하지 않는 마음에서 자라나는 수많은 부정적인 열매들 가운데 하나이다. 만일 우리가 계속 이러한 부정적인 열매들을 거둔다면 결국 관계의 파괴라는 결과로 이어질 것이다. 하지만 우리가 서로를 용서한다면, 우리는 최후 승리자가 될 것이며, 예수님을 대표하는 진정한 예수님의 전권 대사들이 될 것 이다.

주님의 영광이 우리 삶 속에 나타날 뿐만 아니라 마침내는 온 세상에 드러날 것이다. 이 영광은 온 우주의 가장 강력하고도 건설적

이며 창조적인 힘을 상징한다. 하나님의 영이 다시 한 번 수면 위를 창조적으로 운행하기 시작하듯이, 무엇에도 속박받지 않은 용서는 너무나도 놀라우며 경이로울 것을 난 믿는다.

과거 몇 년 동안 데이비드 뉴비(David Newby)와 나는 피지 섬에서 열렸던 "국가 용서 주간"(National Forgiveness Week: NFW)이라는 행사에서 '용서'라는 메시지를 통하여 일하시는 하나님의 역사를 보는 특권을 누려 왔다. 이 행사는 용서의 필요성을 알리기 위해 해마다 한 주를 정해 개최된다. 이 행사는 몇몇 교회들만의 한정된 행사가 아니라, 모든 도시와 마을 주민들에게 공개적으로 용서의 필요성을 가르치고 축하하며 끝을 맺는다.

하나님은 피지에 용서라는 메시지를 전달하는 다리 역할을 할 수 있는 특권을 우리에게 부여하셨다. 우리는 용서가 가진 회복의 힘이 얼마나 엄청난지 이제 막 이해하기 시작했을 뿐이다. 사실상, 이 책은 "피지 국가 용서 주간"(Fiji National Forgiveness Week)을 위해 쓰여진 일련의 에세이에서 시작된 것이다.

특이한 방법을 통하여 나는 '메시지'가 되었다. 타고난 나의 어리석은 성향으로 인해 난 끊임없이 용서를 실천해야 했다. 수년 동안 나는 셀 수 없이 많은 경우 다른 사람에게 용서를 구해야 했다. 마찬가지로, 다른 사람을 향해 수없이 용서하는 연습을 해야 했던 순간들도 있었다. 하지만 다른 사람이 겪어 온 고통과 용서에 비하면 내 고백들은 보잘것없다는 사실 또한 인정해야 할 것이다.

가끔 난 왜 이렇게 다른 사람들과 관계를 맺어가는 것이 서툰지 궁금했다. 아마도 그건 사회성 부족이거나 스스로를 조절하는 선천적인 능력이 부족한 탓일지도 모른다. 하지만 특별히 다른 사람들(내 절친한 가족이 아닌 다른 사람들)이 내게 용서를 구하지 않을 때조차 왜 내가 먼저 늘 다른 사람에게 용서를 구해야 하는지 의문이 들 때도 있었다.

우리는 용서의 참된 가치가 무엇인지를 제대로 알지 못하고, 심지어는 교회 내에서조차 그러함을 자주 발견하게 된다. 그리스도 안의 형제자매들조차 간혹 우릴 무시한 채 그냥 지나쳐버리고 용서에 대해선 까마득히 잊어버리곤 하는 것 같다.

나는 성령님(우리의 선생님)의 임재와 함께 이 책을 통해 전해질 내가 믿는 몇 가지 교훈들을 배웠다. 이 책은, 용서의 영이 각 사람의 마음에 임하여 회개에 합당한 열매를 맺으리라는 소망을 가지고 지금 이 글을 읽고 있는 당신을 위해 쓴 것이다.

아마도 이 책 중 어떤 부분은 한 번 읽는 것으로 그 의미를 충분히 이해할 수 없어 반복해서 읽거나 묵상이 필요할지도 모른다.

이 책에 쓰여진 대부분의 이야기들은 실제 사건이지만, 언급된 사건 속 사람들의 개인 비밀 보장을 위해 이름과 장소는 실제 이름과 다르게 표기했다.

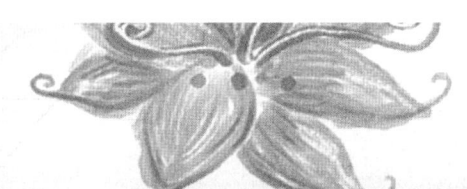

이 책에서 나는 용서와 관련한 끔찍한 이야기들을 의도적으로 피했다. 용서의 원리는 그 죄가 아주 극악무도하거나 사소하거나에 상관없이 동일하다.

인간은 오직 먼지가 뿌옇게 앉은 유리와 우리를 기다리고 있는 하나님의 자비하신 구원의 은혜의 완전한 계시를 통하여서만 내세를 볼 수 있기 때문에, 사실상 우리의 내세에 대한 관점은 아주 제한적이다. 따라서 이 책을 통하여 가르치고자 하는 것들 역시 제한적이며 단편적이지만, 알고자 하는 자에게 기초를 제공하는 데에는 충분하리라 여긴다.

우리 모두는 푸른 풀밭과 시내가 있는 새 땅을 찾기 위해 '하나님의 길'(King's highway)을 따라 여행하는 순례자들이다. 이 책이 우리가 하나님의 나라라고 부르는 이 끝없고 광대한 광경 속에서 만나게 되는 기적들을 찾도록 도와주는 여행 가이드북으로 사용되리라 믿는다.

"이후로 영원히 정의와 공의로 그것을 보존하실 것이라"(사 9:7).

별도의 표시가 없는 한 모든 성경 구절은 NIV(NEW INTERNATIONAL VERSION)의 HOLY BIBLE에서 인용하였다.

목차

서문 ·· 4

1. 속죄 ·· 11

2. 용서해야 할까? 말아야 할까? ································ 26

3. 댐의 수문 열기 ·· 47

4. 화평하게 하는 자는 복이 있나니 ························ 65

5. 교활한 목소리 ·· 99

6. 심판관의 가운 ·· 125

7. 세탁과 다림질 ·· 145

8. 버림받은 사랑 ·· 169

9. 다시 길 위에 ·· 193

10. 하나님과의 교제 ·· 225

11. 피지에 변화를! ·· 252

12. 경이와 영광 ·· 267

감사의 글 ·· 298

참고문헌 ·· 301

그리스도인으로서 우리는 삶에서 겪게 되는 일들을 견뎌내는 것이 아니라 온전히 누려야 한다.

－밀턴 스미스, 1980

1장_ 속죄

"성령의 열매는 사랑과 희락과 화평과 오래 참음과 자비와 양선과 충성과 온유와 절제와 용서니……"(갈 5:22-23).

성경을 조금 아는 사람들이라면 첫 문장을 보자마자 이 책을 쓰레기통에 던져버리려 할지도 모르겠다. 왜냐하면 갈라디아서에 성령의 열매로 용서라는 말은 언급되어 있지 않기 때문이다. 사실 용서는 그 목록에 포함되어 있지 않다. 하지만 내게 용서는 진정한 성령의 열매라 여겨진다.

그렇다면 왜 바울은 용서에 대해 말하는 걸 잊었을까? 그러나 그가 잊어버린 게 아니라 처음에 얼핏 보면 보이지 않지만 엄연히 그 목록에 포함되어 있다. 용서는 바로 사랑의 또 다른 표현이다.

용서는 이미 깨져버린 관계를 회복하고자 하는 간절한 마음에서 나온다. 하나님과의 사랑의 교제 속으로 우리를 이끄시기 위해 하나님은 먼저 우리의 죄를 씻어 주셨다. 하나님은 거룩하시기 때문에 하나님은 그의 본성대로 우리에게 오셔야 한다. 그래서 우리의 죄를 도말하시기 위해 희생을 치르셨고, 그의 의로움을 우리에게 덧입히셨다. 하나님이 사랑하는 독생자 예수 그리스도가 그 대가를 치르신 것이다.

이러한 예수님의 희생이 얼마나 깊은 의미를 지닌 것인지 우리는 아직도 완전히 이해하지 못한다. 그럼에도 불구하고 하늘에서 하나님 앞에 설 때 예수님으로 말미암아 우리 모두는 그곳에 거할 권리를 얻었노라고 말할 수 있을 것이다.

예수님은 모두들 저 좋을 대로 살아가는 이곳 지상에서 하나님 아버지의 사랑으로 말미암아 신실하고 정직하며 순종하는 삶을 사셨다. 그의 보혈은 우리 죄를 사하셨으며, 그의 말씀을 믿고 회개하는 자에게는 영생을 주신다. 이 영생은 우리 삶의 근원인 하나님과 예수 그리스도를 알고 연합하는 것에서 시작된다.

"영생은 곧 유일하신 참 하나님과 그가 보내신 자 예수 그리스도를 아는 것이니이다"(요 17:3).

용서받지 못했기 때문에 우리는 모든 세속적인 욕망을 따라 산다. 하지만 우린 용서받았고, 그로 말미암아 우리는 하늘에 계신 우리 아버지와 연합할 수 있다. 이러한 관계가 바로 하나님을 떠나선 존재할 수 없는 진정한 삶, 곧 우리의 영생이다.

예수 그리스도는 십자가에서 돌아가실 때 하늘을 올려다보시며 "아버지 저들을 사하여 주옵소서 자기들이 하는 것을 알지 못함이니이다"(눅 23:34)라며, 고통스런 마지막 말씀을 남기셨다. 그 기도로 인해 예수님을 십자가에 매단 죄는 영생을 기록한 생명책에서 지워졌다. 예수님은 그를 채찍질했던 사람과 그의 손에 못을 박았던 군병, 그를 죄 있다 했던 모든 사람들의 죄를 다 씻어 주셨다. 예수를 십자가에 달리게 한 자들 중 누구 하나 하나님께 용서를 구하지 않는다 하더라도, 그 죄로 인하여 징벌을 받지 아니할 것이다. 예수님은 그들을 위하여 자신을 대적하여 저지른 죄에 대한 용서를 구하셨다. 예수님의 마음에 어떤 용서하지 않은 흔적이 남아 있었다면 십자가는 그 힘을 잃었으리라. 이 얼마나 놀라운 사랑인가!

예수님은 자신을 십자가에 내주시기 전 겟세마네 동산으로 가셨다. 예수님은 무슨 일이 일어날지 알고 계셨으며, 그것을 피할 수 있기를 기도하셨다. 그의 영혼이 깊은 슬픔 속에 있음을 제자들에게 얘기하신 후, 그 잔이 그에게서 옮겨지도록 기도하셨다.

이러한 간구를 들은 아버지의 마음은 또 얼마나 미어지게 아팠을지. 그가 사랑하는 아들이, 그들이 살아왔던 삶에 대한 심판 말고는 아무런 가치도 없는 사람들의 손에 부당한 고통을 당했다. 그가 사랑하고 기뻐하는 아들이 사람들의 분노로부터 피할 수 있는 길을 구했다. 결국 그를 구할 수 있는 건 하나님의 능력에 달린 일이었다.

난 두려움만을 느낄 것 같은데, 그때 하나님의 마음은 어떠했을까? 하나님은 아마도 "집으로 돌아오너라, 아들아. 그리고 인간의 문제는 그들 자신에게 맡기거라. 그들은 너의 가치를 몰라"라고 말하고 싶었으리라 상상해 본다. 하지만 당신과 날 향한 그의 사랑이 그를 붙들었다. 예수님은 우리가 하나님께 나아갈 수 있도록 단번에 영원한 속죄를 위한 최후의 희생을 치르셨다.

십자가 희생의 위대함이 옛 찬송가인 "바다 같은 주의 사랑"(Here is Love)에 잘 담겨져 있다.

> 바다 같은 주의 사랑 내 맘속에 넘치네
> 생명의 주 우릴 위해 보혈 흘려 주셨네
> 영원하신 주의 사랑 어찌 우리 잊으리
> 생명 주신 주님 사랑 영원히 찬양하리
> 주 못 박힌 언덕 위에 생명의 문 열렸네
> 깊고 넓은 은혜의 샘 강과 같이 흐르고
> 하나님의 자비하심이 이 땅 위에 넘치네
> 평강의 왕 주님 예수 세상 죄 구속했네.

평강의 왕은 노예 된 우리를 자유하게 하기 위한 속죄의 희생 제물이 되셨다. 우리는 흠 없는 하나님의 어린양의 희생을 통하여 원수의 손에서 풀려나 자유를 얻었다. 세상의 그 어떤 금은보화도 우리를 자유케 할 순 없다. "그를 위한 속전을 하나님께 바치지도 못할 것은 그들의 생명을 속량하는 값이 너무 엄청나서 영원히 마련하지 못할 것임이니라……하나님은 나를 영접하시리니"(시 49:7-8, 15).

만일 우리가 인정하고 받아들이기만 한다면 하나님의 위대한 사랑은 우리 한 사람 한 사람을 향한 계획을 가지고 계신다.

하나님의 나라에 들어가기 위해서는 두 가지가 필요하다. 개인적인 죄로부터의 회개와 예수님의 속죄 사역을 믿는 일이다. 우리 마음이 그의 희생에 대해 진정으로 감사하기 시작할 때 그의 위대하신 사랑과 자비는 우리로부터 인격적인 반응을 끌어내게 된다. 여기 내 이야기를 소개한다.

기드온의 성경

1971년 스무 살 때 난 세 친구와 함께 호주에서 유럽으로 가는 여행길에 올랐다. 우리는 런던에 자리를 잡았지만, 그해가 끝날 즈음 결국 우리 모두는 뿔뿔이 흩어졌고, 마침내 나 혼자 남았다. 그땐 몰랐지만 그 당시 내가 느낀 고독은 나 스스로를 바닥까지 볼 수 있도록 하나님이 허락하신 시간이었다. 돌이켜보면 그 힘든 시간 동안 하나님의 손이 늘 나와 함께하셨음을 난 알 수 있다.

몇 가지 이유 때문에(지금은 기억이 잘 나지 않지만) 난 캐나다에 가 보고 싶단 생각을 했고, 아마도 그곳에서 일자리를 구하려 했었던 것 같다. '일할 수 없음'(NO WORK PERMIT)이란 도장이 찍힌 여권과 주머니에 단돈 70달러를 지닌 채, 몬트리올에 도착했다. 내가 가진 재산이라고 해봐야 런던으로 돌아갈 수 있는 티켓과 호주로 돌아갈 수 있을 만큼의 영국 은행에 들어 있었던 돈이 전부였다(하지만 실제론 이용할 기회가 없었다).

나는 몬트리올 시내에 있는 YMCA에 저렴한 방을 구했고, 순식간에 없어져버릴 얼마 안 되는 돈밖에 없는 상황이었기에 난 3일

동안 정말 많은 생각을 했다. 그 당시 나는 어느 누구와도 거의 얘기 나누지 않았고, 나를 짓누르고 있는, 전엔 한 번도 느껴 보지 못했던 외로움을 느꼈다. 3일이 지나자 내겐 겨우 40달러만 남았다. 난 정말 간절히 도움이 필요했고, 그것도 아주 빠른 시간 내에 필요했다.

그날 밤 방에 앉아 번쩍이는 도시 야경을 바라보다가 성경 속 사사인 기드온이 문득 떠올라 성경을 찾기 위해 서랍을 열었다. 사실 난 어려서 주일학교에 다녔고 아버지의 기독교 신앙의 영향을 받으며 자랐다. 하지만 하나님에 대한 생각은 오랫동안 내 마음에서 잊혀져 있었으며, 하나님이 있어야 할 자리는 세상의 것들로 가득 차 있었다. 하지만 어찌된 일인지 그날 세상은 내게 더 이상 매력적으로 보이지 않았다.

나는 성경의 참조 부분이 있는 기드온의 성경 첫 페이지를 펼쳤다. "만약 당신이 절망에 빠져 있다면……로 가시오." "만약 당신이 가난하다면……로 가시오." "만약 당신이 도움이 필요하다면……로 가시오."

그 모든 것들이 내게 적용될 수 있을 것 같았고, 난 성경의 다음 단락을 펼쳤다.

"또 너희가 어찌 의복을 위하여 염려하느냐 들의 백합화가 어떻게 자라는가 생각하여 보라 수고도 아니하고 길쌈도 아니하느니라 그러나 내가 너희에게 말하노니 솔로몬의 모든 영광으로도 입은 것이 이 꽃 하나만 같지 못하였느니라 오늘 있다가 내일 아궁이에 던져지는 들풀도 하나님이 이렇게 입히시거든 하물며 너희일까 보냐 믿음이 작은 자들아 그러므로 염려하여 이르기를 무엇을 먹을까 무엇을 마실까 무엇을 입을까 하지 말라 이는 다 이방인들이 구하는 것이라 너희 하늘 아버지께서 이 모든 것이 너희에게 있어야 할 줄을 아시느니라 그런즉 너희는 먼저 그의 나라와 그의 의를 구하라 그리하면 이 모든 것을 너희에게 더하시리라"(마 6:28-33).

갑자기 내 뺨을 따라 눈물이 하염없이 흐르기 시작했고, 그 눈물은 펼쳐진 성경 위로 뚝뚝 떨어졌다. 말로 표현할 순 없지만 난 내 삶을 하나님께 드리기로 결심했다. 난 무언의 말을 하고 있었다. '하나님, 이젠 아버지와 함께 걷고 싶어요.'

그러자 곧 그때의 내 상황과는 전혀 어울리지 않는 평화와 순수한 기쁨이 마음속에 가득 차올랐다.

날 더 놀라게 한 건, 전날 밤 경험했던 그 평화와 기쁨이 다음날 아침 눈을 떴을 때에도 여전히 사라지지 않고 그대로 있다는 것이었다. 그건 순간적인 감정이 아니었다. 무엇인가가 내 속에서 빠져 나간 것 같았다. 어쨌든 난 내가 무엇을 해야 할지 깨달았다.

그날 아침 난 가방을 YMCA 짐 보관함에 넣어 두고, 데오드란트, 칫솔, 여분의 속옷들과 침낭을 챙겨 토론토와 나이아가라 폭포, 더 나아가 호수들을 거쳐 퀘벡으로 가기 위해 히치하이크를 하려고 고속도로 위를 따라 걷기 시작했다. 기름값을 절약하기 위해 날 태워 준 사람들에게 때론 약간의 돈을 지불하기도 하며, 그렇게 7

일 동안을 여행했다.

　7일 동안의 여행이 끝나갈 즈음, 난 호주로 돌아가야 할 시간임을 강하게 느꼈다. 짧은 시간 동안 하나님이 주신 기쁨은 늘 나와 함께했다. 난 한 번도 끼니를 거르지 않았으며, 늘 잠을 청할 수 있는 곳들을 발견할 수 있었다(조금 이상해 보이는 장소이긴 하지만). 옷도 제법 깨끗했으며(내 생각엔), 몬트리올로 돌아올 때엔 약간의 돈도 남아 있었다. 얼마나 놀라운 일인지!

　몬트리올 YMCA 숙소에서 내게 일어났던 일을 완전히 이해하기까진 몇 달이 걸렸지만, 난 예수님을 향한 마음의 문을 열었던 것에 감사한다.

　히치하이킹 하던 동안 "QUEBEC 72-LA BELLE PROVINCE"라고 새겨져 있던 낡은 자동차 번호판을 발견했다. 1972년 하나님이 기드온의 성경을 통해 내 삶에 오신 그날을 기억하기 위해, 난 지금도 사무실 벽에 그 번호판을 걸어 놓고 있다.

　그때 느꼈던 평안과 기쁨을 지금도 난 여전히 느끼고 있다. 하나님이 날 용서하셨으며 자녀로 받아들이셨음을 난 알고 있다. 내가 변화했던 그 시점뿐 아니라 지금까지도 그것이 변함없는 사실임을 난 믿는다. 내가 하나님 아버지와 손을 잡고 함께 걸어갈 준비만 되어 있다면 매일 매순간 그 사실들을 내 삶 속에서 발견하게 될 것이다.

비참함

여지껏 쓰여진 최고의 찬송가 가운데 하나는 아마도 새찬송가 305장 "나 같은 죄인 살리신"(Amazing Grace)일 것이다. 그중에서도 1절 가사는 누구에게나 익숙할 것이다.

> 나 같은 죄인 살리신 주 은혜 놀라워
> 잃었던 생명 찾았고 광명을 얻었네.

우리는 전 세계 어디에서나 이 찬송을 부르는 소리를 들을 수 있다. 200년이나 지난 지금도 이 곡은 여전히 많은 사람들에게 널리 애창곡으로 불리고 있다. 여러 세대가 지나도 사랑받는 작품일 수밖에 없는, 시간을 초월한 그 무언가가 이 노래 속에 있는 것 같다.

전직 노예상이었던 작곡가 존 뉴턴 목사님의 고백에 따르면, 그는 온갖 종류의 죄를 지었다. 그가 자기 자신을 "죄인"(wretch)라고 불렀을 때, 그는 그것이 무엇에 관한 것인지를 정확히 알았다. 그는 진정으로 자신이 죄인임을 깨달았고, 그래서 자기를 구원해 주신 주님의 값없이 베푸신 은혜에 대해 말할 수 있었다.

마찬가지로 우리도 죄인임을 깨달아 우리가 받은 구원에 대해 깊이 감사할 수 있으려면, 무엇보다 우리 마음에 거하는 죄에 대해 (그리스도인이라 할지라도) 알아야 함은 너무도 당연하다.

그리스도인으로서 우리는 다른 사람들과 비교하여 아마도 '그들보다 좀 낫다'고 생각할지도 모른다. 하지만 우리 자신에 대한 진정한 평가 기준은 하나님과 비교될 때만이 온전한 것이 될 것이다. 그럴 때만이 우리는 진정한 우리 자신 — "모든 사람이 죄를 범하였으매 하나님의 영광에 이르지 못하였더니"(롬 3:23) — 을 보게 될 것이다.

그리스도인으로서 우리가 꼭 알아야 할 한 가지는, 주변 사람들의 잣대가 아니라 하나님의 잣대를 우리 자신에게 적용해야 한다는 사실이다. 그래야만 하나님 앞에 우리 죄가 얼마나 깊은 것인지 깨닫게 되며, 그 후에야 비로소 "나 같은 죄인 살리신 그 은혜 놀라워"라는 가사를 넘쳐나는 감사의 마음으로 부를 수 있을 것이다.

하나님의 정결한 빛 속에서만이 우리는 우리 자신의 참된 마음의 상태를 볼 수 있기 때문에 그분의 영광스러운 빛을 보여주시기를 구해야 한다. 선지자 이사야는 하나님의 보좌 앞으로 나아와 "그때에 내가 말하되 화로다 나여 망하게 되었도다 나는 입술이 부정한 사람이요 나는 입술이 부정한 백성 중에 거주하면서 만군의 여호와이신 왕을 뵈었음이로다"(사 6:5)라고 탄식했다.

욥 또한 하나님 앞에서 자신의 의로움을 내세우며 불평하기를 그치고 "그러므로 내가 스스로 거두어들이고 티끌과 재 가운데에서 회개하나이다"(욥 42:6)라는 고백을 하자, 하나님은 그에게 응답하셨다.

이러한 우리 존재의 비참함이 희망이 없음을 말하는 것은 아니다. 오히려 정반대이다. 하나님의 거룩하심 앞이 우리가 있어야 할 마땅한 자리이다. 우리가 구세주이신 예수님의 위대함을 볼 때 비로소 우리 구원의 위대함을 이해하게 될 것이다. 그때에야 우리는 넘치는 감사와 기쁜 마음으로 "Amazing Grace"의 1절 마지막 소절인 "잃었던 생명 찾았고 광명을 얻었네"를 부를 수 있을 것이다.

집으로 돌아가는 길

이 이야기는 독일의 시골길을 따라 덜컹거리며 달리는 기차 안에 조용히 앉아 있던 조헨이라는 한 젊은 청년의 이야기다. 그는 깊은 생각에 잠겨 있었으며, 뭔가 걱정거리가 있어 보였다. 객실의 유일한 다른 승객이었던 한 목사님은 그 청년이 뭔가를 몹시 걱정하고 있음을 알아챘고, 그 인정 많은 목사는 할 수만 있다면 그를 도와주고 싶었다.

목사는 자신을 청년에게 소개하면서 "네게 뭔가 걱정거리가 있어 보이는데 내게 말해 줄 수 있니?"라고 친절히 물어 보았다. 조헨은 처음엔 조금 경계하는 듯하더니, 마침내 이야기하기 시작했다.

그는 반항적인 소년이었으며, 모든 일에 사사건건 부모님과 언쟁을 벌이곤 했다. 그는 항상 모든 일에 자신의 방식을 고집했고, 그가 하고자 하는 일에 부모님이 동의하지 않을 때면 늘 화를 내곤 했다. 결국 그는 충동적인 분노를 참지 못하고, 부모님을 증오하며 두 번 다시 집으로 돌아오지 않으리라는 맹세를 남기고는 집을 떠났다.

그날 그런 사건이 있고 2년이 흐른 뒤, 조헨은 그가 저지른 잘못을 깨달았고 부모님이 옳았음을 깨닫게 되었다. 그와 그의 친구들은 여기저기 지저분한 아파트들을 전전하면서 막일을 하며 입에 풀칠할 수 있을 정도의 돈을 버느라 힘겨운 2년이란 시간을 보냈다. 또래의 친구들을 사귀었지만 그의 마음은 가족들 생각에 계속 괴로웠다. 그는 부모님이 그리웠지만 자신이 내뱉었던 맹세와 자존심 때문에 집으로 돌아갈 수가 없었다.

결국 더 이상 참을 수 없는 지경에 이르자 그는 그의 부모님에게 편지를 쓰기로 결심했다. 그 내용은 다음과 같다.

"전 이제야 제가 틀렸고 부모님이 옳았다는 것을 깨닫게 되었어요. 제가 일으킨 여러 가지 문제들에 대해 정말 죄송하게 생각하고 있어요. 그리고 제가 부모님을 진심으로 사랑하고 있다는 것을 알게 되었고, 만약 절 받아 주신다면 집으로 돌아가고 싶어요. 화가 나 계실 거라는 걸 알고 있고, 어쩌면 더 이상 절 원하지 않으실 수도 있다는 걸 알아요.

하지만 어쨌든 전 다음 주 목요일 아침 10시 15분에 우리 마을에 정차하는 뒤셀도르프 행 기차에 좌석을 예매했어요. 철도 선로 근처 모퉁이에 있는 오래된 나무를 아실 거예요. 만약 제가 집으로 돌아오길 원하신다면 그 가지들 중 하나에 흰색 수건을 걸어놔 주세요. 기차가 도착했을 때 제가 그 수건을 보게 되면 부모님이 제가 집으로 돌아오길 원하신다는 걸로 알게요. 만약 나무에 수건이 걸려 있지 않다면 절 원하지 않으신다는 것으로 알고 그냥 기차를 타고 갈 거예요. 부모님 인생을 힘들게 했기 때문에 절 두 번 다시 보고 싶지 않다고 해도 이해해요. 만일 그렇다 하더라도 절 용서해 주세요."

기차는 그가 살았던 마을로 다가가고 있었다. 그의 부모님은 그가 돌아오길 원했을까, 아니면 원하지 않았을까? 그는 그의 부모님을 뵙고 오랫동안 상심하게 했던 것들에 대한 후회의 마음을 전하고 싶어 정말이지 기차에서 내리고 싶었다. 지금은 조금 더 나이가 들었지만 부모님께 그런 자신을 보여드리고 싶었다. 이제 그는 행복한 마음으로 순종할 수 있는데……. 그가 그럴 수 있는 기회를 가질 수 있었을까?

기차가 선로 옆에 있는 오래된 나무 곁으로 가까이 다가갈수록 그의 기대는 점점 커져 갔다. 그는 수건이 거기 걸려 있는지 없는지 차마 볼 수가 없었다.

그의 운명을 결정할 그 장소에 가까이 다가갈수록 너무나 긴장이 되어, 그는 목사님에게 대신 좀 봐 줄 것을 부탁했다. 친절하게도 그 목사님은 객차 창문을 내리고 밖을 내다보았다! 조헨은 목사님의 표정에 조금이나마 어떤 경고의 기미가 떠오를까 봐 목사님의 얼굴만 뚫어지게 쳐다보고 있었다. 하지만 그는 목사님의 얼굴에서 아무것도 읽을 수 없었다.

"어떻게 됐어요? 어떻게 됐어요?"

조헨이 물었다.

"니가 보는 게 나을 것 같다."

나이 든 목사님이 대답했다.

미친 듯이 방망이질 치는 가슴을 부여잡고 조헨은 그 나무를 보기 위해 밖을 쳐다보았다.

약속했던 그 나무의 나뭇가지 중 하나에 흰 수건이 걸려 있었다.

그런데 그것뿐만이 아니라 흰 이불보, 흰 베개커버, 흰색 테이블보, 흰색 목욕 타월, 거기다 흰색 담요까지, 그 모든 것들이 그 나무를 뒤덮고 있었다!

상처투성이지만 이젠 감사할 줄 아는 아들이 사랑하는 부모님 품으로 돌아왔다.

이 현대판 우화가 말하듯, 고집불통인 아이를 향한 부모님의 사랑에서 우리는 하나님의 사랑을 엿볼 수 있다. 하나님의 사랑은 너무나 아름답다. 우리가 하나님을 못 본 체하거나 소홀히 여긴다는 것은 곧 우리의 미래를 방치한다는 것이다. 모든 것은 하나님과 우리의 관계에 달려 있다. 하나님은 순종하지 않는 그의 아들이 집으로 돌아오길 애타게 기다리고 계신다.

> "이에 일어나서 아버지께로 돌아가니라 아직도 거리가 먼데 아버지가 그를 보고 측은히 여겨 달려가 목을 안고 입을 맞추니"
> (눅 15:20).

하나님이 진정 원하시는 것은 그가 사랑하는 자녀, 곧 그의 기쁨이자 그의 눈의 눈동자와 같은 우리를 그에 합당한 자리로 회복시키는 것이다. 하나님은 당신과 내가 이러한 '하나님께로 나아갈 수 있는 권리'를 얻기 위해 아무런 조건도 요구하지 않으신다.

하나님이 먼저 당신과 나를 위한 구원의 계획, 즉 독생자 예수 그리스도를 대속물로 보내어 고통 받고 죽게 하려고 계획하셨을 때 그분의 마음에 넘쳐났을 사랑과 아름다움을 생각하면 난 눈물이 난다. 하나님이 그것을 단순히 생각만 하신 게 아니라 실제로 예수 그리스도를 보내셨다는 것은 훨씬 더 경이로운 일이다. 그것만이 유일한 방법이었으며, 하나님은 당신과 나를 희생을 치를 가치가 있는 존재로 생각하셨던 것이다.

2장_ 용서해야 할까? 말아야 할까?

그리스도인으로서 당신은 하나님의 용서하심으로 하나님과 함께 동행하는 삶을 살고 있거나 아니면 아마도 이미 그리스도인이 된 지 수년이 흘러 처음 가졌던 그 기쁨이 어느샌가 기억 너머로 희미해져버린 삶을 살고 있을지도 모른다. 우리가 발견하게 되는 우리 자신의 영적 상태가 어떠하든지 간에 우리는 항상 용서하고자 하는 의지를 가져야 한다.

그리스도인이라 하면서도 우리는 상처 받았을 때 "내가 옳고 잘못한 건 그들이야! 저런 믿을 수 없는 사람들을 미워하는 건 당연한 거야. 그들은 행한 대로 대가를 치러야 해. 정말 그들이 미워……"라고 수도 없이 되새기며 스스로를 정당화하기 쉽다. 다른 사람들이 너무나 부당하고 무자비하게 고통을 주었다는 것과 관련한 모든 그럴듯해 보이는 이유들은 우리를 괴롭게 한다.

어쨌든 우리가 용서하기를 거부할 때 우리는 증오, 원한, 비통함과 악의와 같은 감정들 속에 남겨지게 된다. 우리는 가해자가 당연히 받아야 된다고 생각하는 처벌과 비난을 바라게 되는—아주 옳은 것처럼 보이지만—자기 정당화에 빠질 수 있다.

세상은 타락하여 제 기능을 하지 못하고 있다. 예수 그리스도가 천국으로 가는 문을 열어 놓았다 하더라도 회복의 역사는 아직 미완성이다. 그것은 이 땅에 하나님 나라가 임하도록 하는 데 우리 각자가 맡은 역할이 있기 때문이다. 남에게 그럴 듯하게 보이도록 우리 삶을 가장하여 꾸밀 수는 있지만, 사실상 그것은 의례나 예의라는 겉치레가 가능할 때만 성공할 수 있다. 이러한 겉치레는 스트레스를 받을 때 우리 안에 자리잡고 있는 추한 모습을 드러내며 쉽게 무너진다. 예수님은 어떠한 추한 모습도 보이지 않으셨다. 고난 당하셨을 때, 주님은 우리가 그의 말을 청종하면 우리의 삶이 어떤 모습인지를 보이시며 그 고난을 사랑으로 감당하셨다.

꽃이 발 아래 짓밟힐 때 그 꽃은 향기를 내뿜는다. 하지만 사실상 우리에게는 그렇게 내뿜을 향기가 그리 많지 않다! 실상은 우리는 세상이 우리 자신의 기준에 맞추어 줄 것을 원하며, 언제나 하나님의 뜻이 아니라 우리의 뜻을 따르며 사는 이기적이며 교만한 존재라는 것이다. 우리 모두가 그러하듯, 애초부터 우리는 그렇게 태어났으며, 그러한 우리의 천성적인 기질은 밝히 드러나게 된다. 하지만 하나님과 인간 앞에 우리의 죄를 정당화하는 우리 자신의 모습을 그냥 그대로 받아들여야만 할까? 보다 나은 삶을 살 수 있는 다른 방법은 없을까?

그것이 바로 예수님이 우리에게 오신 이유가 아닐까! 우리가 우리 죄를 없앨 수만 있다면 죽은 후 단순히 천국에 가는 것뿐만 아니라 이 세상은 아마도 더 나은 세상이 될 것이다.

디즈니의 오래된 영화 〈소공자〉(Little Lord Fauntleroy) 속 엄마 역할을 하는 여배우가 그의 아들에게 한 말이다. "우리 인간이 살아왔기 때문에 이 세상은 좀더 나은 곳이 되어야 해."

이 말 속에는 많은 의미가 담겨 있으며 깊이 생각해 보아야 할 가치가 있다. 우리는 무엇을 위해 살아갈 것인가? 우리는 우리 시간과 에너지를 하나님을 위해 사용해야 한다. 하지만 과연 우리에게 하나님을 위해 우리의 시간과 에너지를 쓸 용기가 있는 걸까? 아니면 우리 자신의 쾌락을 위해 아낌없이 써야 할까?

우리 그리스도인이 세상의 소금 역할을 한다 하더라도 지금과 같은 부패한 세상에서는 부분적으로 약간의 영향력만 끼칠 수 있을 뿐이다. 우리는 현재 교회의 모습이 단지 그곳에 속한 사람들의 상태만을 반영할 뿐이라는 피할 수 없는 사실에 직면해야 한다.

젊은이들을 끌어들이기 위해 세상적인 여러 프로그램들로 예배를 드리는 교회를 본다는 것은 슬픈 일이다. 많은 경우, 교회 출석률이 떨어지면 지도자들은 성도석을 채우기 위해 다른 방법들을 찾게 된다. 그들은 시대에 맞추기를 원한다. 지금껏 우리가 얻은 것은, 교회가 그 어느 때보다 더 제 역할을 하지 못하며 복음을 손상하고 있다는 것이다. 세상의 많은 사람들이 현대의 유행과 추세를 따른 교회의 위선과 종교적 겉치레를 보고 있다. 세상 사람들은 진정으로 예수님이 가르치셨던 바를 따라가는 진실된 교회를 원하고, 교회로부터 세상이 직면한 문제들에 대한 발전적인 대안을 찾기를 원한다.

예수님은 세상적인 어떤 것을 받아들임으로 그 스스로 세상의 관심을 끌려고 하지 않으셨다. 세상은 예수님의 적이었다. 그래서 예수님은 세상을 이겼노라고 말씀하셨다. 예수님은 세상이 주는 것에 관심이 없었으며, 새로운 삶의 방법과 새로운 나라를 보여주시기 위해 오셨던 것이다. 세상과 하나님 나라는 자석의 양극처럼 정반대이다.

그런데 왜 우리는 교회 안에서 세속적인 방법들을 찾고자 하는 걸까? 세상은 세속적인 존재이므로 교회가 할 수 있는 것보다도 항상 훨씬 더 좋은 세속적인 일들을 해줄 수 있다. 대신 우리는 성령의 인도하심을 따라 예수 그리스도의 사역을 완수하는 의무를 계속해 나가야 한다.

우리가 교회에서 세속적인 프로그램에 의존하는 진짜 이유는, 우리가 올바르게 하나님 나라를 이루어가는 법을 잘 모르기 때문이다. 예수님 없이는 우리가 제대로 그 일들을 할 수 없다는 것은 너무나 자명하다. 그 일을 시작해야 할 유일한 자리는 회개하는 것과 우리의 연약함을 깨닫고 하나님을 향한 우리의 갈망에 다시 한번 불을 붙이며 하나님의 얼굴을 구하는 것이다. 우리가 하나님 아버지와 함께 걸어갈 때 세상이 줄 수 없는 답을 찾게 될 것이고 모든 것이 회복될 것이다. 이것이야말로 바로 문제 해결의 핵심이다.

그리스도인으로서 출발점은 죄로부터의 회개와 하나님의 용서를 구하는 일이다. 복음이 말하는 우리의 죄는 단순히 세상을 따라 행한다는 것 자체가 아니다. 우리의 죄는 보다 은밀히 감추어져 있다. 우리 죄는 단순히 세상을 따라 살아가는 것뿐 아니라, 그렇게 살면서 그 속에서 어떠한 모순도 발견하지 못했다는 것이다. 성경이 우리에게 일러 준다.

"간음한 여인들아 세상과 벗 된 것이 하나님과 원수 됨을 알지 못하느냐 그런즉 누구든지 세상과 벗이 되고자 하는 자는 스스로 하나님과 원수 되는 것이니라"(약 4:4).

이것이 바로 우리가 가진 문제이다. 성경은 또한 "무릇 하나님께로부터 난 자마다 세상을 이기느니라 세상을 이기는 승리는 이것이니 우리의 믿음이니라 예수께서 하나님의 아들이심을 믿는 자가 아니면 세상을 이기는 자가 누구냐"(요일 5:4-5)라고 우리에게 이르고 있다.

우리 모두는 하나님과 인류를 향해 죄를 지어 왔다. 우리는 하나님의 용서와 다른 사람들의 용서를 반드시 구해야 하며 또한 우리에게 죄 지은 자를 용서해야 한다. 이것은 나무를 심기 위해 흙을 준비하는 것과 같은 예비 과정이다. 우리 마음속의 굳은 흙을 부수어낼 때 하나님 나라의 숨겨진 씨가 우리 삶에서 잘 자라날 수 있을 것이다.

하나님 나라가 이루어지기 위해 가장 중요한 것은, 서로의 관계가 건강하게 유지되도록 지켜나가는 것이다.

"너희가 서로 사랑하면 이로써 모든 사람이 너희가 내 제자인 줄 알리라"(요 13:35).

왜 우리는 용서해야만 할까? 여기 몇 가지 이유들이 있다.

첫째, 하나님은 그분 자신이 용서하신 것처럼 우리가 서로를 용서하시기 원하신다.

둘째, 만일 우리가 서로 용서하지 않는다면 하나님도 우리 죄를 용서하지 않을 것이다(마 6:14-15).

셋째, 용서는 불안이 있는 곳에 평안을, 미움이 있는 곳에 교제를, 분노가 있는 곳에 평화를 가져오는 힘이 있다.

넷째, 용서는 양쪽 모두를 자유하게 한다.

잃어버린 크로케 공

1910년 신시내티였을 것이다. 베빙턴은 존경받는 목사였다. 가난한 그는 굶주린 가족을 위해 수프를 끓일 뼈, 빵 그리고 감자를 사기 위해 길을 따라 걷고 있었다. 그렇게 길을 걷고 있을 때 그의 마음에 "케이티네 집으로 가거라"는 음성이 들려왔다. 베빙턴 목사는 걸음을 멈추고 생각했다.

그는 사랑스럽고 작은 케이티를 기억해냈다. 케이티의 부모님은 한때 술주정뱅이였으며 쓰레기장 같은 곳에서 살았다. 베빙턴은 당시 케이티에게 옷을 챙겨 주고 케이티를 학교와 주일학교에 등록시켜 주었다. 케이티는 교회에서 예수님에 관한 노래들을 배웠고 집에서도 곧잘 부르곤 했다. 밥을 먹기 전 케이티는 늘 하나님의 은총에 대해 말하곤 했지만, 술 취한 부모님의 손을 가지런히 모아 기도하게 하는 것이 늘 쉬운 일은 아니었다. 케이티의 부모님은 케이티가 가족들에게 축복의 기도를 하기 위해 고개를 숙이는 걸 보며 귀엽다는 생각을 하곤 했다.

얼마 후 케이티의 기도에 대한 응답으로, 동네 교회 제단 위에서 하나님께 울며 자비를 구하는 케이티 부모님의 모습이 목격되었다. 마침내 케이티의 부모님은 예수님을 마음으로 영접했고, 그 일이 있은 후 케이티네 가족은 아버지의 직장을 따라 아이보리데일로 이사를 했다.

베빙턴의 수중엔 필요한 음식을 사기 위한 돈 20센트가 전부였고, 그 20센트는 정확히 아이보리데일로 갔다 돌아오는 데 필요한 금액이었다. 그는 계속 마음에 울리는 작은 목소리를 무시했다. 하지만 그 목소리는 끊임없이 그의 귓전을 울렸다.

다시 한 번 그는 멈춰 섰고, 여분의 돈을 조금 더 찾을 수 있을까 하는 마음으로 주머니를 뒤졌다. 하지만 더 이상의 돈을 찾을 수 없었기에 계속되는 그 경고를 무시한 채 빵가게를 향해 걸어가고 있었다.

또다시 그 목소리는 "케이티에게 갈 거야, 말 거야?"라고 물었다. 다시 한 번 그는 멈추어 섰고, 이번엔 마치 마비가 온 것처럼 온몸이 떨리기 시작했다. 마침내 그는 그 목소리가 하나님이 그에게 하신 말씀임을 알아차렸다. 그리고 그는 "주여, 가겠습니다"라고 대답했다.

결국 그가 케이티네 집을 향해 발걸음을 돌려 케이티네 집에 도착했을 때, 그는 케이티가 한쪽 구석에서 펑펑 울고 있는 것을 보았다. 케이티를 마지막으로 본 지 2년이라는 시간이 흘렀다. 브라운 부인은 예수님께 베빙턴 목사님을 보내 달라고 기도한 지 24시간이 지나 그가 오자 매우 기뻤다.

"케이티에게 무슨 문제라도 있습니까?" 베빙턴 목사가 물었다.

케이티가 당장이라도 숨이 넘어갈 것처럼 울며 구석에 앉아 있는 동안 케이티 엄마가 이야기를 하기 시작했다.

학교 수업이 끝난 후 케이티는 거의 매일 옆집에 사는 에드워드랑 놀곤 했었다. 에드워드에게 크로케 세트가 생겨 둘은 과실나무 근처에서 저녁 식사 시간이 될 때까지 사이좋게 크로케 놀이를 하곤 했었다. 며칠 전 에드워드 엄마가 심부름을 시키기 위해 에드워드를 불렀고, 케이티 역시 저녁 식사를 돕기 위해 집으로 돌아왔다.

그런데 에드워드가 크로케 세트를 챙기려고 돌아왔을 때 그는 공 한 개가 없어진 것을 발견했다. 에드워드가 자리를 떠날 때 유일하게 그곳에 있었던 사람이 케이티였기 때문에 그는 케이티가 그 공을 훔쳤다고 짐작했다. 곧바로 에드워드는 케이티의 집으로 달려가서 "난 더 이상 케이티 너랑 놀지 않을 거야. 왜냐하면 네가 내 크로케 공을 훔쳤기 때문이야"라고 말했다.

"아니, 난 절대 그러지 않았어!" 케이티가 말했다.

"네가 그랬잖아!"

에드워드가 소리 지르며 나가버렸고, 그는 그들 집 사이에 있는 울타리 구멍에 못질을 해버렸다.

케이티는 그날 밤 엄청 울었다. 다음날 케이티는 학교에 갔지만, 어느 누구 하나 그녀와 놀려고 하지 않았다. 에드워드는 학교 아이들 사이에서 대장 노릇을 했었고, 에드워드가 아이들에게 케이티가 도둑이라고 얘기했기 때문에, 아이들은 케이티와 놀려 하지 않았던 것이다. 상처 입은 마음을 안고 케이티는 엄마에게 아이들이 얼마나 부당하게 자신을 대했는지에 대해 얘기했다.

다음날 케이티는 마지못해 학교로 갔지만, 문제는 더 악화되어 있었다. 아이들 모두 그녀를 도둑이라고 부르기 시작했고, 그녀가 혼자 걸어갈 수밖에 없도록 모두들 길 반대쪽으로 걸어 집으로 돌아가기 시작했다.

마음이 여린 케이티는 다음날 학교에 가야 한다는 생각에 견딜 수 없었고, 결국 부모님은 그녀가 학교에 가지 않고 집에 있도록 허락해야 했다.

베빙턴은 여전히 구석에서 눈물을 훔치고 있는 케이티에게로 가서 "케이티야, 난 네가 절대 그 공을 훔치지 않았다는 걸 믿어"라고 말했다.

"전 절대 그러지 않았어요. 근데 그걸 증명할 수가 없어요."

케이티가 숨 가쁘게 내뱉었다. 베빙턴, 케이티와 그녀의 부모님 모두 함께 크로케 공과 관련해서 에드워드에게 진실을 밝힐 수 있도록 중재해 달라고 하나님께 기도했다. 그들은 하나님이 에드워드에게 그 공이 어디 있는지를 찾을 수 있도록 해주시며, 지금 당장 그 일들을 행하여 달라고 기도했다.

그때가 3시였고, 에드워드는 공이 없어진 곳에서 적어도 3킬로미터나 떨어진 학교에 있었기 때문에 하나님이 그 기도에 응답하신다는 것은 불가능해 보였다! 하지만 어쨌든 그들은 기도를 계속했다.

한편 하나님은 에드워드가 모든 과제를 꽤 짧은 시간 내에 마칠 수 있도록 하셨다. 에드워드는 선생님에게 일찍 검사를 받을 수 있었기 때문에 다른 날보다 일찍 집으로 돌아오는 길이었다. 그의 집과 길 사이에는 버려진 과수원이 있었는데, 그의 집 뒤쪽으로 연결된 이 과수원을 통해 돌아가는 것이 집으로 가는 지름길이었다. 하지만 이 지름길을 이용하자면 오래되고 풀이 무성히 자란 샛길을 지나가야만 했다. 그래서 에드워드는 수년 동안 이 샛길을 지나다니지 않았었다.

에드워드가 길을 따라 달려가고 있을 때, 어떤 목소리가 "뒤돌아 과수원을 가로질러 지름길로 가"라고 말했다. 그는 멈춰 섰고 주변을 둘러보았다. 하지만 그의 주변엔 아무도 없었다. 그래서 그는 계속해서 가던 길을 갔다. 다시 또 그 목소리가 들려왔다. "뒤돌아 과수원을 가로질러 지름길로 가."

샛길 옆에 있는 가시덤불을 따라 과수원을 통과하는 길 외에는 다른 길이 없었기 때문에 그는 계속 도로를 따라 걷고 있었다. 그때 갑자기 그는 발을 전혀 움직일 수 없어서 가던 길에 멈춰 섰다. 그러자 또 같은 목소리가 들려왔다. "과수원 지름길을 지나서 가!"

그는 방향을 틀어 잡초가 무성한 샛길로 들어가는 길을 걷기 시작했다. 하지만 가시덤불을 보며 "난 저곳을 통과해 갈 수 없어. 내가 미쳤어?"라며 혼잣말을 했다. 그래서 그는 또다시 항상 다니던 길로 돌아가려고 몸을 틀었지만 발이 전혀 움직이지 않았다. 그가 유일하게 선택할 수 있었던 건 하나님의 음성을 따라 잡초가 무성히 자란 그 샛길을 거쳐가는 것이었다.

그는 손과 무릎을 아래로 내리고 가시덤불 속을 기기 시작했다. 그 길을 3분의 2쯤 지났을 때 움직이는 무언가를 만지게 되었다. 나뭇잎을 걷어내자, 바로 거기에 잃어버린 크로케 공이 있었다.

한편 베빙턴 목사와 케이티 엄마와 케이티는 기도가 끝나갈 때쯤 하나님이 그 기도에 응답하시리라는 걸 직관적으로 느낄 수 있었고, 그로 인해 그들의 마음은 기쁨으로 가득 차 올라 있었다. 그리고 얼마되지 않아 에드워드는 케이티네 뒷문을 노크하며 서 있었다. 케이티 엄마가 핏자국으로 얼룩진 볼에 눈물을 흘리며 손에 크로케 공을 들고 서 있는 에드워드를 발견하곤 문을 열었다.

에드워드의 두 손은 피가 묻어 있고, 얼굴엔 여기저기 긁힌 상처가 있었다. 에드워드는 케이티에게로 다가와서 널빤지 바닥에 무릎을 꿇고 용서를 빌었다. 그 즉시 케이티는 그를 용서해 주었고, 그곳에서 그들은 함께 웃고 기뻐하며 그들을 향한 하나님의 선하심과 다시 되찾게 된 우정으로 인해 기쁨의 눈물을 흘렸다.

"의인이 부르짖으매 여호와께서 들으시고 그들의 모든 환난에서 건지셨도다 여호와는 마음이 상한 자를 가까이하시고 중심으로 통회하는 자를 구원하시는도다 의인은 고난이 많으나 여호와께서 그의 모든 고난에서 건지시는도다"(시 34:17-19).

에드워드는 처음 케이티가 훔쳤을 거라는 의심이 들었을 때 케이티를 용서했어야만 했다. 나중이라도 그녀가 그녀의 잘못이 아니라고 말했을 때 그 말을 듣고 믿어 주었어야 했다. 하지만 에드워드는 그러지 못했다. 하나님은 그에게 힘든 과정을 겪게 하시며 그를 가르치셨던 것이다.

이혼

용서는 깨어진 관계를 다시 회복시키는 힘이 있다. 결혼 생활의 문제점이나 가족 간의 불화는 해결될 수 있다. 정말이지 모든 관계는 어느 날엔가 용서를 필요로 하는 때가 있다.

이혼은 우리 사회에서 너무도 흔한 일이 되어 버렸다. 하지만 여기서 이혼에 대한 폭넓은 조언을 하려는 의도는 없다. 어쨌든 많은 경우 두 사람 중 한 사람이 스스로를 낮추고 애정 어린 팔을 뻗는다면 대부분의 경우 파경은 피할 수 있다. 만약 아이가 포함되어 있다면 이혼이라는 방법은 결혼 생활의 문제에 대한 답이 되긴 좀 힘들다.

하나님은 이혼을 미워하신다(말 2:16). 수년 동안 이혼한 사람들에 대해 관찰하여 보니 왜 그런지 이유를 알 것 같다. 이혼은 아이들의 믿음을 깨버리며 부모에게서 아이들을 격리시키는 것이다. 이혼은 또한 조부모, 삼촌, 이모 그리고 사촌들에게서 아이들을 분리시킴으로 가족 모두에게 영향을 미친다. 이혼은 아이의 가슴에 깊은 상처를 남긴 채 아이를 둘러싼 가족이라는 지지 기반을 해체해버린다. 이혼은 파괴적이며 세대를 거치며 대물림된다.

설사 이혼이 이미 벌어진 일이라 하더라도 용서하기에 너무 늦은 것은 아니다. 용서는 당신의 분노로부터 전 배우자를 자유롭게 해준다(당신이 자신을 정당화하며 여전히 분노를 부여잡고 있는 것처럼 느껴진다 하더라도). 용서는 당신과 전 배우자가 서로에게 나쁜 영향을 미치는 것으로부터 자유로울 수 있도록 당신을 놓아 줄 것이다(서로 다른 수준에서라 하더라도). 만약 그게 가능하다면, 용서는 화해와 재결합에로의 길을 내게 될 것이다(하나님과 함께라면 불가능한 일은 아무 것도 없다).

예수님은 이혼에 대해 더 강한 어조로 말씀하셨다.

> "누구든지 음행한 이유 없이 아내를 버리면 이는 그로 간음하게 함이요 또 누구든지 버림받은 여자에게 장가드는 자도 간음함이니라"(마 5:32).

세상에서와 마찬가지로 교회 내에서도 마찬가지로 이혼율이 증가하고 있다는 것은 가슴 아픈 일이다. 예수님이 말씀하시길, 이혼은 마음의 완악함 때문이며 그리스도인들은 그러지 말아야 한다고 하셨다. 하지만 현실은 그렇지 않다. 그것은 진정한 우리 마음의 상태가 어떤지를 말해 준다. 만약 아이가 있다면 나쁜 결혼 생활이 오히려 좋은 이혼보다 낫다. 문제는 우리 마음속 어딘가에 있으며, 해답 또한 문제가 생긴 바로 그 자리에 함께 놓여 있다.

예수님은 오직 한 가지 경우, 즉 배우자의 부정의 경우만 이혼의 사유로 인정하셨다. 결혼이 너무도 쉽게 파경을 맞고, 또 누구도 이혼을 야기한 문제들과 관련해 잘못이 있음을 인정하는 사람이 없기 때문에, 나는 오랫동안 그리스도인의 이혼에 대해 곰곰이 생각하고 기도해 왔다. 만약 사랑이신 하나님과 우리가 함께 걸어가고 있다고 말한다면 이런 식으로 이혼이 급증한다는 것은 말이 되지 않는다. 그럼에도 불구하고 우리는 이혼한 사람들을 2등급 그리스도인으로 바라보아서는 안 된다! 어떤 종파는 이혼한 사람은 천국에 가지 못할 것이라고 얘기한다!

우리가 이러한 관점으로 이혼한 사람들을 바라본다면 결국 우리는 실제로 무슨 일이 일어났는지에 대해선 아무것도 알지 못하면서 마치 심판자인 것처럼 행동하는 것과 다를 바 없다. 성경은 마치 유대인이 그랬던 것처럼 다른 사람을 고소하고 손가락질하는 데 계명들을 사용하며 적용할 수 있다고 쓰여져 있지 않다. 그 계명들은 우리 삶의 일부로서 우리 자신을 지켜나가기 위한 지침서로 쓰여진 것이다. 계명은 우리 스스로에게 또는 우리가 곤경에 처했을 때 적용하도록 하는 기준이 되긴 하지만, 우리 형제들을 비판하기 위해 사용하는 것을 허용하지 않고 있다.

우리는 결혼 생활의 파경이 하나님의 뜻이 아님을 알고 이혼에 관한 성경 말씀을 우리 자신에게 적용해야 한다. 그럼에도 불구하고 이혼을 하게 된다면 당신은 자신을 책망해선 안 된다. 그것은 용서받을 수 없는 죄가 아니다! 하지만 결혼을 한 사람들은 그 결혼을 유지해 나가며 어려움들을 극복해야 한다. 그렇게 함으로써 하나님을 영광되게 할 것이다.

자신의 인간적 권리를 요구하며 이혼이 늘어가고 있는 이 땅에 우리 지역사회는 용서의 본질에 대해 다시 한 번 가르쳐야 할 필요가 있다. 우리가 문제를 해결하기 위해 복수에 의존하거나 법정을 찾을 수는 없다. 알버트 아인슈타인은 "우리가 문제들을 해결하고자 할 때, 그 문제를 만들었던 것과 동일한 생각을 가지고서는 문제를 해결할 수 없다"고 말했다.

우리는 쓰디쓴 분노가 자리한 곳에 또는 우리에게 상처를 준 사람들을 향한 분노가 머무는 자리에서 살아가도록 우리 자신을 방치해선 안 된다. 그것은 우리를 파괴할 뿐이다. 그것들은 우리를 서서히 잠식시키고, 자신의 정당함을 밝히기 위한 끊임없는 분노의 마음 때문에 오랜 시간이 지난 후 육체적 질병을 얻음은 물론 영원한 파멸을 겪게 될 것이다. 하지만 우리가 용서한다면 그때 비로소 우리는 우리 자신을 자유롭게 할 것이다.

몰타 섬에서의 배신

로잘리나와 살바토레는 23년간 행복한 결혼 생활을 누려 왔다. 살바토레는 작은 교회의 목사이자 성공한 사업가였다. 그들은 몰타 섬에 살고 있었는데, 그곳에서 이혼은 법정에 제출된 증거를 근거로만 인정되었다.

살바토레는 좋은 사람이었지만 그의 사업과 그의 목회는 점점 그에게 부담이 되었다. 그는 단조로운 일상에서 벗어나고자 했고, 결국 여성 동료의 유혹에 굴복하여 그녀와 부적절한 관계에 빠지고 말았다.

몇 달이 지나고 그는 목회에서 사임했으며, 새로운 배우자와 살기 위해 가방을 챙겨 로잘리나와 그의 어린 딸을 떠났다. 말할 필요도 없이 로잘리나와 그의 딸은 고통스런 마음으로 미칠 것만 같았다.

1개월 후 그는 로잘리나와 이혼하기 위해 법정 수속을 밟기 시작했다. 그가 밝힌 이유는, 로잘리나가 교회 일에 너무 많이 관여했고 인신공격을 하며 그를 무시했다는 것이었다.

로잘리나와 그의 딸은 도움을 구하러 갔다. 그들은 유일하게 그들을 도울 수 있다고 생각되는 곳인 교회로 가 무릎을 꿇고 기도했다. 쓰디쓴 눈물을 흘리며 로잘리나는 하늘 아버지에게 그녀의 상한 마음을 토해내며 말했다.

"아버지, 전 너무나도 엄청난 배신감을 느껴요. 너무도 큰 상처를 받았고, 모든 게 공허하게 느껴져요. 내 안에 있는 뭔가가 무너진 것 같아요. 전 두렵고 어떻게 해야 할지 모르겠어요. 왜 이런 일이 제게 일어났죠? 무엇 때문에 제가 이런 벌을 받나요? 그리고 이젠 온갖 거짓말과 비난이 저에게 쏟아지고 있어요……전 그를 용서할 수 없어요. 제가 용서하길 바라신다는 걸 알지만 전 그럴 수 없어요!"

그러자 주님은 부드럽게 로잘리나의 가슴에 말씀하셨다.

"용서할 수 없다고 생각되는 그 이유들을 내게 말하렴."

무릎을 꿇은 채 그녀는 그녀를 용서할 수 없도록 만드는 마음속의 이유들을 눈물로 울부짖으며 토로했다. 그러자 아주 놀랍게도 가슴속 깊은 곳 어딘가에 새겨져 있던 무거운 고통이 기적처럼 치유되어 그 고통으로부터 영혼의 자유함을 얻는 놀라운 경험을 하게 되었다.

하지만 그것이 문제의 끝이 아니었다. 얼마 지나지 않아 로잘리나는 여성을 위한 목회 컨퍼런스에 참여했다. 강연자는 이사야서의 구절을 가지고 이야기를 나누었다.

> "그는 멸시를 받아 사람들에게 버림받았으며 간고를 많이 겪었으며 질고를 아는 자라 마치 사람들이 그에게서 얼굴을 가리는 것같이 멸시를 당하였고 우리도 그를 귀히 여기지 아니하였도다" (사 53:3).

로잘리나는 그곳에서 그녀가 어떤 일을 겪어 왔는지를 온전히 이해하시는 유일한 단 한 분이신 예수님과 함께 그녀의 슬픔, 거절 그리고 비통함을 다시 돌아보기 시작했다.

그녀는 예수님이 율법을 어겼기 때문에 인정받지 못했다는 것을 기억했다. 그런 뒤 다음 성경 구절 "……그의 모습이 사람들보다 상하였고……"(사 52:14)와 "내 마음이 매우 고민하여……"(마 26:38)가 떠올랐다.

갑자기 로잘리나는 그녀가 겪어 왔던 시련들을 실제로 예수님도 그녀와 함께 겪으셨음을 깨닫게 되었다. 예수님이 그녀를 떠난 게 아니라 그녀는 예수님의 고통과 슬픔 속에서 예수님과 함께할 수 있는, 값을 매길 수 없는 특권을 누리고 있었던 것이다. 예수님은 인간의 손에 그와 같은 고난들을 경험하셨다. 가슴속에 넘쳐나는 감사함으로 로잘리나는 예수님이 그녀의 문제들을 통해 그녀를 인도하셨음을 깨닫게 되었다(그리고 앞으로도 그럴 것이라는 것을 알게 되었다).

성경은 다음과 같이 말씀한다.

"그는 실로 우리의 질고를 지고 우리의 슬픔을 당하였거늘"(사 53:4).

"그가 찔림은 우리의 허물 때문이요 그가 상함은 우리의 죄악 때문이라 그가 징계를 받으므로 우리는 평화를 누리고 그가 채찍에 맞으므로 우리는 나음을 받았도다"(사 53:5).

"우리는 다 양 같아서 그릇 행하여 각기 제 길로 갔거늘 여호와께서는 우리 모두의 죄악을 그에게 담당시키셨도다"(사 53:6).

주님은 로잘리나의 귀에 "무거운 짐 진 자들아 다 내게로 오라 내가 너희를 쉬게 하리라"(마 11:28)고 속삭이셨다. 어떻든 주님의 말씀은 그녀의 영혼을 위로하셨다. 그녀가 겪어야 했던 모든 고통스러운 크고 작은 사건들을 통해 예수님이 인도하고 계신다는 생각은, 그녀가 가지고 있었던 모든 고통과 수치를 없애기에 충분했다.

로잘리나는 "내 가족과 나의 인생을 통틀어 가장 힘든 경험을 하고 있었을 때임에도 불구하고 오히려 난 걱정 없이 마음이 가벼워짐을 느꼈다"고 고백했다. 하나님은 오직 하나님만이 주실 수 있는 평안으로 나를 가득 채우셨다.

그 컨퍼런스에서 성령님은 로잘리나의 마음속 깊은 곳까지 들어가 그녀가 살바토레의 부정 행위가 드러났을 때 느꼈던 불신감, 그가 했던 거짓말들, 그녀가 들었던 폭언들, 그녀가 겪었던 배신, 자기가 저질렀던 일을 정당화하기 위해 그가 그녀를 향해 던졌던 비난들을 다시 기억하게 하심으로써, 그 모든 일들을 다시 한 번 생각하게 하셨다.

성령님의 친절하고 부드러운 인도하심 아래 이러한 문제들을 다시 돌아보는 데 몇 시간이 걸렸다. 마침내 로잘리나는 "······주님은 하나님의 평안 속으로 저를 인도하셨어요. 저는 십자가의 의미를 깨닫게 되었어요. 제게 주어진 이 자유를 말로 표현할 수가 없어요······주님이 갈보리 십자가에서 최후의 희생 제물이 되었을 때 주님이 겪으셔야 했던 그 모든 것들과 함께 나 자신이 동일한(제한적이지만) 특권을 가졌음을 깨닫게 되었어요······주님이 절 자유롭게 하셨어요"라고 말하고는, 기쁨으로 가득 찬 눈물을 흘리며 주님의 자비하심과 경이로움을 간증하기 위해 컨퍼런스 앞에 섰다.

2주 후 그녀는 이혼 신청에 대한 판결을 듣기 위해 몰타 섬 법원의 재판관 앞에 섰다. 재판관은 살바토레가 주장한 감정적 폭력을 뒷받침할 조금의 증거도 찾을 수 없었다고 말했다. 재판관은 그 소송을 기각했으며, 아이 양육비를 높이도록 판결했다. 로잘리나는 완전히 오명을 벗었으며, 하나님의 영광을 찬양하며 살바토레와의 결혼 생활의 회복을 계속 믿었다.

용서가 반드시 관계를 고치거나 혹은 고쳐져야 할 필요가 있는 것은 아니다. 어떤 경우 다시 신뢰를 회복한다는 것이 어려울 수 있다(때로는 불가능하다). 어떤 경우에는 그 사람이 죽었거나 단순히 어디 있는지 알 수 없을 때도 있다. 용서는 당신과 당신을 실족하게 한 사람 둘 다를 자유하게 한다.

다른 사람 때문에 어떤 식으로든 고통당하지 않는 인간 존재는 있을 수 없다. 거부, 잔인함, 악의적인 말들, 모든 곳에 다양하게 퍼져 있는 죄들은 각 사람에 의해 이웃을 향해 저질러진다. 정체를 드러낸 인간 본성은 아름다운 모습이 아니다. 예수님은 하나님의 성품을 드러내기 위해 오셨으며, 또 모든 인간을 위한 상처 치유자로서 하나님의 성품이 흘러넘치는 새로운 하나님의 나라로 인도하기 위해 오셨다.

달콤한 향수처럼 용서는 하나님 나라의 필수품이다. 예수님이 하셨던 것과 같은 방법으로 가치 없는 친구나 원수에게 용서를 쏟아 붓는 일은 우리에게 달려 있다. 그렇게 용서함으로써 우리는 주님의 고통을 함께 나눌 수 있다. 우리는 주님을 닮아가기 시작할 것이며, 또한 우리는 우리의 하늘 아버지로부터 합당한 그의 딸과 아들로서 인정받게 될 것이다.

만약 누군가가 당신에게 죄를 짓는다면 당신의 용서를 구하기 위해 그들이 오기를 기다리지 마라. 많은 경우 그들은 그들이 잘못했다는 사실조차 깨닫지 못한다. 하지만 당신이 그 일을 시작할 수 있다. 당신이 먼저 그들을 용서할 수 있으며, 그들을 위해 기도할 수 있다. 그들이 그것에 대해 알아야 할 필요조차 없다. 당신은 그들을 축복할 수 있으며, 그렇게 하기 위해 그들의 허락이 필요하지도 않다.

용서할 수 있다는 생각을 하는 것이 불가능할 만큼 너무나 끔찍한 죄도 있다. 그럼에도 불구하고, 그럴 때 우리는 스스로 용서하려고 준비하기 전에 기도로 하나님과 함께 그 일들을 행해야만 한다.

예수님은 많이 용서받은 사람이 많이 사랑한다고 가르치셨다(눅 7:47). 다른 사람을 향한 우리의 용서라는 행위의 근거로써 하나님의 용서를 아는 것은 매우 중요하다.

3장_ 댐의 수문 열기

댐은 거대한 양의 물을 가두어 두기 위해 지어진 구조물이다. 간혹 저수지에 내리는 폭우는 그 압력으로 인해 댐벽이 붕괴될 정도의 수위로 치닫곤 한다. 바로 이때 기술자들은 강 하류로 수천 톤의 물을 방류하기 위해 수문을 연다. 엄청난 양의 물은 놀라운 광경을 연출하며 열린 수문을 통과하며 솟구쳐 나간다. 우리가 영의 눈을 뜨게 된다면 엄청난 양의 물이 수문을 빠져나가듯이 용서라는 물이 죄 된 영혼을 향해 엄청나게 흘러감을 보게 될 것이다.

지구상에 존재하는 모든 인간 존재는 죄로 인해 하나님과의 교제가 단절되었을 뿐만 아니라 하나님과 함께 거하기에 합당하지 않은 존재이므로, 늘 하나님의 용서를 받아야 할 필요가 있다. 하나님께 용서를 구하는 것은 하나님과의 관계를 회복시킨다. 그러므로 우리는 늘 하나님 아버지와 '규칙적인 교제의 시간'을 가지도록 해야 한다. 우리의 삶의 방법으로서 말이다.

주님의 변함없는 사랑 속에서 우리는 다른 사람에게 우리의 죄를 용서해 줄 것을 계속적으로 구할 수 있을 것이다. 우리 자신을 낮추고 우리가 죄 지은 자에게 용서를 구하는 것, 그것이 바로 하나님에 대한 우리의 사랑의 표현이다. 다음에 이어지는 실화는 그러한 실례를 보여준다.

릭의 레코드

릭은 목수의 아들이었다. 그는 1960년 문화혁명이 있었던 시절 호주 시드니 교외에서 가족과 함께 살고 있었다. 10대 시절 그는 비틀즈, 지미 핸드릭스, 밥 딜런 같은 뮤지션들의 음악을 들으며 당시의 록 음악에 심취해 있었다. 릭의 친구 중 많은 아이들이 학교를 떠나 풀타임으로 일했지만, 릭은 학업을 계속했다.

그해, 릭의 부모님은 전축과 클래식 음반을 몇 개 샀다(릭이 아주 싫어했던). 하지만 릭에게는 그렇게도 좋아하는 음반을 살 수 있는 충분한 돈이 없었다. 친구처럼 음반 수집을 하고 싶었지만 그는 여전히 고등학교 학생인 데다 직업이 없었고 돈도 없었다.

학교에서 릭은 음악이나 인생관이 비슷한 10대 그룹 아이들과 어울려 다니기 시작했다. 기독교 가정에서 자랐다곤 하나 친구들 사이에 나쁜 행동들이 유행처럼 번질 때 올바른 행동을 선택할 수 있을 만큼 그는 강인한 성품을 가지진 못했다. 결국 그는 제이슨이라는 아이와 단짝친구가 되었다.

제이슨과 함께 좋은 음반들을 수집하고 싶었지만, 둘 모두에겐 음반을 살 수 있는 충분한 돈의 여유가 없었다. 결국 그들은 그러한 진퇴양난의 상황에 대한 해답은 오직 한 가지밖에 없다고 생각하기에 이르렀다. 바로 음반을 훔치기로 작정한 것이다!

둘은 함께 중년 부부가 운영하는 음반 가게를 찾아냈다. 그들은 가게 안으로 들어가서 원하는 음반을 선택한 후 근처 샛길로 뛰어 내려가 도망을 가기로 계획을 세웠다. 그 가게 주인이 그들을 추격하기에는 너무 나이가 들어 느릴 것이라고 판단하여 그렇게 도주 계획을 세운 것이다.

마침내 어느 수요일 오후, 그들은 그 동네로 가는 버스를 잡아타고 숨을 깊이 들이쉰 후 그 가게로 들어갔다. 주인 여자는 그들이 각각 한 손 가득 많은 양의 인기 있는 음반을 들고 있었기 때문에 약간은 의심스러웠다. 그리고 그들이 그 음반들을 구매하기 위해 계산대로 곧 올 거라고 생각했기 때문에 그녀는 그들을 주시하여 보고 있었다. 그때 그들은 서로 신호를 보내고 둘 다 각각 손에 음반 5장씩을 든 채 문을 향해 달렸다.

그 가게 주인 여자는 그들의 행동이 좀 의심스러워 가까이에서 지켜보고 있었기 때문에 그들이 문을 향해 달리자마자 그들을 뒤쫓을 수 있었지만, 그래도 그들을 잡기엔 역부족이었다. 그래서 그녀는 지나가는 행인에게 도둑을 뒤쫓아 달라고 소리쳤다. 결국 릭과 제이슨은 서로 다른 방향으로 달아났다. 릭은 지역 교회 소각장으로 숨었고, 오토바이를 탄 경찰이 그 두 소년을 찾아 거리를 순찰하는 모습을 그곳에서 몰래 지켜보았다.

몇 시간이 흐른 후 경찰들이 수색을 포기했다는 것을 알게 되었을 때, 두 소년은 서로 만나기로 한 장소로 돌아갔다. 제이슨은 그의 음반들을 잘 가지고 있었던 반면, 릭은 도망가기 수월하게 음반들을 버렸기 때문에 그에겐 아무것도 남아 있지 않았다.

시간이 흐르고 릭은 스물한 살 때 예수님을 그의 주인이자 구원자로 영접하였다. 그 당시 경찰은 그를 잡을 수 없었지만 하나님은 그렇지 않았다! 그가 그의 인생을 주님께 맡기겠다고 결심했을 때 그는 말할 수 없는 기쁨을 느꼈다. 하지만 이제 하나님은 그에게 무언가를 원하셨다. 릭의 양심을 통해 하나님은 그 가게로 돌아가서 훔쳤던 음반의 값을 치르라고 말씀하셨다.

릭은 예수님이 그의 죄를 위해서 돌아가셨고, 따라서 그는 그 가게 주인에게 범죄 사실을 고백하거나 그에 해당하는 값을 치러야 할 의무가 없다고 생각했기에 그러고 싶지 않았다. 또 제이슨은 그 음반들을 차지했지만, 자기는 아무것도 가지지 않았다는 생각으로 양심의 소리를 눌렀다. 그는 도망갈 구실을 만들려고 친구 제이슨을 희생양으로 삼은 것이다.

하나님이 그에게 요구하시는 것이 무엇인지 알고 있었지만 순종하기를 거부한 채 수년이 흘러갔다. 계속 교회에 참석함에도 불구하고 그는 여전히 연약하고 헌신적이지 않은 태도로 조금씩 그리스도인으로서의 삶을 살아가고 있었다. 때때로 예수님이 그를 위해 얼마나 놀라운 일을 하셨는지 다른 사람에게 얘기하곤 했다. 하지만 하나님이 그에게 요구하신 단 한 가지에 대해서 그는 순종하지 않았다. 그 당시 하나님은 여전히 불순종적인 릭을 그냥 내버려 두셨다.

스물여덟 살에 하나님은 다시 한 번 릭에게 말씀하셨다. 하나님은 릭의 변명에 대해 "그래, 넌 예수의 피로 깨끗하게 되었단다. 하지만 내가 네게 요구하기 때문에 넌 그것을 해야 한단다"라고 대답하셨다.

릭은 더 이상 하나님 아버지의 요구를 거절할 수 없었다. 그래서 그는 거의 11년 가까이 발을 들여 놓지 않았던 그 음반 가게를 방문하기 위해 마지못한 결정을 내렸다.

어느 목요일 저녁, 떨리는 가슴을 안고 짧은 기도를 한 후 그는 그 음반 가게 문지방을 넘었다. 그곳 카운터 뒤에는 이제 조금 더 늙긴 했지만 동일 인물인 그 가게 주인 여자가 있었고, 그 뒤에는 그녀의 남편이 있었다. 릭은 카운터를 향해 걸어가며 조용히 기도했다. 그런 다음 그는 그 여자에게 물었다.

"11년 전 쯤 두 소년이 음반 몇 장을 훔쳐 도망간 때를 기억하세요?"

"예, 그럼요. 절대 그날을 잊을 수 없죠." 그녀가 답했다.

"저, 제가 그때 그 소년 중 한 명이에요." 릭이 답했다.

"안녕하세요!" 릭을 보고 조금 놀란 얼굴로 그 여자는 대답했다.

"전 그리스도인이 되었어요. 그리고 제가 저질렀던 일에 대해 진심으로 사과드려요. 훔쳤던 음반들 값을 지불하려고 왔어요."

그러고는 릭이 수표책을 꺼내려고 가방을 집으며 말했다. 그 여자는 어쩌면 그가 권총을 꺼내 들고 다시 강도짓을 할지도 모른다고 반신반의하며 한 걸음 뒤로 물러섰다! 그러나 릭이 거짓말을 하고 있지 않다는 것을 알았을 때 그녀는 남편을 카운터로 불렀다.

"여보, 몇 년 전에 음반을 훔쳤던 두 소년 기억나요?"

"응." 그녀의 남편이 대답했다.

"여기 그중 한 명이 찾아왔어요." 릭을 향해 가리키며 말했다.

"안녕하세요."

뭐라고 말해야 할지를 몰라 하며 릭과 악수하기 위해 손을 뻗으며 그녀의 남편이 대답했다.

"그 두 아이 중 한 명이 그리스도인이 되었고, 그 음반 값을 지불하려고 왔대요."

릭은 그가 저질렀던 일에 대해 심한 양심의 가책이 느껴져 거의 말을 할 수 없었다. 그는 자신을 위해 예수님이 하셨던 모든 놀라운 일에 대해 그들에게 말할 수는 없었다. 그 모든 것들을 다 말하기엔 눈물이 날 것 같았기 때문이었다.

"저도 살면서 간혹 나쁜 일들을 해왔어요."

그 남편의 눈에도 눈물이 차올랐고, 그에게도 회개의 영이 임하기 시작했다.

릭은 그 음반 값을 지불했고, 그 여주인이 요구한 금액은 정확하게 하나님이 그에게 말씀하셨던 대로 35달러였다.

"언제든 와서 우리 가게에서 음반을 구입하세요. 당신에겐 원가로 줄게요."

그 여주인이 말했다.

"정말 감사합니다. 정말 친절하시네요."

릭이 눈물을 삼키며 대답했다. 그는 그 가게를 나왔고 다시는 돌아가지 않았다.

그가 밖으로 발걸음을 내딛자마자 하나님이 그에게 말씀하셨다.

"오늘 넌 지금껏 해왔던 간증들보다 훨씬 가치 있는 일을 해내었단다."

릭은 하나님이 하신 말씀의 의미를 알았다. 그는 하나님께 순종했던 것이다. 그날의 값진 교훈을 배운 이후 그리스도인으로서의 그의 삶은 꽃을 피우기 시작했다. "순종이 제사보다 낫고"(삼상 15:22).

종종 물건이 부숴지거나 도난당했을 때 용서를 구한다는 것은 그것을 원상복구하려는 행위와 함께 이루어져야 한다. 원상복구란 잃어버린 것에 대한 반환, 대체나 보상을 의미한다. 여기 릭의 이야기는, 용서를 구한다는 것이 진정으로 회개하는 거짓 없는 마음에서 우러나오는 것임을 보여준다.

당신이 말이나 행동으로 저지른 어떤 잘못에 대해 다른 사람에게 용서를 구하는 것은 쉬운 일이 아니며 때로는 당황스러운 일일 수도 있다. 그것은 당신이 스스로를 낮추고 당신의 실수를 인정해야 한다는 것을 의미한다. 우리는 하나님께 우리가 지은 잘못들을 겸손히 인정해야 하며, 하나님은 우리가 다른 사람에게 지은 특정한 죄에 대한 용서를 구할 때도 동일한 겸손의 영으로 행할 것을 원하신다.

어떻게 용서를 구하고 받을 것인가?

당신은 다른 사람에게 죄를 지었을 때 용서를 구해야 하며, 그리고 용서가 주어진다면 그것을 받아들여야 한다.

다음에 제시된 몇 가지 방법들이 성령의 인도하심을 대신할 수 있는 것은 아니다. 사실 성령님이 다른 사람에게 용서를 구하는 방법, 때, 장소, 조건에 대한 방법들을 인도하셔야 한다. 그러므로 여기 소개된 이 방법들은 일반적인 지침을 제공하기는 하나, 각 상황은 그 자체로 특이한 사정을 가지고 있을 것이므로 오직 하나님만이 당신을 온전히 인도하실 수 있다.

간혹 어떤 경우에는 이런저런 이유로 용서를 구하는 것이 불가능할 때도 있다. 용서는 어떤 법칙이 아니라, 가능한 한 잘못된 혹은 죄 된 행위를 고치는 일종의 방편이다.

- 당신이 공적인 죄를 지었을 때 그 고백과 용서를 구하는 것은 마찬가지로 공적이어야 한다. 만약 죄가 단지 당신과 다른 사람과의 개인적인 것이라면 당신의 고백은 당신과 그 사람 사이에서 개인적으로 이루어져야 한다.

- 용서를 구할 때 겸손히 구하라. "당신이 이러저러했기 때문에 나로 하여금 그렇게 하게 만들었어요. 하지만 원인이야 어찌되었든 용서해 주세요"라고 말하지 마라. 모든 변명은 당신의 고백에서 없애도록 하라. 혹 당신의 행동이나 반응이 정당했다고 느낄 수도 있지만 이것은 "모두 죄"이며, 그렇게 해서는 좋은 결과를 끌어낼 수 없다. 당신 자신을 위해 하나님의 용서를 구하고, 그런 다음 그들을 위해 하나님 앞에서 그 사람을 용서하라. 그리고 그들의 죄(당신이 기도 중 하나님 앞에서 용서했던)를 들추지 말고 당신이 행한 것에

대한 그들의 용서를 구하라.

• 용서를 구할 때 절대 자기 자신이나 자신의 행동을 정당화하지 마라. 그 죄가 당신의 것이며 당신 혼자만의 것인 것처럼 구하라.

• 만약 당신에게 다른 사람을 향해 은밀히 감추어 온 악의적인 생각이나 태도가 있었다면 "이러저러한 이유로 난 네가 정말 역겨운 인간이라고 생각했어. 하지만 날 용서해 줘"와 같은 의견을 달며 그 사람과 마주하지 마라. 속으로 했던 생각들을 꺼낼 필요는 없다. 그 사람에게 아무것도 알릴 필요 없이 당신의 그러한 생각들은 하나님과 직접 다루는 게 낫다. 왜냐하면 당신의 죄는 한 분이신 하나님을 향한 것이기 때문이다.

• 만약 그들이 당신을 용서하려 하지 않는다 하더라도, 비난하지 않는 겸손한 마음으로 그들에게 용서를 구했고 또 그 동기가 당신의 진실한 마음에서부터 나온 것임을 하나님 앞에 아룀으로 당신이 할 수 있는 모든 일을 다 한 것이다. 하나님 앞에서 그들은 당신을 용서해야 할 책임이 있다. 초조해하지 마라. 때로는 시간이 필요한 법이다. 그들에게서 용서를 얻기 위해 그들을 다그치려 하지 마라.

• 만약 누군가 당신을 용서해 주었다면 대부분의 경우 그것은 거짓 없는 겸손함과 죄에 대한 회개로 인한 것이므로 열린 마음으로 대화하려는 마음가짐으로 그 용서를 감사하게 받으라.

• 어떤 경우 죄에 대한 진정한 회개는 원상복구를 필요로 하기도 한다. 다른 말로 하자면, 만약 무엇인가가 도난당하거나 손상을

입거나 완전히 망가졌다면 그 물건은 대체되거나 값이 지불되어야 한다. 이것은 진정한 마음의 의도를 보여주는 것이다. 죄책감에서 벗어나는 것이 용서를 구하는 합당하며 충분한 이유는 아니다. 죄에 대한 진정한 슬픔은 하나님과 함께 그리고 우리 형제자매와 함께, 모든 것을 의롭게 하고자 하는 가슴속 깊은 갈망에서 나오는 것이다.

반혁명 무력 반란

셰인 스티븐 대령은 강인하며 말이 없는 타입의 남자다운 남자로, 하나님의 인자하심 같은 인자로움이 풍겨져 나오는 사람이었다. 그는 전쟁 시 CRW(Counter Revolutionary Warfare) 부대를 지휘할 때 두 번의 총상을 입고도 죽지 않고 생존한 인물로, 고통에 익숙한 사람이었다.

이 부대 군인들은 피지 군인의 최정예 부대원들이었다. 오늘날 군대로 치면 SAS나 코만도(특수 정예 부대)의 부대원 같은 사람들이었다. 그들은 민첩함과 단호함을 요구하는 근거리 전투를 포함한 전쟁 행동 강령들을 강도 높게 훈련받은 사람들이었다.

2000년 11월, 2000년 5월에 있었던 피지 쿠데타에 참여했던 부대라는 이유로 인한 부당한 대우에 반발한 셰인의 부대원들은 군 쿠데타에 가담하게 되었다. 셰인 자신이 그 쿠데타의 일원은 아니었지만, 그의 부대원 중 몇 명이 쿠데타에 연루되었고, 그 결과 정규군의 손에 고통을 당하게 되었다.

셰인과 그 쿠데타에 연루된 몇 사람은 군 재판을 기다리기 위해 감옥에 투옥되었다. 투옥 초기에 그들은 구원자이자 친구 되신 예수님을 알게 되었다. 그들의 대화는 참되며 마음을 다한 것이었고, 그들의 감옥 생활은 오로지 사랑하는 주께로 더 가까이 가기 위한 방편이 되었을 뿐이었다.

마침내 군 재판 날이 이르렀다. 연루된 모든 사람에게 소송 절차가 진행되었지만, 결국 소수의 몇 사람만이 선고 날을 맞게 되었다. 수감 기간이 낮은 순부터 시작해 최후 선고가 낭독되었다. 그들의 마음은 하나님의 임재 속에 평온했고, 그들은 자신들이 저질렀던 일에 대한 벌로 받은 그 선고를 겸허히 받아들였다. 그 반란을 이끌었다는 죄목으로 셰인 스티븐은 가혹한 형벌(동시에 복역해야 하는 2번의 종신형)을 선고 받았다.

그때 갑자기 판사는 군인들에게 "나가기 전에 법정에서 하고 싶은 말이 있는가?"를 묻는 통상적이지 않은 행동을 했다. 그들은 한 사람씩 마음을 열고 예수님 안에서 새로이 발견하게 된 그들의 믿음을 고백했다. 그리고 그들이 저질렀던 일에 대한 깊은 슬픔을 고백했다.

마지막으로 셰인이 관중을 향해 고백했다. 그는 자리에서 일어나 그 쿠데타에 연루되어 결과적으로 감옥에 가게 된 병사들의 아내들과 자녀들에게 용서를 구했다. 그는 이제 예수님이 길이요 진리이심을 분명히 깨닫게 되었다고 말했다. 그는 공개적으로 그 자리에서 예수님을 시인했으며, 그가 영향을 끼쳤던 모든 사람과 잘못 이끌었던 모든 사람들 그리고 그가 싸웠던 모든 사람들을 향해 용서를 구했다.

그날 그 법정에서 눈물을 흘리지 않은 사람은 하나도 없었다. 판사, 변호사들, 가족, 친구들 그리고 기자들 모두 감동으로 벅차올랐다. 사람들은 그 부대원들의 마음속 깊은 곳에서 우러나오는 회개를 보았고, 그들 믿음의 실체를 분명하게 봄으로써 아낌없는 눈물을 흘렸다.

그들은 동료 죄수들과 교도관들의 목전에서 그들이 하나님의 은혜를 발견했던 수바의 감옥으로 되돌아갔고, 하나님의 사람으로서의 그들의 명성은 계속 커져갔다. 그들을 격려하기 위해 감방을 방문했던 사역자들이 오히려 격려를 받았다. 그들은 감옥 교도관 막사(감옥 밖에 있는)의 교도관들마저도 감명받을 그런 믿음에서 우러나오는 아름다운 찬양들을 불렀다. 교도관들은 더 이상 함께 모여 술을 마시며 흥청거릴 수 없었고, 그중 많은 사람들이 CRW 군인들로 인하여 하나님께로 회심했다.

한편, 수바 지역에선 또 다른 이야기가 벌어지고 있었다. 셰인의 아내와 두 살 된 딸이 사는 집에 강도가 침입했던 것이다. 놀란 강도는 칼을 꺼내 부인의 목에 대며 그녀가 가진 돈을 모두 달라고 요구했다. 가져갈 수 있는 모든 돈을 빼앗자 그 도둑은 달아났고, 셰인의 아내와 딸은 심각한 정신적인 충격을 받았다.

며칠이 지난 후 경찰은 그 강도를 잡았다. 경찰들이 그 강도를 어느 감옥에 넣었을지 한번 상상해 보라. 놀랍게도 셰인이 있는 바로 그 감옥이었다!

얼마 지나지 않아 셰인은 감옥의 비교적 감시가 덜한 곳에서 그 강도와 마주치게 되었다. 셰인이 그의 부인의 목에 칼을 들이대고 또 너무 어려서 아무것도 할 수 없는 그의 딸에게 고통을 주었던 그 강도와 맞닥뜨렸을 때, 그들 주위엔 교도관이 없었다. 쉐인의 군인으로서의 이력을 알기 때문에 그 강도는 자신이 심각한 위기 상황에 처했음을 알아차렸다. 하지만 놀랍게도 셰인은 그냥 그의 손을 잡고 "당신을 용서하오"라고 말하였다.

그리스도인이 되기 전이었다면 아마도 셰인은 보복했을는지 모른다. 하지만 이젠 예수님이 그의 마음을 다스리고 주관하신다. 그가 아내와 딸을 매우 사랑하고 그가 원하던 복수를 할 수 있는 능력 그 이상이 있었음에도 불구하고, 그의 마음속에는 용서하지 않는 마음이 있을 자리가 없었던 것이다. 그의 유일한 갈망은 오로지 하나님을 기쁘시게 하는 일이었다.

그런 일이 있고 난 뒤 어느 날 한 교도관이 셰인의 독방 문을 두드렸다. 그런데 교도관과 함께 참회의 눈물을 흘리며 서 있었던 사람은 다름 아닌 바로 그 강도였다. 그 강도는 셰인이 대속자 주님을 만났던 곳인 셰인의 독방으로 데려다 줄 것을 요청했다.

셰인은 다른 CRW 군인들과 함께 하나님의 성도가 된 조지 스파이트(2000년 5월 쿠데타 지도자)와 함께 누쿨라우 섬의 감옥에 있다. 셰인은 용서해야 하는 일이 전혀 문제가 되지 않는다고 말한다. 왜냐하면 용서는 그가 발견한 놀라운 사랑의 자연스러운 부산물이며, 그것을 통하여 생명이 넘쳐흐르기 때문이라고 말한다. 그는 예수님의 사랑과 용서하심을 경험했기 때문에 그의 영혼엔 더 이상 미움이나 용서하지 않는 마음이 들어설 자리가 없다는 것이다.

셰인은 드러날 하나님의 크신 목적을 위해 하나님이 택하신 사람이었다. 그는 더 이상 피지 군대에서 임무를 수행하는 군인은 아니지만, 그는 지금 강한 훈련을 받고 있는 하나님의 군대에서 그에게 맡겨진 영적 군사로서의 임무를 수행해 나가고 있다.

"우리가 우리에게 죄 지은 자를 사하여 준 것같이 우리 죄를 사하여 주시옵고"(마 6:12).

어떻게 용서할 것인가?

누군가가 당신을 향해 죄를 짓고 겸손한 마음으로 당신의 용서를 구해 올 때, 그들은 당신의 응답을 기다리게 된다. 그렇다면 용서를 해줄 책임은 당신에게 있다. 특별히 당신이 아주 깊이 상처받았을 경우 용서한다는 것은 때로는 마주하기 힘들고 어려운 상황일 수 있다. 어떤 경우 용서를 해주는 것이 용서를 구하는 것보다 더 어려울 때도 있다. 하지만 용서를 구하는 사람에게서 겸손하며 거짓 없는 회개의 증거가 명백히 보인다면 용서를 하는 일은 보다 쉬운 일이 될 것이다.

우리에게 있어 자기 보호는 강력한 본능 중의 하나이기에 아마도 당신은 당신에게 상처를 준 사람과 함께하는 것이 편안하지 않다고 느낄 수도 있다. 다시 그 사람을 믿고 신뢰할 수 있으려면 아마도 얼마간의 시간이 걸릴 수도 있다. 하나님 안에서 우리는 각 상황에 맞는 바른 답을 찾아낼 수 있다. 하지만 늘 최선의 답은 가능한 한 당신이 그들과 함께했던 이전의 관계를 회복하는 것이다. 관계 회복을 하는 데 있어 특별히 죄가 걸림돌이 된다면 하나님의 지혜와 인도하심이 필요하다.

여기 용서하는 데 도움이 되는 몇 가지 방법이 있다.

• 당신이 누군가를 용서하려 할 때 그들의 죄를 꾸짖거나 훈계하지 마라. 만약 가능하다면 그들의 회개를 받아들이고 용서하고 관계를 회복하라.

• 만일 비판적인 태도를 견지하는 게 합당하다고 느껴진다면 하나님과 함께 끊임없이 기도하는 마음으로 그 일들을 해나가야 할 수도 있다.

• 예수님은 당신이 어떤 사람을 화나게 할 만한 일을 전혀 하지 않았다고 느낄지라도 마음으로부터 용서하길 원하신다. 하지만 항상 이러한 감정들과 느낌들을 처리해야 할 때에는 하나님 앞에서의 정직함이 열쇠가 된다.

• 그들이 당신에게 와서 용서를 구하지 않을지라도 당신은 기도 중에 용서할 수 있다. 사실상 당신을 향해 죄 지은 자의 승낙 없이 죄를 용서할 수 있는 근원은 바로 당신 안에 있다. 그들은 아마도 자기들의 죄를 결코 깨닫지 못할 수도 있고, 그리고 안다 하더라도 회개하지 않으려 할 수도 있다. 그럼에도 당신은 그들을 자유롭게 할 수 있으며, 그렇게 함으로써 당신은 당신 스스로를 괴로움

으로부터 벗어나게 할 수도 있다. 많은 경우에 사람들은 당신에게 죄를 지었다는 사실조차 알지 못할 것이다.

"너희가 누구의 죄든지 사하면 사하여질 것이요 누구의 죄든지 그대로 두면 그대로 있으리라 하시니라"(요 20:23).

- 이 땅에서 용서하면 하늘에서도 용서받는다. 그럼으로 당신에게 용서받은 사람은 그 죄에 대해 처벌받지 않게 된다. 죄를 용서하는 이러한 힘은 우리에게 죄지은 사람과 상관없이 자유로이 연습할 수 있도록 우리 모두가 부여받은 것이다.
- 괴로움이 당신 영혼에 뿌리 내리지 않게 하는 것은 아주 중요하다. 용서하는 영은 당신과 상대방 둘 모두를 자유롭게 할 것이다.
- 종종 당신은 용서하고 싶지 않다고 느끼거나, 용서는 하고 싶지만 그 사람을 향한 좋은 마음이나 사랑의 어떤 감정이 생기지 않을 수 있다. 그럴 경우 당신의 의지를 훈련함으로 용서의 뼈대를 만들어 갈 수 있다. 그러면 하나님이 나중에 감정을 더하여 줄 것이다. 어쩌면 하나님이 당신에게 행하라고 보여주신 무언가에 대해 당신의 순종을 요구하실 수도 있다. 예를 들면, 케이크를 굽는다거나, 선물을 주거나, 방문하거나 하는 것들이다. 당신 쪽에서의 이러한 겸손의 행동들은 그 사람을 회개하게 할 수 있다. 어쩌면 그러한 행동은 회복과 화해로 이끄는, 솔직하고 편견 없는 대화를 위한 길을 만들어 줄 수도 있을 것이다.
- 용서할 수 있도록 하는 열쇠는 당신에게 상처를 준 사람들을

위해 기도하는 것이다. 당신에게 죄를 지은 사람에게 하나님의 용
서와 축복이 부어지도록 진정으로 기도하라. 이러한 기도는 그들
을 사랑할 수 있도록 당신의 마음을 자유롭게 할 것이다. 그리고
이런 기도는 관계를 회복할 수 있도록 하는 감정들을 가져다 줄 것
이다.

• 관계를 회복하기 위해 당신 힘이 닿는 범위 내에서 당신이 할
수 있는 것들을 하라. 용서는 관계가 회복 선상에 오를 때까지 완
전히 끝나지 않을 수도 있다. 이것은 일반적인 경우이고, 어떤 경
우에는 가해자와의 관계 회복이 불가능하거나 현명하지 않은 처사
일 수도 있다. 가해자가 죽었거나 소재 파악이 어렵거나 또는 위험
할 경우가 그렇다.

• "당신을 용서할게요, 하지만……." 당신이 얼마나 스스로 정
당하다고 느끼든지 간에 당신에게 용서를 구하는 사람을 더 이상
비난하지 마라. 당신 스스로를 정당화하거나 변명하지 말고 당신
가슴으로 계속 용서하라. 이런 식으로 당신은 그러한 상황에서 예
수님을 닮아가게 될 것이다. 하나님이 용서하신 것처럼 용서하라.
그러면 당신은 '하나님의 아들'을 닮아가기 시작할 것이다.

• 용서는 잘못에 대한 기억을 갖지 않는 것이다(나중에 그 사람을
적대시하는 태도를 유지하는 것). 용서는 그 사람을 또다시 비난하려는
모든 권리를 포기하는 것이다.

• 용서는 가해자로부터의 보상받을 것을 포기하며 모든 비난을
거두어들이는 것이다. "당신을 용서해요. 만약……"이라는 조건적
인 용서를 베풀지 마라. 당신의 용서는 온전하고 전적인 것이어야

한다. "만약……"이라는 단서는 당신이 마음으로부터 그들을 진심으로 용서하지 않는다는 것을 보여주는 것이나 마찬가지이다. 그것은 당신이 그 상황을 지배하고자 하며, 용서를 구하는 그들에게 어떤 대가를 지불하지 않는다면 관계를 회복할 의사가 전혀 없음을 표현하는 것이다. 만약 예수님이 우리에게 이와 같이 요구하신다면 우리는 여전히 우리의 죄 속에 있을 것이다. 왜냐하면 우리는 우리 구원의 대가를 결코 그 무엇으로도 지불할 수 없기 때문이다.

• 용서는 다른 사람이 변할 것에 대한 모든 기대를 버리는 것이다.

• 용서는 당신이 지은 죄에 대한 묵과나 동의를 의미하지는 않는다.

• 용서는 사죄를 요구하지 않는 것이다.

• 용서하기 위해서는 용서할 사람을 포함하여 그 누구의 허락도 필요하지 않다.

4장_ 화평하게 하는 자는 복이 있나니

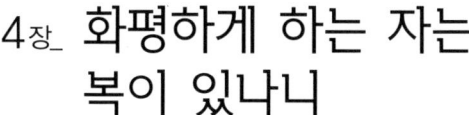

어릴 때부터 번번이 어리석은 일들을 벌임으로써 고민스러웠던 나는 '바보'의 완결판이라 부를 수 있을 만한 사건 하나를 기억하고 있다. 난 고배의 쓴잔을 마셔야 했던 시간이 헤아릴 수 없이 많았고, 또 내가 저질렀던 말이나 행동에 대해 용서를 구해야 했던 일 또한 셀 수 없이 많다. 난 내가 그리스도인이 어떠해야 하는지에 대한 보다 나은 예가 될 수 있으면 하고 바란다.

이 끔찍한 어리석음이란 병과 싸우기 위해 내겐 지혜라는 주사가 필요하다. 더 이상 어리석은 실수를 저지르기 전에 나를 멈춰 줄 수 있는 지혜 말이다. 경험이라는 대가를 치르고 지혜를 얻기에는 그 대가가 너무 크다. 항상 남의 실수를 통해 배우는 것이 낫다.

다음에 이어지는 이야기는 충동적으로 저질러진 내 어리석음(stupidiosis)의 전형적인 한 예이며, 이렇게 우리 속에 잠복해 있는 병을 예방하는 데 도움이 되었으면 하는 마음에서 이 이야기를 쓴다.

5달러짜리 전화요금 청구서

20대 초반이었을 때 난 4륜구동 랜드크루저를 가지고 있었다. 난 오지로 여행할 수 있는 비포장도로용 자동차를 가지고 호주 오지로의 여행을 즐기곤 했다.

한번은 몇몇 친구와 코라(Cowra) 근처 지역을 탐험하고 있었는데, 미끄러운 표면 때문에 차가 제때 정지하지 못했고, 그 결과 내 차는 진흙투성이 골짜기로 곤두박질치고 말았다. 물리적 충격을 받고 갑자기 멈추어버린 자동차는 그 충격 때문에 변속 장치 내의 주요한 전동 장치가 고장이 났다. 골짜기로 곤두박질친 후 차는 변속 장치 이상으로 덜컹거렸고, 우리가 곤란한 지경에 처했음을 알게 되었다. 다행히도 하나님은 우리가 몇 미터 전 어딘가에서 4륜구동 자동차 클럽을 지나쳐 왔음을 기억하게 하셨다. 우리는 도움이 되는 사람을 찾기 시작했고, 다행히도 클럽 회원 중 두 명이 기계 기술자라는 얘기를 듣고 기뻤다.

그들은 자동차를 점검하였고, 결국 자동차의 모든 변속 장치가 잠겨버렸고 바퀴들이 중립 상태에서조차 더 이상 회전하지 않기 때문에 자동차를 골짜기 밖으로 끌어낼 수 없다고 최종 확인하여 주었다. 그래서 그들은 구동축을 제거하고 앞쪽에 견인대를 붙들어 매어 친절하게도 그 골짜기에서 40킬로미터 떨어진 가장 가까운 농장까지 우리를 견인해 주었다. 그곳에서 난 가장 가까운 마을에 있는 자동차 수리업자를 불렀다. 그들은 다시 내 차를 30킬로미터 떨어진 코라(Cowra)로 견인해 주었다.

변속 장치 전체를 바꾸고 케이스를 바꾸었기 때문에 자동차 수리 비용은 엄청났다. 거의 한 달이 지난 후 그 서비스센터로부터 차를 가지러 오라는 연락을 받고 갔을 때, 그들은 추가 비용으로 전화비 5달러를 지불하라고 했다. 어쨌든 난 그 비용 때문에 화가 났고, 그 5달러를 지불하지 않겠다고 했다. 그러자 그들은 날 사무실 뒤쪽으로 데려갔고, 직원 하나가 문 앞을 가로막고 서 있어서 나갈 수도 없는 형편이었다. 그들은 내가 돈을 지불할 때까지 나갈 수 없을 거라고 협박하며 돈을 요구했다.

그때 난 정말이지 화가 치밀어 올랐다! 난 문을 가로막고 있는 사람을 힘껏 밀치고 차를 향해 달렸다. 그들이 쫓아왔지만 난 차 안으로 들어가 문을 잠궈버렸다! 기술자 중 한 명이 날 설득하기 위해 창문으로 다가왔지만, 사실 그건 내가 뒤로 빠져나갈 수 없도록 내 뒤에 다른 차를 대기 위해 시간을 벌 심산이었던 것이다. 그러고는 그들은 "이제 널 잡았어"라며 비웃었다.

난 별로 좋지 않은 내 4륜구동차로 그 차를 밀어붙이는 것으로 대응했고, 그들에게 내 길을 막고 있는 그 차 위를 지나 차를 후진하겠다고 으름장을 놓았다. 내 말이 진심이라고 생각했는지 그들은 재빨리 차를 빼고 내가 갈 수 있도록 해주었다.

이 모든 언쟁은 5달러짜리 전화요금 청구서 때문이었고, 난 그곳에 한 사람의 그리스도인으로 서 있었다. 한 사람의 그리스도인! 난 그리스도인의 삶의 방식을 보여주었어야 했다. 하지만 그와는 반대로 난 사탄의 왕국을 부흥하게 하는 좋은 일을 했던 것이다.

그 일이 있은 후 즉시 난 이틀을 묵었던 코라 외곽의 농장으로 달렸다. 다음날 아침 기도와 성경을 읽기 위해 언덕으로 걸어 올라갔다. 그제야 난 다음의 성경 구절을 묵상하며 내게 그 일을 저질렀던 사람들을 용서했음을 마음으로 확신하였다.

"서서 기도할 때에 아무에게나 혐의가 있거든 용서하라 그리하여야 하늘에 계신 너희 아버지께서도 너희 허물을 사하여 주시리라"(막 11:25).

"만약 당신이 누군가를 거스르는 무엇인가를 움켜쥐고 있다면……" 그래서 난 내게 행한 그들의 죄에 대해 그들을 용서하기로 결심했다. 그제야 내 마음은 깨끗해졌고, 깨끗한 양심으로 하나님께 더 가까이 다가갈 수 있었다. 성경을 읽으려고 폈을 때 다음 구절을 읽게 되었다.

"그러므로 예물을 제단에 드리려다가 거기서 네 형제에게 원망들을 만한 일이 있는 것이 생각나거든 예물을 제단 앞에 두고 먼저 가서 형제와 화목하고 그 후에 와서 예물을 드리라"(마 5:23-24).

'아니야, 아니야' "만약 네 형제에게 원망을 들을 만한 일이 있는 것이 생각나거든"이란 말이 내 경우엔 타당하지 않다고 생각했다. '이건 그 구절이 의미하는 바로 그 일이 아니야. 내가 그들에게 원망을 들을 만한 게 있다는 말이 이번 일의 내 경우에 적용되는

게 아닐 거야!'

난 몇 번이나 반복해서 그 구절을 읽어야 했다. 그러자 성령님이 죄를 깨닫게 해주셨다. 난 죄를 지은 것이다! 그 수리소로 돌아가는 게 싫었지만, 난 그 모든 것들을 제자리로 돌려놓아야만 했다. 여하튼 난 그날 그곳으로 돌아갈 수 없었다.

난 집으로 돌아가는 길에 그 수리소에 들러 그들에게 지은 잘못을 고백하며 빚진 5달러를 갚겠노라고 하나님께 소리치며 말했다. 그러자 난 하나님의 용서와 아름다운 임재하심을 느낄 수 있었고, 하나님과 매우 달콤한 시간을 가질 수 있었다. 이틀이 지난 후 난 겸손히 내가 한 일에 대해 용서를 구하기 위해 그 수리점으로 돌아갔다. 난 그들에게 돈을 지불했고, 그들은 내 어리석음과 죄를 자비로이 용서해 주었다.

겸손의 힘

가족의 친구 중 한 명이랑 이야기하다가 난 "하나님은 겸손하셔"라는 내 의견을 피력했다. 그러자 그녀는 "하나님은 겸손하지 않으셔. 하나님은 강하고 전능하신 분이야"라고 말했다. 그녀는 하나님의 신성에 겸손함과 강함이 함께 존재한다는 것을 이해하지 못했다. 예수님이 "나는 마음이 온유하고 겸손하니"(마 11:29)라고 말씀하셨다.

사람들은 겸손과 약함을 같은 것으로 잘못 생각한다. 겸손의 반대는 교만이지 강함이 아니다.

"그러나 더욱 큰 은혜를 주시나니 그러므로 일렀으되 하나님이 교만한 자를 물리치시고 겸손한 자에게 은혜를 주신다 하였느니라"(약 4:6).

내가 신학대생이었던 시절, 어느 날 교실 의자에 앉아 있었는데 하나님은 내 마음에 단어 하나를 속삭이셨다. '독단적인'(dogmatic) 이란 단어였다.

그 한 단어가 하나님이 내게 말씀하신 전부였다. '독단적인' (dogmatic)! 나는 그 단어가 의미(그 자체 내에 비난이 담겨진)하는 것이 무엇인지 전혀 알 수가 없어서 그 뜻을 찾아보기 위해 사전을 뒤졌다. 놀랍게도 그것은 "자기 의견을 고집하며, 지적으로 교만하며, 편협한"이라고 쓰여 있었다.

하나님이 내게 그렇게 말씀하셨다는 사실에 난 아연실색했지만, 그것이 사실이라는 것을 난 알았다. 그 후 2주 동안 하나님은 나의 교만함을 보여주시기 시작했다. 하나님은 내게 그의 자비하심과 위대하심을 보여주셨고, 그와 동시에 난 내가 얼마나 보잘것 없는 존재인지를 깨닫기 시작했다. 그 시간은 쓰디쓰면서 달콤하기도 한 놀라운 시간이었다.

하나님은 인간의 타락을 통하여 인간의 영혼에 단단히 뿌리박힌 모든 교만의 뿌리를 보여주셨다. 교만은 하나님과 같아질 것이라는 약속으로 사탄의 말을 듣도록 인간을 꾀어낸 사탄의 최고의 업적이다. 지금 우리 모두는 파괴적인 사탄의 영향을 받고 있다. 우리는 우리 자신을 그 무엇보다 높이 섬기고 있다. 우리는 우리 자신의 영광을 구하며 우리 동료의 숭배를 구하고 있다. 우리는 우리를 위협하는 누군가를 공격할 태세를 갖추고−마치 동물의 왕국처럼(다스리라고 말하여진)−우리의 소유나 자아에 대한 주권을 행사하며 우리 자신의 이익에 관심을 기울이고 있다.

"하나님이 그들에게 복을 주시며 하나님이 그들에게 이르시되 생육하고 번성하여 땅에 충만하라, 땅을 정복하라, 바다의 물고기와 하늘의 새와 땅에 움직이는 모든 생물을 다스리라 하시니라"(창 1:28).

예수님은 지금 우리의 영혼을 병들게 하는 동물적인 본능으로부터 우리를 자유하게 하시기 위해 오셨다. 예수님은 우리에게 더 나은 길을 보여주시기 위해 오신 것이다.

교만은 사탄 자신이 하나님과 동등해지려고 시도한 것으로서, 바로 사탄이 행한 죄였다. 교만은 사탄 존재의 본질이며 우리 역시 그렇게 사탄처럼 되어 왔다. 사실상 우리는 선한 것과 악한 것 두 가지 모두를 행할 수 있는 신적인 특성과 사탄적 특성이 혼합된 모습으로 이 세상에 태어났다. 하지만 구속력이 사라지자 우리는 보다 어두운 곳으로 나아가게 되었다. 예수님은 생명의 길과 하나님 나라를 우리에게 보여주셨다. 그분이 보이신 새로운 생명의 길로 나아갈 수 있는 요소들 중 하나가 바로 겸손이다.

겸손이란 항상 우리 자신을 높이는 것을 억누르고 끊임없이 우리의 주장을 억제하며 우리 스스로를 나타내려는 욕구를 버리는 것이다. 비난을 다른 사람에게 전가하려는 유혹에 대항하는 것을 의미한다. 또한 그것은 저항 없이 모욕을 받아들이는 것을 의미한다.

많은 사람들이 바바리안 알프스에 살고 있는 적개심으로 가득 찬 할아버지와 함께 살게 된 고아 소녀 하이디의 이야기를 그리고 있는 영화 <하이디>의 셜리 템플을 기억할 것이다. 그녀는 할아버지의 냉담함에 화를 내지 않는 마음과 순수한 사랑으로 마침내 할아버지의 완고함을 무너뜨린다. 이런 어린아이 같은 순수함을 우리 모두는 부러워해야 한다.

어둠의 권세에 대항해야 할 때 어린아이와 같은 태도를 취하는 것은 그리스도인으로서 우리에게 아주 중요한 일이다. 예수님은 이렇게 말씀하셨다.

"이르시되 진실로 너희에게 이르노니 너희가 돌이켜 어린아이들과 같이 되지 아니하면 결단코 천국에 들어가지 못하리라 그러므로 누구든지 이 어린아이와 같이 자기를 낮추는 사람이 천국에서 큰 자니라"(마 18:3-4).

우리는 이 세상에 일종의 충격 완화 장치로 부름 받았다. 자동차의 충격 완화 장치는 평탄하지 않은 길을 갈 때 승객이 비교적 부드러운 시승감을 느낄 수 있도록 그 충격을 흡수하는 장치이다. 우리는 저항 없이 모욕과 악의들을 받아들일 수 있다. 우리는 원한이 자라는 곳에 사랑이라는 씨를 뿌릴 수 있다.

"모든 골짜기가 메워지고 모든 산과 작은 산이 낮아지고 굽은 것이 곧아지고 험한 길이 평탄하여질 것이요"(눅 3:5).

우리는 오직 우리 마음에 넘쳐나는 하나님의 생명을 힘입어 이러한 일들을 행해야 한다. 그렇지 아니하면 우리는 끊임없는 그 시련들을 견뎌낼 수 없을 것이다. 우리는 성령이 죄를 받아들이고 그 죄를 그들이 원래 속해 있던 지옥에 던져 버릴 수 있도록 늘 하나님과의 교제 속에 있어야 한다. 그렇지 않으면 우리는 의분이라는 중압감을 견디지 못하고 폭발하고 말 것이다. 예수님은 우리가 하나님 안에 거함으로 그러한 중압감을 제거하셨다. 우리는 무언가를 저장하여 두는 그릇이 되어선 안 된다. 우리는 하나님 생명의 들고 나는 흐름 속에서 하나님이 더러운 것들을 씻어낼 수 있도록 끊임없이 흐르는 수도관과 같아야 할 것이다.

"이 세상의 모든 것들에는 제각각의 방식이 있잖아." 이러한 태도를 가진 사람은 존중받는다. 자기 주장이 강하거나 자기들을 반대하는 사람을 경멸할 수 있는 사람들은 그들의 친구로부터 "오, 멋있다"라며 칭찬받는다. 그리고 그들의 반대자를 과소평가하는, 즉흥적이고 익살 섞인 말로 응수할 수 있는 사람들 또한 그것을 듣는 사람에 의해 높이 평가받는다.

슬프게도 겸손은 그리 값비싼 것으로 여겨지지 않는다. 아마 겸손은 현세대의 교만함과 자기 확신의 문화에 살고 있는 사람에게는 전혀 가치 없는 것일 수도 있다.

세상은 강퍅한 마음을 강함으로 여기지만, 하나님의 관점으로 보면 그렇지 않다. 진정한 강함이란 우리 자신을 부인하는 것이며, 매일 예수님과 함께하는 것이다. 우리가 우리의 마음을 하나님 앞에 부드럽게 하고 회개하는 마음을 유지한다면, 하나님은 우리 영혼에 진정한 강함을 주실 것이다. 힘든 길이 강퍅한 마음을 만드는 것이 아니다. 힘든 길은 긍휼히 여기는 마음을 가진 강인한 사람을 세워 나가는 것이다. 우리가 가는 길이 힘들다 할지라도 하나님에 대한 경외심을 유지할 때 우리는 마음을 부드럽게 만들어 갈 수 있다.

"항상 경외하는 자는 복되거니와 마음을 완악하게 하는 자는 재앙에 빠지리라"(잠 28:14).

궁중 연회

이전에 난 왕실 결혼식에 참석할 기회가 있었다. 그것은 동화에나 나올 법한 공주와 군인의 결혼식이었고, 그 결혼식은 그야말로 장관을 이룬 멋진 예식이었다. 예식 후 리셉션에 초대받았는데, 그곳에서 나는 예수님이 비유로 말씀하신 것 중의 하나가 내 눈앞에서 펼쳐지는 광경을 보았다.

연회장의 좌석은 모든 손님들이 이제 막 결혼한 부부를 볼 수 있도록 아름답게 배치되어 있었다. 그리고 군악대가 뒤에서 조용히 음악을 연주하고 있었다. 그때 결혼식을 주재한 대주교가 들어와 곧장 왕실 좌석으로 가서 앉았고, 그 뒤를 이어 왕과 그의 가족들이 들어와 신랑 신부와 함께 나란히 앉았다.

그런데 대주교의 좌석 문제가 연회 담당자에게는 골칫거리가 되었다. 왜냐하면 대주교는 왕실 좌석이 아닌 다른 테이블에 앉도록 배정되어 있었기 때문이었다. 하지만 대주교는 왕과 함께 앉는 것이 존경받는 고위 성직자에게 맞는 자리라며 그 자리를 고집했다. 연회 담당자는 대주교에게 자리를 옮길 것을 간청했지만 그는 한 발짝도 움직이려 하지 않았다. 왕이 대주교에게 가서 그의 자리는 바로 옆 테이블이라고 얘기하자, 그들 사이에 언쟁이 시작되었다!

오고 가는 말을 다 들을 순 없었지만 난 그들의 몸짓을 확실히 볼 수 있었다. 대주교가 너무나 완고해서 왕은 그의 외교적 수단으로는 그가 옮겨가도록 설득할 수가 없었다. 그래서 왕은 경호원을 불렀고, 결국 대주교를 강제로 옮겨 앉혔다!

"네가 누구에게나 혼인 잔치에 청함을 받았을 때에 높은 자리에 앉지 말라 그렇지 않으면 너보다 더 높은 사람이 청함을 받은 경우에 너와 그를 청한 자가 와서 너더러 이 사람에게 자리를 내주라 하리니 그때에 네가 부끄러워 끝자리로 가게 되리라 청함을 받았을 때에 차라리 가서 끝자리에 앉으라 그러면 너를 청한 자가 와서 너더러 벗이여 올라앉으라 하리니 그때에야 함께 앉은 모든 사람 앞에서 영광이 있으리라 무릇 자기를 높이는 자는 낮아지고 자기를 낮추는 자는 높아지리라"(눅 14:8-11).

겸손은 자기의 권리를 요구하지 않고 감사히 낮은 자리를 받아들인다. 그럴 때 머지않아 하나님께서 겸손한 영혼을 들어 높이시며 영광을 가져다 주실 것이다.

새 교회 임직을 맡아 취임하게 된 미국의 한 목사님에 대한 이야기를 들었다. 그는 취임 연설을 위한 설교를 하기 위해 새로 취임할 교회에서 온 한 무리의 사람들을 만났다. 간단한 소개를 마친 후 그는 그가 저지른 모든 잘못에 대해 사과하며 그를 용서해 줄 것을 간청했다. 그들이 알기로는 그 목사님이 자신들에게 아무런 잘못도 한 일이 없기 때문에 그 상황에 대해 어리둥절해했다.

그러자 그 목사님은 지금 이 시점에서 그들에게 죄를 짓지는 않았지만 머지않아 그렇게 될 것이라고 얘기했다. 그는 의도적으로 그들을 향해 죄를 짓지는 않겠지만 미래에 그가 말하게 될 이것저것에서 죄를 짓게 될 것이라고 말하며, 그가 용서를 구하는 데 대한 그들의 태도를 분명히 알고자 한다고 얘기했다.

바리새인들은 예수님의 가르침 때문에 화를 내었다. 하지만 예수님은 "누구든지 나로 말미암아 실족하지 아니하는 자는 복이 있도다 하시니라"(마 11:6)고 말씀하셨다. 예수님은 자신이 "우리가 그들이 실족하지 않게 하기 위하여"(마 17:27)라고 이르시며, 당국에 세금을 내도록 베드로에게 가르치시며, 예수님이 그것을 피할 수 있음에도 규칙을 위반하지 않도록 주의하셨다. 어쨌든 바리새인은 예수님을 대적했으며, 마침내는 예수님이 죽음에 이르도록 유죄 판결을 내렸다. 이 모든 것은 그들이 화가 났고 위협을 느꼈기 때문이다.

우리는 매우 많은 경우 쉽게 상처 받기도 하고 또 너무 성급히 상처를 주기도 한다. 하지만 대부분 악평이나 적의를 담은 말들이 아닌 경우가 많다. 어떤 사람이 아무 생각 없이 어떠한 말을 했거나, 또는 단순히 당신의 지위나 위치를 고려하지 못한 것일 수도 있다. 아마도 그들은 당신의 현재 상황에 대해 생각하지 못했거나 그들의 태도나 복장이 당신의 마음에 들지 않았기 때문일 수도 있다.

사람이 상처를 주고받을 수 있는 상황이 백만 가지쯤은 있다. 그 중에는 우리가 이 세상에 사는 시간이 얼마나 짧은지를 생각해 볼 때 너무나 우스운 아주 사소한 것들도 있다. 이런 사소한 상처들은 하나님이 우리를 위해 계획하신 대로 아름답고 풍요로운 건강한 관계들을 만들어 갈 수 있는 가능성들을 파괴하는, 쉽게 발견하기 어려운 미묘한 죄들이다.

수년 동안 나는 수많은 사람들이 아주 작은 상처들로 교회를 떠나는 것을 보았다. 그들은 여기저기를 떠돌며 방황하고, 어떤 경우엔 두 번 다시 교회로 돌아오지 않는다. 그들은 그들의 마음 바탕에 바리새인적인 종교적 전통을 따름으로써 사실상 하나님과 그들의 관계가 진짜가 아님을 드러낸다. 더디 노하시며 자비로이 용서하시는 하나님과 함께 걸어가도록 노력하자.

온전한 구원

오늘날에는 많은 설교자들이 구원받지 못한 사람에 대한 문맥으로 얘기할 때가 아니면 죄에 대해 잘 이야기하지 않는다. 대부분의 설교자들은 예수님의 희생으로 말미암아 우리를 의롭다 여겨 주신 칭의만 강조하는 것을 더 좋아한다. 그들은 우리 죄가 씻겨나간 것과 이제 하나님에 의해 의인으로 간주되었다는 것에 중점을 두어 말하고, 그것이 모든 것의 마지막이라고 생각한다. 우리가 의로 덧입혀졌다는 건 사실이다. 하지만 그것만으로 완성된 그림은 아니다.

나는 예수님의 십자가의 죽음으로 인해 전적으로 내가 구원받았음을 받아들이기 위한 준비가 되어 있었다. 그러나 그 후 난 궁금증을 불러일으키는 흥미로운 성경 구절을 읽게 되었다.

"하나님이 처음부터 너희를 택하사 성령의 거룩하게 하심과 진리를 믿음으로 구원을 받게 하심이니"(살후 2:13).

이 구절이 의미하는 바는 뭘까? 예수님이 십자가에서 행하신 그 일로 인해 우리가 구원받은 게 아니었는가? 그렇다면 예수님의 희생은 우리의 구원과 무슨 상관이 있지?

사도 바울은 고린도 교회를 언급하면서 "형제들아 내가 너희에게 전한 복음을 너희에게 알게 하노니 이는 너희가 받은 것이요 또 그 가운데 선 것이라 너희가 만일 내가 전한 그 말을 굳게 지키고

헛되이 믿지 아니하였으면 그로 말미암아 구원을 받으리라(through which also you are being saved)"(고전 15:1-2)고 말했다. 바울은 그들이 '구원되는 중이다'(being saved)라고 말하고 있다.

다시 말하자면, 구원에는 어떤 종류의 과정이 있음을 암시하고 있다. 그와 유사한 서신에서 바울은 "그러나 이제는 너희가 죄로부터 해방되고 하나님께 종이 되어 거룩함에 이르는 열매를 맺었으니 그 마지막은 영생이라"(롬 6:22)고 말한다.

보다 확실하게 말하자면, 바울은 빌립보서에서 "어떻게 해서든지 죽은 자 가운데서 부활에 이르려 하노니 내가 이미 얻었다 함도 아니요 온전히 이루었다 함도 아니라 오직 내가 그리스도 예수께 잡힌 바 된 그것을 잡으려고 달려가노라"(빌 3:11-12)고 했다.

바울이 말하는 구원은 온전히 이루어진 것이 아니라, 지금도 그가 궁극적인 구원이라는 목적을 향해 앞으로 나아가고 있다는 것을 여기에서 선언하고 있다!

말할 필요도 없이 난 이 모든 것들 때문에 혼란스러워졌다. 신학대학생이었던 시절 나는 이것을 붙들고 씨름했고, 결국 교수님 중 한 분께 물어 보기로 결심했다. 어느 날 아침 수업이 끝난 후 독 그린웨이 교수님을 한쪽 구석으로 데려가, 내가 그러한 문제들로 혼란스러우니 내 궁금증에 대한 답을 가르쳐 주십사 하고 말씀드렸다. 그는 거의 눈을 깜빡이지 않으며 나에게 말했다. "넌 구원받았어. 넌 구원되고 있는 중이야. 그리고 넌 구원받을 거야."

그런 후 그는 그 말을 심각하게 생각하는 나를 그곳에 세워 둔 채 길 아래로 내려가버렸다.

그의 대답에 대해 생각하기 시작했고, 예수님이 하나님 앞에 우리를 의롭게 하셨음을 깨달았으며, 따라서 구원은 보장되었다. 그리고 성령님의 일은 우리를 거룩하게 하시는 것, 곧 우리를 예수님처럼 만드시는 것이다. 그리고 성부 하나님의 역할은 이 세상에서의 우리의 시간이 다할 때 우리를 영원한 영광으로 이끄시는 것일 것이다.

```
예수님      성령님      성부 하나님
  |           |             |
 칭의        성화          영화
```

구원은 다각적인 측면을 가지고 있다. 첫째로 예수님이 우리를 구원하셨고, 둘째로, 성령님이 이 땅에서 구원을 이루어 가시며, 그리고 마지막으로 성부 하나님이 그와 함께 영원히 거하도록 죽음에서 우리를 일으키실 것이다.

- 예수님은 우리 편에서 죄의 대가를 지불함으로 우리를 의롭게 하셨다.
- 성령님은 우리의 삶 속에서 죄의 권세를 물리치기 위해 우리를 도우심으로 우리를 거룩하게 하신다.
- 성부 하나님은 우리가 천국에 도착할 때 우리를 영화롭게 하시며, 최종적으로 우리에게서 죄의 실제적 존재를 제거하신다.

내가 말하고자 하는 요점은, 우리가 이러한 거룩함으로 가는 과정들에 순종해야만 한다는 것이다. 그건 선택의 문제가 아니다. 통째로 하나의 패키지이다. 성화는 거룩해지는 하나의 과정이다. 하지만 슬프게도 많은 그리스도인이 그것을 선택 가능한 하나의 덤으로 여기는 것 같다. 성화는 성령님이 우리를 예수님처럼 만드시는 것이다. 성화를 이루어 가는 첫 번째 단계는 성령님께 우리를 위해 일하시도록 허락하는 것이고, 그런 후 성령님은 우리 속에 있는 회개하지 않은 죄들을 깨닫게 하시기 시작하며, 그럼으로 우리는 그 죄들을 예수님의 보혈 아래에 두고 그 죄들로부터 돌아설 수 있게 된다.

종종 죄는 십계명 중의 하나를 범했거나 또는 심각한 범죄 행위를 저질렀다거나 하는 식으로 해석되는 다소 일반적인 용어로 이해된다. 예를 들면, 도둑질, 살인, 간음 또는 그와 같은 것들이다. 하지만 하나님은 죄에 대해 보다 폭넓은 관점을 가지고 계신다. 하나님 앞에 죄는 단순히 이러한 외형적인 죄뿐만 아니라 우리의 잘못된 태도, 자기 방어적 공격, 거짓말, 증오 그리고 우리 가슴속에 숨어 도사리고 있는 모든 부패한 태도들을 포함한다.

예수님은 십계명의 '하지 말아야 할 것들'(thou shalt nots)은 죄된 마음 자세를 나타내는 것이라고 가르치셨다. 예를 들면 이러하다. "나는 너희에게 이르노니 형제에게 노하는 자마다 심판을 받게 되고 형제를 대하여 라가라 하는 자는 공회에 잡혀가게 되고 미련한 놈이라 하는 자는 지옥불에 들어가게 되리라"(마 5:22). 분노, 무례, 그리고 비난은 살인을 부르는 원인이 된다! "나는 너희에게 이르노니 음욕을 품고 여자를 보는 자마다 마음에 이미 간음하였느니라"(마 5:28). 간음이라는 행위는 마음속에 품은 생각으로 인해 생겨난다.

하지만 예수님은 이 구절들에서 보다 많은 것들을 가르치고 계신 듯하다. 실제적으로 행하진 않는다 하더라도 그 마음 자세 자체가 죄임을 말씀하시고 계신다. 우리는 마귀적인 생각들이 실제적으로 유형화되지만 않는다면 죄가 없다고 생각하려는 경향이 있다.

하지만 유혹과 죄 사이에는 아주 미세한 경계만 있을 뿐이다. 만약 마음에 어떤 유혹이 들어왔을 때 그것에 대해 대항하지 않고 그러한 죄 된 생각들을 즐기기 시작한다면 이것은 생각 그 자체로 죄가 된다. 죄는 우리가 상상하는 것보다 훨씬 깊은 곳까지 그 영향력을 행사한다. 죄는 우리 인간 본성의 뿌리에까지 견고하게 침입해 있다.

경건하지 않고 타락한 생각들을 즐기는 일은 우리에게서 제거되어야 하며, 오직 예수님만이 그것을 가능하게 하실 수 있다. 진실로 더러움 없고 의로운 동기에서 나오지 않는 모든 것은 죄로 여길 수 있다. 진실을 볼 수 없도록 우리 마음이 우리 죄를 숨기고 양심의 울부짖음을 무시해버리는 이것이 바로 두려우리만치 정직한 우리 자신들의 모습이다. 우리 마음이 가는 길 모두가 사악하며 속기 쉬운 것이다. 예수님은 말씀하신다.

"네가 어찌하여 나를 선하다 일컫느냐 하나님 한 분 외에는 선한 이가 없느니라"(막 10:18).

우리 하늘 아버지는 우리 안에 거하시는 예수님의 생명을 힘입어 살아갈 수 있도록 도우심으로써 우리에게 죄의 지배에서 벗어날 수 있는 길을 내어주셨다. 이러한 생명은 기도를 통해 하나님과 규칙적인 교제를 가짐으로 유지된다. 그곳에서 우리는 하나님의 용서를 구하며 또한 용서받을 수 있다. 하나님 앞에서 용서를 구하는 그 자리에서 우리는 타인에게 지은 죄를 그들에게 용서해 달라고 겸손히 구할 수 있다.

우리를 실족하게 하는 은밀한 죄

존의 이웃은 함께 더불어 살기 힘든 사람이었다. 그들은 나그네를 환대히 대접하는 오랜 전통으로 명성을 얻고 있는 어느 시골 농장 지역에서 살아 왔음에도 불구하고 존과 그의 아내를 향해 한 번도 친근하게 대한 적이 없었다.

8월의 추운 어느 날 아침, 존의 이웃은 마구간 건너편에서 소리쳐 그를 불렀다.

"존, 저 울타리 옆에 있는 썩은 나무 두 그루를 베어버리고 그 옆 어린 나무들도 전부 없애 줄 거지? 그 나무들이 우리 말들에게 심각한 피부병을 일으키거든!"

그건 부탁이 아니라 명령이었다.

존은 혼자 생각했다. '어떻게 감히 나한테 내 소유지에 있는 나무들을 베어버리라고 말할 수 있어! 어찌되었건 내 땅이고 썩은 나

무들도 내 것들이고(내가 좋아해서 심은 나무들인데), 더구나 내 인생인데!'

존은 마음속으로 '지옥에나 가버려. 도대체 네까짓 게 뭔데! 네 말을 다른 마구간으로 옮기면 되잖아. 난 어느 누구를 위해서도 내 나무들을 자르진 않을 거야'라고 말하고 싶었다.

하지만 존은 스스로를 자제하고 그를 향한 하나님의 끊임없는 자비를 되새기며 이웃의 그 성가신 '부탁'을 들어 주었다. 그의 이웃은 너무나 감사해했으며, 그 결과 그들 사이에는 우정이 자라게 되었다. 한때 그들은 차갑고 냉랭한 태도로 존과 그의 가족을 대했지만, 이젠 기회가 주어질 때면 진지하게 그들을 도우려는 따뜻한 이웃이 되었다. 사실상 그날 이후로 그의 이웃은 존과 존의 가족을 돕고 축복하기 위한 기회들을 계속 기대했다.

만약 존이 그 당시에 그가 마음속으로 생각했던 것들을 그대로 말로 내뱉어버렸다면 아마도 그 결과는 아주 달라졌을 것이다. 존은 죄를 짓게 되었을 것이고, 또 그 이웃을 죄짓게 하였을 것이다. 그게 아니라면 이웃에게 직접적으로 대항하지 않고 냉소적이며 매정하게 대함으로 죄 된 감정을 즐겼을 수도 있었다. 또 그는 솔직하게 말하진 않지만 조용히 눈을 치켜뜨거나 무시하는 방식으로 그가 이웃을 싫어한다는 것을 표현할 수도 있었을 것이다. 이러한 방법이 바로 어른들이 일처리를 하는 방식이다.

적대적 반응

우리가 어린아이나 10대였을 때엔 좋고 나쁜 것에 대한 우리 자신의 감정을 숨김없이 표현하곤 했다. 우리는 남의 기분을 해칠지도 모른다는 사실에 대해 순진하게도 무관심했고, 모든 것들에 대해 보이는 대로 말하곤 했다. 우리는 인정머리 없어 보일 정도로 정직한 경향이 있었지만, 나이가 들어 감에 따라 우리는 조금 더 나은 예의범절을 갖추어 상황들을 다루는 법을 배운다.

우리는 더 이상 사람들의 면전에 대고 적대감을 드러내지 않는다. 대신 우리는 적대감을 드러내지 않고 웃으며 뒤돌아서는 법을 배운다. 우리는 무수히 많은 교묘한 방법들로 표현되는 '암시'라는 교양 있는 기술을 연습하면서 우리의 불쾌함을 영리하게 숨긴다. 우리는 우리에게 동의하며 옳다라고 얘기하는 친구들의 범주 속에서 행동한다. 이런 식으로 우리는 죄짓는 법을 배우게 되며, 그러한 교묘한 방법들을 무의식적으로 행하는 우리 자신을 그냥 그대로 방치해 둔다. 하지만 그러한 교묘한 방법 역시 파괴적인 결과를 가져온다. 그 결과는 관계의 붕괴이며, 사람들 사이의 사랑을 식게 하는 것이다.

만약 당신이 몰래 죄를 지어 왔다면 당신은 용서를 구해야만 한다. 이런 용서는 기도 중 당신과 하나님 사이에서 이루어질 수 있다. 하지만 당신이 만약 다른 사람에게 공공연하게 죄를 범했다면 당신은 그들에게 용서를 구해야만 한다. 만약 상황이 허락된다면 이 일은 아마 공개적으로 이루어져야 할 수도 있다. 상황이 허락지 않는다면 그것은 여전히 당신과 하나님 사이의 일로 남겨 둘 수도 있다.

용서가 실제적인 유일한 해답이 된 이야기들은 무수히 많다. 정해진 특별한 법칙이란 없다. 하지만 용서가 필요한 각 상황들에 맞는, 누구나 자유로이 사용할 수 있는 하나님의 지혜가 있다.

"너희 중에 누구든지 지혜가 부족하거든 모든 사람에게 후히 주시고 꾸짖지 아니하시는 하나님께 구하라 그리하면 주시리라"(약 1:5).

혹자는 비판적인 게 아니라 분석적인 것이라고, 또는 비평하는 게 아니라 통찰력이 있는 것이라고 주장할 수도 있다. 우리가 주변의 누군가를 우둔하며 낙오자라고 단언하며 대놓고 비난할 때, 우리 중 누군가는 그것이 개인의 미덕으로서의 정직함이라고 자랑스럽게 변명한다. 우리는 그것이 정직한 일이고 그 상황에 대한 실제적인 평가라고 말하며, 우리의 솔직함에 대해 변명한다.

하지만 99퍼센트의 경우에 우리가 정직함이라고 부르는 것은 전혀 미덕이 아니다. 차라리 그것은 험담에 대한 정당화의 수단이며 악의적인 감정을 속이고 있는 것이다. 우리는 우리가 단순히 정직하게 얘기할 뿐 아니라 성경이 우리에게 말해 주듯이(에 4:15) 사랑으로 진실을 말하고 있음을 확신하기 위해선 조심해야 한다. 다른 말로 하자면, 아름다운 결과를 기대할 수 없을 때 우리는 침묵을 지켜야 한다. 우리의 말이 부주의하게 던져졌을 때 그 말은 상처를 내고 관계를 파괴하는 결과를 가져온다.

사탄은 '형제를 고소하는 자'로 불리며, 그 의미는 사탄이 범죄한 우리를 비난하기 위해 진실과 거짓말 모두를 사용하는 존재라는 것이다. 그것이 바로 사탄의 일이며, 사탄은 그 일에 아주 능수능란하다. 종종 우리는 사탄의 부드러운 속삭임을 듣고 그 말을 따른다. 간단히 말해 죄는 우리 마음속의 타락한 욕망으로부터 나오는 유혹에 대한 반응이다. 우리는 우리를 비난하는 사람들을 비난하고 정죄하며 그렇게 함으로 우리는 또 다른 비난을 불러들인다. 그런 식으로 우리는 이 지상에서 어둠의 왕국을 조성해 나가며, 우리 형제들을 고발하는 자가 되고, 사탄의 종이 되는 것이다.

우리는 우리의 혀를 길들이며 매일매일 우리가 만나는 사람들 속으로 사랑과 조화를 가져옴으로 하나님 나라를 성장시켜 나가야 할 것이다.

> "혀는 곧 불이요 불의의 세계라 혀는 우리 지체 중에서 온몸을 더럽히고 삶의 바퀴를 불사르나니 그 사르는 것이 지옥불에서 나느니라"(약 3:6).

비난은 인간의 타고난 성향이다. 그리고 비난은 우리가 하나님의 아들과 딸이 되기 위해 억눌러야 할 타고난 인간의 속성이다. 우리 각자는 그것들과 싸우기 위해 믿음의 선한 싸움이라는 전쟁을 한다. 사방에 적들이 에워싸고 있는 이 전쟁에서 우리는 이런 유혹과 개인의 정도에 따른 성향, 습관들과 싸우며 정복해 가는 법을 반드시 배워야 한다. 우리는 적으로서 다른 사람을 비난할 권리가 없다. 우리의 적은 사실상 우리 속에 있다.

종종 나는 생각 없이 그냥 감정을 발산해버리거나 무조건적 반사 식의 반응을 보이며 말을 내뱉어 왔다. 그러고 나면 하나님은 곧바로 뒤이어 기도할 때 내 죄와 나를 대면시키신다. 내가 내 죄를 볼 때 난 스스로 겸손해지며, 내가 그런 식으로 응대했던 사람에게 용서를 구하게 된다. 때때로 보복하고 싶은 마음이 정당하다고 느껴지기도 하지만, 그러한 마음 역시 죄이다.

내게 대해 노골적으로 죄를 짓거나 부당하게 행동한 데 대해 나의 용서를 구하는 사람(그리스도인이건 아니건 간에)이 얼마나 드문지! 그것은 늘 날 놀라게 만든다. 그럼에도 불구하고 난 분쟁의 한가운데서 자비와 겸손의 하나님처럼 되어야 하며, 분열이 있는 곳에 사랑을 전해야 한다.

삶을 내려놓는다는 것

메리 웹스터는 미국 남부에 시누이와 함께 사는, 불타는 듯한 붉은 머리카락을 가진 여자였다. 메리와 그녀의 시누이 메이는 천성적으로 맞지 않았지만 그래도 그들은 서로 사이좋게 잘 지냈다. 그들의 관계는 사람들이 메리의 천사 같은 천성에 대해 입소문을 낼 만큼 이기심이 없는 아름다운 관계의 표본이었다.

아주 자기중심적인 삶을 살고 있었던 한 친구가 어느 날 아침 그들의 집을 방문했고, 메리의 아름다운 천성에 대해 메리를 칭찬했다. 메리의 친구는 사람들이 메리에 대해 말하는 온갖 좋은 평판에 대해 그녀에게 말해 주었다. 예를 들면, 그녀가 병약하고 장애가 있는 시누이 메이를 얼마나 잘 보살피는지 그리고 그렇게 함으로써 어떻게 그 지역의 완벽한 경건함의 표본이 되었는지 등에 대해 얘기했다.

메리는 그런 칭찬을 별로 좋아하지 않았고, 그날 그녀는 그녀의 이기적인 친구에게 '완벽한 성격' 으로 불릴 수 있는 그 비법을 가르치려고 마음먹었다. 그래서 그녀는 긴장을 풀고 예수님을 닮기 위한 노력을 한다기보다는 그녀의 있는 모습 그대로를 보여주리라 결심했다.

메이는 여전히 침대에 누워 있었고, 메리는 그녀의 친구에게 그녀가 항상 시누이 메이에게 먼저 "굿모닝"이라고 얘기해야 한다고 말했다. 메리는 자신도 자신의 권리를 가진 한 개인이며 이따금은 메이가 먼저 그녀에게 "굿모닝"이라고 말할 수도 있는 것 아니냐고 주장했다. 그렇지 않는가?

메이가 그날 아침 자리에서 일어나 아래층으로 내려왔을 때, 그녀는 욕실로 가는 길에 메리와 그녀의 친구 옆을 그냥 지나쳐 갔다. 그들 사이에 "굿모닝"이란 인사가 전혀 오가지 않았다. 자신이 침실로 돌아오는 길에도 메리와 그녀의 친구가 그녀를 응시할 뿐 아무 말도 하지 않자 메이는 무슨 일인가 하여 의아해했다.

"뭐가 잘못된 거야?" 메리의 친구가 말했다. "왜 그녀는 한 번도 먼저 '굿모닝' 이라고 인사하지 않는 거야?"

그때 전화벨이 울렸다. 메리는 그녀가 항상 전화를 받아야만 하는 사람이라는 사실에 대해 불평했다.

"메이가 목발을 가지고서는 전화 받기가 쉽지 않기 때문에 난 항상 그녀의 메시지를 받아야 해. 그건 나름대로 그럴 수 있다고 쳐. 하지만 나도 내 삶을 누릴 권리가 있다고. 그렇지 않아?"

그녀는 전화를 받으러 가야 한다고 그녀의 친구에게 말하고는 위층의 메이에게 소리쳤다. "고모, 전화예요!"

메이는 계단을 내려오느라 힘이 들어 조금 기분이 상해 있었다. 메이와 통화하는 사람은 메이에게 그날 아침 파티에 올 수 있는지를 물었다. 다리를 저는 시누이를 위해 평소에 운전을 해주던 메리는 전화 너머로 들리는 말을 그냥 무시해버리고, 시누이를 도와 자원하여 데려다줄 것을 거절했다. 메이는 메리가 그 통화 내용을 들었다는 것을 알았기 때문에 메리의 냉담함에 더욱 화가 났다.

그런 후 메리가 "난 항상 시누이를 위해 아침 식사를 준비하고 있어. 시누이가 여태까지 한 거라곤 침대에서 일어나 옷을 입고 식탁으로 오는 것뿐이야"라며 친구에게 말했다.

"나도 음식이 뜨거울 때 식사를 할 권리가 있다고. 메이는 한 번도 제때 오지 않아. 정말 지겨워." 메리는 불평했다. "이제 먹자."

"그러니까 네 말은 메이가 내려올 때까지 기다리지 않을 거란 말이지?" 메리의 친구가 말했다.

"응, 난 아침을 먹을 거야. 더구나 매일 아침마다 메이가 방에서 나오면 난 그녀가 원하는 걸 만들어야 해. 난 달걀 프라이를 해놓았고 메이가 아침으로 뭘 먹든지, 내가 만든 대로 그냥 먹든지, 그렇지 않으면 굶든지 신경쓰지 않아."

그때 메이가 식탁으로 왔고, 그녀는 눈에 보일 정도로 화가 나 있었다. 메이는 설탕을 달라고 했다. 메리는 그냥 식탁을 가로질러 그릇을 밀었고, 아무 말 없이 자신의 아침을 먹는 데 여념이 없었다.

아침 식사가 끝나고 메이는 정원의 잡초를 뽑기 위해 밖으로 나갔다. 하지만 목발 때문에 정원 바닥에서 일어서고 앉기가 불편했다. 메리의 친구는 창문 밖을 내다보았고, 메이가 어려움을 겪고 있음을 알아차렸다. 하지만 메리는 "메이는 그냥 쇼를 하는 거야. 만일 넘어져서 목이 부러지면 그건 그냥 그녀에게 운이 나빴을 뿐인 거야"라고 말했다. 메리는 어쨌든 시누이를 도와주러 가지 않을 거라고 계속해서 얘기했다.

이때 메리의 친구가 메리에게 돌아서서 어깨를 쥐고 흔들며 말했다.

"메리 웹스터, 한 가지만 얘기할게. 넌 예수님이 아니라면 완전히 작은 악마야!"

그러자 메리는 말했다. "네가 나한테 예수님이 아니라면 완전히 작은 악마라고 얘기해 줘서 오히려 기뻐. 지난 한 시간 동안 시누이에게 몰인정한 말을 전혀 하지 않으면서도 어떻게 가족끼리 서로 상처를 주게 되는지를 네게 보여주고 싶었어."

그런 다음 메리는 이렇게 말했다.

"이제 난 오늘 아침 뭔가를 할 거야. 난 내 권리를 포기할 거야. 내가 오늘 아침에 했던 모든 행동들은 내 권리를 찾으려고 했던 거였어. 난 이제 다시 내 권리들을 예수님께로 돌려놓을 거야. 난 시누이 메이와 외출할 거고, 난 네가 예수님이 더러워진 물을 깨끗하게 하시는 데 얼마만큼의 시간이 걸리는지 보길 바라."

메리는 정원으로 나갔고, 시누이에게 팔을 두르며 말했다.

"뭐하고 있어! 목이라도 부러뜨리려고? 오늘 아침 파티에 가고 싶어 한다고 생각했는데?"

"그랬었지. 하지만 난 거기 갈 방법이 없어."

"그냥 방으로 올라가서 준비해. 내가 데려다 줄게." 메리가 말했다.

5분 내에 그 집은 하나님의 사랑이 가득한 집으로 되돌아왔다. 메리의 친구는 메리가 친구에게 보여주고자 했던 것을 보았다. 즉 어느 누구도 완벽하지 않으며, 성인군자도 아니다. 당신은 당신의 권리를 포기할 필요가 없다. 하지만 당신이 그 권리를 포기하지 않을 경우 당신은 문제를 일으키는 사람이 되고 만다.

메리의 친구는 무엇이 그 가족을 불쾌하게 만드는지 보았고, 또 무엇이 그 가족을 행복하게 하는지를 보았다. 메리는 아무 보상도 바라지 않고 – 감사조차도 – 그녀의 인생을 희생하는 것을 하나의 습관으로 만들었다. 메리 웹스터는 "만일 사람들이 우리를 통해 예수님을 알 수 있게 된다면 우리 인생에 있어 그보다 더 큰 목적이 있을 수 있을까? 예수님은 우리 삶에 함께하는 분이 아니라 우리 삶의 주인이 되길 원하셔"라고 말했다.

메리의 친구는 집으로 돌아갔고, 이건 또 다른 이야기이지만, 그녀 자신의 가족의 삶에 경건을 연습하기 시작했다. 그리고 그 결과는 매우 훌륭했다.

예수님께 맡기기

만약 우리가 죄와 그에 대한 반응 사이에 시간을 조금만 할애한다면 그 죄는 시간 그 자체에 의해 종식될 수 있을 것이다. 종종 우리는 어떤 일에 대해 너무 빨리 반응한다. 만약 우리가 침묵을 지키며 자신을 제어하는 법을 연습한다면 많은 대립을 피할 수 있을 것이다. 롱펠로는 "침묵은 위대한 평화의 사도다"라고 말했다.

어쨌든 다른 사람에 대한 일시적인 감정을 따르는 데 어떤 한계가 있음을 이해하는 것은 중요하다. 우리는 사람을 기쁘게 하는 사람도 또 줏대 없는 소심한 사람도 되어서는 안 된다. 하지만 많은 경우 우리의 뜻을 다른 사람에게 강요할 필요는 없다. 우리가 우리의 권리를 옹호하고 의견을 관철시킬 때 우리의 육적인 천성이 더 많이 표출된다.

그렇지만 우리가 우리의 의견을 옹호하고 우리의 입장을 관철시켜야 할 때도 있다. 양보가 나쁜 영향을 끼치는 결과로 이어질 수 있을 때라면 우리는 그 일들을 전략적으로 사용하여야 한다. 예수님은 사람을 기쁘게 하는 것이 아니라 섬기러 오셨음을 기억하자.

오직 성령님만이 혼돈 가운데 바른 때를 분별할 수 있도록 우리를 도우실 수 있다. 예수님은 많은 경우에 하나님의 편에 서셨고, 우리 또한 그러해야 한다.

"범사에 기한이 있고 천하 만사가 다 때가 있나니……헐 때가 있고 세울 때가 있으며……잠잠할 때가 있고 말할 때가 있으며……전쟁할 때가 있고 평화할 때가 있느니라"(전 3:1-8).

때와 시기를 알게 하시는 것은 우리 속에 계시는 성령님의 일이다. 이것은 기나긴 고통과 인내 그리고 약간의 지혜가 적절히 조화된 통찰력을 필요로 한다.

죄는 우리의 지위, 지성, 믿음, 가치, 권위 그리고 기준 또 우리의 소유, 영토, 권리, 개인의 영역 그리고 명예가 공개적으로 도전받을 때 일어난다. 하지만 이 모든 것은 두 가지의 근원적인 동기로 모아진다. 곧 우리의 감정이 상처를 입거나 우리 자신이 원하는 대로 할 수 없을 때 우리는 적대적인 행동으로 반응한다.

우리의 입술은 "당신의 뜻대로 이루어지이다"라고 기도할지 모른다. 하지만 사실상 우리의 마음은 "내 뜻대로 이루어지이다"라며 말하고 있는지도 모른다. 하나님의 뜻을 구하기는 하지만 실제 우리의 행위에 있어서는 예수님을 닮아가라고 부르신 그 부르심에 합당하지 않은 경우가 많다. 그것이 누군가를 속인다는 것을 의미하진 않는다.

하지만 만약 우리가 하나님의 뜻이 우리 삶에 이루어지기를 진정으로 원한다면 우리는 우리의 뜻이 도전받을 때 즉각적으로 대응하는 것을 자제할 수 있을 것이다. 이렇게 자제할 수 있는 것은, 바로 우리 삶에 성화가 이루어지도록 순종하며, 예수님을 닮고자 하는 마음이 바탕이 될 때 가능할 것이다.

우리를 순종의 자리로 인도하는 과정과 우리의 삶을 온전히 예수님께 내어준다는 것이 무엇인지를 잘 표현한 오래된 찬양이 있다. 이 오래된 찬양의 곡조의 많은 부분이 시대에 뒤떨어진 것임에도 불구하고 그 가사들은 세월을 뛰어넘는 진실을 담고 있다. 이 곡을 좀 더 맛깔나게 하기 위해 "그대여"(Thees, Thous)라는 단어를 몇 군데 삭제했다. 당신은 아마도 내용의 전체적인 시적 효과와 흐름을 알기 위해 몇 번이고 반복해서 읽어야 할지도 모른다.

내가 예수님께
"당신은 아무것도 아니에요. 내 삶의 모든 건 내 것이에요"
라고 자랑스럽게 대답했을 때
그때가 내겐 정말 쓰디쓴 수치와 슬픔의 시간이었네
하지만 그가 날 찾았고
난 그가 저주받은 나무에서 피 흘리는 것을 지켜보았네
그리고 나의 탐욕스런 마음은 희미하게
"내 삶의 일부는 당신의 것이며 또 다른 일부는 제 것이에요"
라고 말했네
하루하루 그의 부드러운 자비는
내 상처를 고치시고 도우시고 채우시며 날 자유롭게 하셨네
내가 "내 삶엔 당신의 것이 더 많고 저의 것은 더 작아요"
라고 속삭이는 동안
그는 날 더 낮은 곳으로 데려가셨네
가장 높은 하늘보다 더 높고, 가장 깊은 바다보다 더 깊으신

주님의 사랑

마침내 그 사랑이 "당신이 전부세요. 저는 아무것도 아니에요"

라고 고백하게 하였네.

이 찬양의 가사는 우리가 예수님을 닮고자 하는 열망을 가지고 내 전부가 되신 예수님을 알게 되기까지 우리 모두가 거쳐야 할 과정을 매우 선명하게 보여준다. 우리 모두는 각자 다른 방법으로 이 과정을 겪게 될 것이다.

하지만 변하지 않는 사실은, 그것이 우리 매일의 삶에서 맞닥뜨리게 되는 상황의 많은 부분들을 포함하고 있다는 것이다. 여기 몇몇 교회 성도의 삶에서 우리는 그것을 볼 수 있다.

예수님 닮기

로저와 마거릿이 결혼하던 날, 오랜 친구가 이렇게 그들에게 충고해 주었다.

"너희들이 결혼 생활을 해나가는 동안 둘 사이에 일어나는 하찮게 보이는 죄들을 조심해. 조그만 여우 한 마리가 온 포도밭을 망쳐. 너희 둘의 관계를 아름답게 유지할 수 있도록 노력해."

그들은 그 충고를 들었지만, 시간이 지나면서 그 충고를 잊어버렸다. 결국 서로 얽히고설킨 하찮은 죄들로 인해 20년을 이어온 그들의 결혼 생활은 심각한 곤경에 처했다.

상황의 심각성을 깨닫자 그들은 부부 상담소를 찾았다. 일주일 단위로 상담을 받았음에도 불구하고 2년이란 시간이 흐른 후, 그들은 막다른 골목에 봉착했다! 상대방의 삶에 대한 태도를 두고 심한 적대감을 드러낸 채 그들은 마치 종교 광신자들처럼 자신의 입장을 철옹성처럼 견지하고는 마주 서 있었다. 그들은 양보가 자신의 자존심을 손상시킴을 의미하노라며 절대 양보란 있을 수 없다고 생각함으로써, 자신의 견해를 바꾸려는 노력을 전혀 하지 않았다. 파경은 불을 보듯 뻔한 일촉즉발의 상황이었다.

결혼 상담가는 로저와 마거릿이 각자의 잘못을 볼 수 있도록 최선을 다했지만, 결국 그녀의 얼굴에 나타난 표정은 그녀가 패배했음을 말해 주었다. 막다른 길이었다. 결혼 상담가는 모든 기술과 방법을 사용하였지만 결국 실패했다! 그녀는 하늘을 향해 눈을 들어 조용히 하나님의 지혜를 구했다.

그러고는 결혼 상담가는 로저를 향해 돌아서서 이렇게 말했다.

"당신은 신실한 사람이에요, 로저. 그리고 당신이 하나님을 사랑한다는 걸 알아요. 당신은 예수님이 행하셨던 것처럼 살고자 노력하고 있어요."

로저는 동의하는 뜻의 미소를 지으며 결혼 상담가의 말에 수긍했다.

"그렇다면 로저, 마찬가지로 이 문제에 있어서도 예수님처럼 되고 싶지 않아요?"

이 말을 듣자 로저는 망치로 한 대 얻어맞은 것 같았다. 당연히 그는 예수님처럼 살기를 원했다. 하지만 지금까지 그는 자신의 권리를 포기하는 바로 그것이 예수님을 닮아갈 수 있게 한다는 것을 깨닫지 못했다. 갑자기 모든 문제가 더 이상 단순히 마거릿에 대한 적대감의 문제가 아님을 깨달았다. 그가 자랑스럽게 자신의 입장을 고수함으로 하나님의 이름을 욕되게 하는 것임이 분명했다.

그는 상담가의 지혜로운 말을 거역할 수 없었으며, 그 즉시 그들 모두는 머리를 숙여 기도하기 시작했다. 로저는 "하나님, 당신의 영광을 위해 이 일을 사용하소서"라고 기도하며, 그의 권리를 하나님께 양도하였다.

그들은 서로 팔짱을 낀 채 상담자를 떠났고, 로저는 예수님이 자기 생명을 내어준 것처럼 그의 아내와 아이들을 위해서 자신을 희생하는 법을 배웠기 때문에 두 번 다시는 결혼 상담가의 조언이 필요치 않았다.

그 길은 가기 쉬운 길이 아니었다. 단거리 질주가 아니라 마라톤 그 이상이었다. 하지만 그 길은 매일의 삶을 예수님을 의지하도록 만들어 주었다. 예수님 없이라면 그는 얼마 지나지 않아 그의 옛 모습으로 되돌아왔을 것이다. 그는 죄를 용서해야 했고, 자신의 우선권을 포기해야 했지만, 그는 그렇게 했다. 하나님의 은혜는 그가 가는 길을 돕기 위해 그와 늘 함께했다.

"화평하게 하는 자는 복이 있나니 그들이 하나님의 아들이라 일컬음을 받을 것임이요"(마 5:9).

5장_ 교활한 목소리

초년병 그리스도인이 맞닥뜨리고 있는 두 가지 중요한 문제는 사탄의 목소리와 하나님의 음성을 분별하는 일과 관련된 혼란이다.

그리스도인의 마음에는 수많은 공격들이 있다. 이 책이 이 문제를 심도 있게 다루려는 것은 아니다. 다른 어떤 목적이 있어서가 아니라 우리가 하고자 하는 대화의 방향과 일치하고 있다는 것을 확인하는 정도의 선에서 '간사한 목소리'의 핵심을 간단하나마 이 장에서 다루려고 한다.

만일 우리가 하나님과 교제하려고 한다면 하나님의 음성을 제대로 듣는 일은 필수적이다. 사탄은 우리의 이해력을 흐리게 할 목적으로 많은 시끄러운 잡음을 퍼뜨림으로 하나님과 대화할 수 있는 능력을 파괴하고자 한다. 우리는 올바른 채널에 주파수를 맞추는 법을 배워야 한다. 왜냐하면 우리가 하나님의 조언을 명확히 들을 수 없다면 하나님께 순종할 수 없기 때문이다.

정말 용서가 필요할 때 남을 비난하는 목소리는 우리 자신을 정당화함으로써 우리를 공격한다. 하지만 용서를 한 후에도 그 목소리는 이미 용서했던 일에 대한 감정이 되살아나도록 하는 방식으로 반복된다. 그것들은 우리의 용서가 효과적이었는지에 대해 의심하도록 만든다. 그것들은 때때로 우리 죄에 대해 우리 자신을 비난하며 파괴와 괴로움 속으로 우리를 몰아넣는다. 그 결과 근심, 비난, 의심 그리고 두려움 등이 초래된다.

그러나 그러한 마음의 목소리들은 침묵되어야 한다. 오직 하나님의 지혜만이 올바른 길을 열어 주실 수 있다. 이런 교활한 음성은 하나님과 우리의 교제를 집요하게 공격하지만, 하나님과의 교제가 진정한 삶의 근원이므로 우리는 그러한 교활한 음성과 싸워 이기는 법을 배워야 한다.

신성 모독

지금 이 시대에 신성 모독은 너무나 만연해 있다. 우리는 온갖 방송 매체를 통해 쉽사리 그것들을 들을 수 있다. 텔레비전 영웅들을 흉내내는 아주 어린 아이들의 입술을 통해서도 우리는 신성 모독적인 말을 들을 수 있다. 심지어는 설교에서조차 신성 모독적인 말을 들을 때가 있다!

개인적으로 이것은 우리 사회에서 가장 슬픈 것들 중의 하나로 여긴다. 하나님의 이름은 경외를 받지도, 또 당연히 받아야 할 존중조차 받지 못하고 있다. 특별히 하나님은 우리에게 아주 많은 것을 베풀어 주셨기에 하나님의 귀한 이름이 욕이나 경솔한 표현으로 잘못 사용되는 것을 듣는 것은 정말 힘든 일이다. 우리가 하늘 아버지를 알아갈수록 우리는 하나님이 완전하심에도 불구하고 슬퍼하실 수 있다는 것에 감사하기 시작한다.

사전에 신성 모독이란 "하나님에 대해 타당하지 않는 말을 하거나 무례한 말로 신을 모독하는 것"이라고 정의되어 있다. 그리스어로 '블라스페미아'(Blasphemia)는 단순히 모욕적인 말이라는 뜻이다. 사람들은 신(God)이라는 단어가 여러 많은 신들을 지칭한다고 주장하며 신이라는 용어 사용을 정당화한다. 하지만 언론 기사에서 신성 모독적인 글들을 발견할 때 나는 그것들이 하늘에 계신 한 분 하나님을 상징하는 대문자 "G"로 쓰여진 것을 종종 발견하곤 한다.

예수님은 계명을 폐하는 것이 아니라 완전하게 하려고 오셨다는 사실을 기억해야 한다(마 5:17). 그 계명 중의 하나는 "너는 네 하나님 여호와의 이름을 망령되이 일컫지 말라 나 여호와는 내 이름을 망령되이 일컫는 자를 죄 없는 줄로 인정하지 아니하리라"(신 5:11)고 말한다.

이것은 아주 중대한 문제이다. 하나님의 이름과 그의 아들 예수의 이름은 모든 인류로부터 최고의 사랑과 경의를 받을 만하기에 모든 열방 중에 높임을 받아야 한다. 주기도문은 "하늘에 계신 우리 아버지여 아버지의 이름이 거룩히 여김을 받으시오며……"라는 말로 시작한다. 거룩히 여김을 받는다는 말의 의미는 최상의 경외심을 가지고 지극히 높은 경외를 받으신다는 말이다.

우리는 단지 그의 이름 때문이 아니라 하나님 자체로 그분을 경외해야 하며, 성경이 말하듯이 우리는 하나님을 두려워해야 한다! 하나님에 대한 두려움의 온전한 개념이 오늘날 그리스도인의 문화에서 종종 무시되곤 한다. 이사야의 선지서에서 "그가 여호와를 경외함으로 즐거움을 삼을 것이며……"라고 말하며, 하나님의 성령이 예수 그리스도께 임하실 것을 말하고 있다.

하나님은 약하지 않고 능치 못함이 없으시다. 그러나 우리는 하나님의 사랑과 용서를 더 강조하며 하나님에 대한 두려움과 경외심을 소홀히 하려는 경향이 있다.

우리 인간의 관점으로 볼 때 하나님의 본성 안에는 두 가지의 큰 모순이 존재하는 것처럼 보인다. 하나님이 누구이신지에 대해 조화로운 관점을 가지기 위해서는 하나님의 사랑과 두려움 둘 다를 알기 위해 우리 자신을 드려야 한다. 그렇지 않으면 하나님에 대한 우리의 감사는 왜곡될 것이다. 나는 이것을 이해하는 데 꽤 오랜 시간이 걸렸다. 나는 하나님의 사랑을 먼저 배웠고, 그런 후 하나님에 대한 두려움을 배웠다. 하지만 항상 그 두 가지는 내게 모순되어 보였고, 어느 특정한 날까진 한 사람의 인격에 그 두 가지가 함께 공존할 수 없다고 생각했다…….

내가 20대 초반이었을 때 하나님은 특정한 세부 항목과 함께 놀랄 정도로 확실하게 내가 누구랑 결혼하게 될지에 대해 나에게 말씀하셨다. 성경 공부 모임에서 헬렌을 보았을 때 난 그녀가 어느 날엔가 내 아내가 될 것이라는 걸 알았다. 하지만 당시 난 친구로서 사귀는 것 이상으로는 가까워지지 않으리라고 결심했다.

그 후 몇 해가 지났다. 나는 뉴질랜드에 있는 신학대학에 갔고, 그 후 다시 호주로 돌아왔다. 헬렌과 관련된 하나님의 말씀은 여전히 내 마음속에 있었고, 난 아픈 시험을 겪었다. 어쨌든 난 내가 아직 미성숙한 그리스도인이라는 사실을 인정해야 했고, 여전히 하나님이 내게 하신 말을 온전히 믿을 수 있을 만큼 믿음이 충분하지 않았기 때문에 난 인내하며 기다리지 못했다.

그녀는 매일 일을 끝낸 후 집까지 나를 바래다주기 시작했고, 그때 난 하나님이 한 여자로서 그녀를 내게 데려다 주셨다는 것을 깨달았다. 난 대략 6년 전 쯤에 말씀하셨던 하나님의 말씀이 내 눈앞으로 다가오고 있다는 것을 깨달았다! 그 사실을 깨달았을 때 난 하나님의 임재 앞에 겸허해졌고, 말로 표현할 순 없지만 하나님을 향한 사랑과 함께 두려움이 섞인 그런 감정을 느끼기 시작했다. 난 하나님이 이루실 것이라고 말씀하신 것을 행하시는 그의 전능하심에 압도된 채 내 침대에 누워 눈물을 흘렸던 그 밤을 다시 생각해 본다.

그때 처음으로 하나님에게 사랑과 두려움이 함께 공존할 수 있다는 것을 알게 되었다. 그의 사랑에 압도됨과 동시에 그의 권능과 능력을 보았다. 눈물이 내 볼을 타고 흘러내렸고, 조용히 찬양을 하나님께 드렸다. 말로써가 아닌 침묵 속의 찬양을.

전 비틀즈의 멤버였던 폴 매카트니와 그의 딸 사이의 관계에 대해 한참 얘기중인 한 라디오 인터뷰를 들은 적이 있다. 폴은 자기 딸과 함께 스코틀랜드를 지나고 있었다. 라디오에서는 비틀즈의 음악이 흘러나오고 있었고, 사회자는 폴 매카트니의 이름을 거론

하고 있었다. 폴의 딸이 잠시 동안 생각에 잠기더니 "아빠, 아빠가 폴 매카트니에요?"라고 물었다. 폴은 그렇다고 대답했다.

그날 이후로 그녀를 사랑해 주던 아빠로서만 그를 알고 있었던 그 어린 소녀는 세계적으로 유명하며 영향력 있는 음악가로서의 아버지를 알게 되었다. 아버지와 그녀의 관계에 새로운 인식이 더하여졌다. 즉 사랑과 경외심의 혼합 말이다.

우리가 하나님의 사랑에 대해 감사할 때 우리의 반응은 항상 사랑이다. 우리가 하나님의 거룩하심과 영광을 보기 시작할 때 우리의 반응은 두려움이다. 하나님은 전능하시고 우리가 두려워해야 하며 경외해야 할 뿐 아니라 지극히 높임을 받으셔야 하는 분이다. 하나님에 대한 경외심은, 우리가 살아가면서 자발적으로 죄를 짓지만 않는다면 하나님을 무서워하지 않아도 된다는 것을 의미하진 않는다. 하나님에 대한 경외심은 그의 완전하신 권위에 의한 놀라움과 두려움으로 놀라 우리의 입을 다물 수 없게 할 것이다. 하나님에 대한 경외심은 먼지 속에 우리의 얼굴을 조아리게 할 것이며, 죄로부터 우리를 지킬 것이다.

"……두려워하지 말라 하나님이 임하심은 너희를 시험하고 너희로 경외하여 범죄하지 않게 하려 하심이니라"(출 20:20).

하나님을 경외한다는 것은 순종함으로 하나님을 하나님 되게 하는 것이며, 항상 기억하여야 할 것은 하나님은 의무가 아니라 사랑으로 순종하길 원하신다는 사실이다.

"이스라엘아 네 하나님 여호와께서 네게 요구하시는 것이 무엇이냐 곧 네 하나님 여호와를 경외하여 그 모든 도를 행하고 그를 사랑하며 마음을 다하고 뜻을 다하여 네 하나님 여호와를 섬기고"(신 10:12).

이 문제는 뒷장에서 다시 한 번 더 다룰 것이다.

용서할 수 없는 죄

하나님은 온유하시고 자비로우실 뿐 아니라 강하시며 전능하신 분이라는 것을 우리는 이해해야만 한다.

사탄은 우리가 사탄 역시 하나님처럼 강한 존재라고 생각하기를 바라지만, 사실 사탄은 신적인 존재가 아니다. 그는 거짓의 아비이며 이 세상과 미혹의 왕자이다. 그는 헐리우드의 스타들처럼 사람들 앞에 자신을 드러내는 존재가 아니다. 사탄은 자신의 실체가 폭로되길 원하지 않는 어둠의 비밀을 가지고 있다. 하지만 지금은 그러한 사탄의 실체를 드러낼 때이다.

사탄이 가진 비밀은 사실상 그가 아무런 힘도 없다는 것이다. 사탄은 그 자체로는 힘이 없다. 사탄은 우리가 흔히 영화를 통해 볼 수 있는 것 같은 그런 능력을 가지고 있지 않다. 예수님이 십자가에서 죽으셨을 때 예수님이 죄에, 질병에 그리고 죽음에 승리하심으로 사탄이 가진 모든 힘은 사라졌다. 하지만 우리는 사탄에게 너무나도 많은 믿음을 두고 있다.

자세히 들여다보면 성경은 마귀에 대해 이렇게 묘사하고 있다.

"너를 보는 이가 주목하여 너를 자세히 살펴보며 말하기를 이 사람이 땅을 진동시키며 열국을 놀라게 하며 세계를 황무하게 하여 성읍을 파괴하여 그에게 사로잡힌 자들을 집으로 놓아 보내지 아니하던 자가 아니냐 하리로다"(사 14:16-17).

사람들은 그들이 사탄에 대해 이해해 왔던 것에 비해 사탄이 상대적으로 얼마나 무능한지에 대해 놀랍게 여기는 것 같다.

사탄은 두 가지 힘의 원천을 가지고 있다. 하나는, 간혹 하나님이 특별한 임무를 수행하도록 그에게 허용하시는 경우인데, 이 경우엔 항상 하나님이 허락하시는 범위에 의해 제한을 받는다(욥 1:12, 2:6). 다른 하나는, 사탄이 건네는 충동이나 거짓말에 상응하며 반응하고 행동하는 것으로부터 나온다. 사탄은 그의 타락한 유혹에 우리가 복종하는 것을 그의 힘의 원천으로 삼는다. 사탄은 우리를 현혹시키기 위해 진실까지도 사용하며 우리를 죄 속으로 몰고 간다. 그러므로 우리는 사탄이 진실을 말한다 할지라도 그의 말을 들어선 안 된다.

광야에서의 시험에서 예수님은 사탄을 대적하셨으며, 그렇게 함으로써 세상을 이기셨다. 예수님이 사탄에 대항하고 싸웠던 또 다른 많은 경우들이 있지만, 성경에 나와 있는 이런 여러 경우들에 대해서 우리는 그냥 간과해버리는 경우가 많다. 우리는 예수님의 재림이 오기(opportune time)까지 예수님이 사탄의 권세를 이기셨다는 말을 듣고 있다.

그리고 우리는 예수님이 여러 차례 시험 받으셨음을 안다. 한번은 시몬 베드로가 예수님이 대제사장의 손에 죽으면 안 된다고 얘기하자, 예수님은 그에게 "사탄아 내 뒤로 물러가라 너는 나를 넘어지게 하는 자로다 네가 하나님의 일을 생각하지 아니하고 도리어 사람의 일을 생각하는도다"(마 16:23)라며 책망하셨다.

예수님은 베드로를 사탄이라 부르신 것이 아니다. 사탄은 베드로의 선한 의도 속에서 역사한 것이다. 겟세마네 동산에서 우리는 하나님의 뜻으로부터 예수님을 돌이키려는 또 다른 시험을 보게 된다. 하지만 예수님은 사탄의 시험을 이기셨으며, 단번에 완전히 사탄을 무찌르셨다.

요한복음에서 예수님은 말씀하셨다.

"이것을 너희에게 이르는 것은 너희로 내 안에서 평안을 누리게 하려 함이라 세상에서는 너희가 환난을 당하나 담대하라 내가 세상을 이기었노라"(요 16:33).

나는 '그래요. 하나님, 당신에겐 그렇겠죠. 당신은 세상을 이기셨겠죠. 하지만 전 여전히 여기에 있어요' 라고 생각하곤 했다. 하지만 이제 난 예수님이 이기셨기 때문에 우리 또한 시련과 유혹의 때에 성령으로 말미암아 이길 수 있으리라는 것을 깨달았다. 이건 쉬운 일이 아니다. 우리의 적과 대적하고 견고히 서기 위해선 약간의 내적 강인함이 필요하다. 유혹이 오겠지만(유혹은 삶의 일부이다) 우리는 예수님이 하셨던 것처럼 그것들을 무찌를 수 있는 권세를 가지고 있다.

성숙하지 못한 그리스도인으로서 일찍이 사탄으로부터 유혹받은 것 중의 하나는 성령님을 모독하도록 하는 것이었다. 예수님은 "그러므로 내가 너희에게 이르노니 사람에 대한 모든 죄와 모독은 사하심을 얻되 성령을 모독하는 것은 사하심을 얻지 못하겠고 또 누구든지 말로 인자를 거역하면 사하심을 얻되 누구든지 말로 성령을 거역하면 이 세상과 오는 세상에서도 사하심을 얻지 못하리라"(마 12:31-32)고 말씀하셨다.

매일 밤 나로 하여금 성령을 모독하도록 유혹하는 마음속 은밀한 목소리로 인해 힘들었던 2주간을 지금도 나는 기억하고 있다. 난 하나님의 말씀을 사용하여 그것들과 싸울 수 있을 만큼 충분한 지식이 없었다. 그래서 밤마다 그런 불화살을 피하기 위한 방편으로 잠을 청하려고 침대에서 뒤척이며 몸부림쳤다. 난 잠을 자는 것이 이러한 망령된 생각으로부터 탈출할 수 있는 유일한 길이라고 생각했다. 그러한 유혹이 파도처럼 끊임없이 덮쳐 와 점점 더 잠을 잘 수 없었고 점점 더 지쳐 갔다.

그러던 어느 날 난 육신의 아버지를 찾아갔고, 내가 무엇 때문에 고통을 당하고 있는지 얘기했다. 놀랍게도 아버지는 그것이 사탄의 낡은 수법 중 하나라며 웃으셨다. 아버지는 내게, 그리스도인은 성령을 모독할 수 없노라고 얘기하셨다(만약 당신이 유혹에 져서 성령을 거스르는 말을 한다 할지라도 그것들은 진정한 당신의 마음속의 의도를 나타내는 것이 아닐 것이다).

이것은 많은 초신자들이 용서받을 수 없는 죄를 짓고 절망하도록 함으로 하나님을 떠나게 만들려는 사탄의 속임수이다. 불완전한 회심은 그들이 용서받을 수 없는 죄를 저질렀으며 그들을 위한 아무런 소망도 남아 있지 않다고 믿게 함으로 자살을 시도하도록 한다고 알려져 왔다.

예수님이 사탄의 힘을 빌려 이적을 행한다고 바리새인이 말했을 때 예수님이 말씀하신 성령을 거스르는 신성 모독에 대한 성경 구절은 많은 논쟁의 여지를 내포하고 있다(마 12:22-37).

예수님은 만약 성령님의 역사(진리의 성령)가 사탄에게서 기인한 것이라면 사람은 용서받을 수 없으며, 하나님의 나라는 오지 않을 것이라고 말씀하셨다. 다시 말하자면, 만약 바리새인이 진리의 영(예수님을 통한 죄 사함과 구원의 메시지를 전하는 영)을 계속 거부했다면 그들은 근본적인 진리를 외면했기 때문에 용서받을 수 없었을 것이다. 그들은 진리와 악을 구별할 수 없었을 것이며, 결국 그들은 구원받을 수 없었을 것이다.

예수님은 바리새인에게 "성령은 절대 우리를 책망하려 하시는 것이 아니다"라고 말씀하셨다. 어쨌든 사탄은 그리스도인의 삶에 절망이라는 씨를 뿌리기 위해 세대를 거치면서 이 성경 구절을 남용해 왔다.

지나치게 민감한 양심

우리의 양심을 통해 하나님은 선과 악, 옳고 그름 사이의 차이를 분명히 알 수 있도록 우리를 도우신다. 양심은 도덕적 위험이나 죄의 유혹으로부터 우리를 바른 길로 인도하기 위한 위험 신호를 보낸다. 우리 삶 속에 옳고 그름이 무엇인지, 우리의 마음에 경고의 경종을 울려 주는 일이 바로 건강한 양심이 하는 일이다. 어쨌든 우리는 이러한 위험 경고를 계속 무시함으로써 완악해지거나 아니면 지나치게 민감해질 수도 있는데, 이 둘 사이에서 우리 양심은 그 균형을 잃을 수 있다.

무뎌진 양심은 오로지 하나님과의 지속적인 만남과 달콤한 교제 속에서의 돌보심으로써만 되살아날 수 있다. 하지만 지나치게 과민한 양심은 하나님을 기쁘시게 하기 위해 노력하는 마음의 한 면일 수는 있으나, 하나님의 음성을 제대로 듣지 못하게 하는 것일 수도 있다. 지나치게 민감한 양심은 하나님의 이름으로 어떤 특정의 선행과 봉사 그리고 희생을 요구하며 우리 영혼 안에서 끊임없이 고통을 주는 목소리의 형태를 취한다.

양심은 알지 못하는 것에 대해 말할 수 없다. 그러므로 양심은 우리 마음에 하나님의 계시를 전달할 수는 없다. 양심은 옳고 그른 것을 분별하는 것에 한계가 있다. 이것이 바로 우리가 혼란스러워하는 부분이다. 우리는 하나님의 인도하심이 무엇인지를 분별하기 위해 양심의 목소리에 주파수를 맞추는 실수를 범한다. 하지만 양심은 우리의 삶에 하나님의 계시적인 뜻을 전달할 수 있는 능력이 없다. 하지만 양심은 하나님이 우리에게 이것저것을 하기 원하신다고 믿도록 하며 우리를 책망하도록 하는 결과를 낳는다. 사실상 그러한 양심은 전혀 하나님의 음성이 아니다. 그것은 단순히 우리를 책망하는 우리 자신의 마음이며, 그것은 분별되어야 한다.

우리 교회에 휠체어에 의존해야만 하는 한 형제가 있었는데, 그 형제가 교회에 올 수 있도록 난 매주일 자원하여 그를 교회에 데리고 오고 또다시 병원으로 데려다 주곤 했다. 예배를 마친 후면 그는 병원으로 되돌아가길 꺼려했다. 그래서 나는 그와 함께 오후를 함께 보내곤 했다. 하지만 난 그 일에 전혀 즐거움을 느끼지 못했다. 그의 필요를 알았기에 단지 그 일을 하고 있었을 뿐이었다. 난 다음 주일에 또 그 일을 해야 한다는 생각에 주일 저녁이면 늘 마음이 불편하고 우울할 뿐 아니라 낙심된 마음으로 집으로 돌아오곤 했다.

지나치게 예민한 양심은 어떠한 사람이 도움을 필요로 한다는 사실에 과도한 근거를 두어 하나님이 그를 도와주길 원하실 것이라는 생각(이 생각이 항상 진실인 것은 아니다)을 하게 함으로써, 다른 사람을 돕기 위한 모든 종류의 일들을 하도록 말한다. 하지만 그러한 필요가 소명을 의미하는 것은 아니다.

문제는 하나님께서 우리가 그것들을 하길 원하시는지 아닌지를 확신할 수 없다는 것이다! 때로 우리가 그러한 일들을 하지 않았을 땐 혼란과 비난을 초래하기도 한다. 반면, 우리가 만약 지나치게 예민한 양심을 따른다면 결국 우리는 참을 수 없는 지경에 이를 것이다.

지나치게 과민한 양심은 "하나님이 우리에게 행하도록 요구하시기 때문"이란 말로 어떤 종류의 희생을 하도록 우리를 강권할 수 있다. 때때로 하나님은 우리에게 어려운 일들을 행하도록 요구하신다. 하지만 하나님의 요구는 항상 그 일을 행할 수 있는 은혜와 함께 온다. 하나님은 우리가 무엇을 하길 원하시는지 말씀하시고, 우리가 그 일을 하기 위해 순종할 때 그의 생명은 우리의 영혼을 충만하게 하며, 우리는 처음에 생각했던 것만큼 그 일들이 어렵지 않음을 발견하게 된다.

하지만 우리 마음은 종종 전혀 하나님의 음성이 아닌 우리가 들었던 어떤 이야기들이나 과도한 의무감에 반응하곤 한다. 하나님의 은혜는 그의 말씀을 성취하신다. 만약 하나님의 은혜(혹은 하나님의 임재)가 말씀과 함께하지 않는다면 우리는 그것들에 순종하지 않아도 된다. 왜냐하면 그것들은 하나님의 음성이 아니기 때문이다.

예수님의 이름과 그의 보혈의 이름을 빌려 행하는 잘못된 비난에 대해, 그리스도인의 봉사는 평온함 가운데 행하여진다는 것을 기억하며 그 잘못된 비난에 대해 저항하여야 한다. 우리는 성령님의 기름 부으심 없이 절대로 무언가를 해선 안 된다. 어떤 일을 행한 후에는 좌절이나 실망이 아니라 평안함과 만족함이 있어야 한다. 육신의 피곤함은 있을 수 있지만 영적인 피곤함이 있어서는 안 된다(만일 영적 피곤함이 있다면 그것은 성령이 우릴 행하게 하신 것이 아님을 나타내는 것이다).

이것은 통찰력을 요구하는 일이다. 기억해야 할 것은, 우리 마음 속에 있는 지나치게 민감한 양심의 목소리를 듣고 행할 것이 아니라 성령의 인도함을 받아야 한다는 것이다.

과민한 양심의 또 다른 증상은 실제로 죄 되거나 범죄함이 없는 일에 대해 우리 자신을 비난하는 것이다.

"그러므로 이제 그리스도 예수 안에 있는 자에게는 결코 정죄함이 없나니"(롬 8:1).

어떤 사람들은 그냥 지나치게 예민하다. 그리고 그러한 기질들은 우리 삶에 표출된다. 우리는 그러한 기질들을 영적으로 보이도록 꾸미지만, 그것은 단지 우리의 또 다른 육적 본성의 표현일 뿐이다. 그러한 기질을 타고난 사람은 항상 누군가에게 범죄하지 않았나 우려하며 모든 것에 대해 무조건 용서를 빈다(만일을 대비해서). 그러한 기질은 전혀 짓지 않은 죄에 대해서도 끊임없이 회개할 것을 요구한다.

사실상 그것은 사람을 기쁘게 하는 것일 수 있다. 사람의 기분을 상하게 하는 일을 하지 말아야 하지만, 만일 우리가 그리 행한다 할지라도 그것이 항상 죄는 아니다. 만일 우리가 사람의 영광을 구하려고 한다면 우리는 사람을 기쁘게 하는 사람이 되는 것이다. 예수님이 이 세상에 오셨을 때 많은 사람이 그와 함께하길 원했다. 하지만 예수님은 우리의 욕망을 따르지 말고 하나님이 보이신 뜻을 따르라고 대답하셨다.

예수님은 "죽은 자들이 그들의 죽은 자들을 장사하게 하고"라고 말씀하시며 또 "손에 쟁기를 잡고 뒤를 돌아보는 자는 하나님의 나라에 합당하지 아니하니라"고 하시고, 또한 "가서 하나님이 네게 어떻게 큰일을 행하셨는지를 말하라"고 하셨다. 예수님은 사람을 기쁘게 하려고 하신 분이 아니었다. 예수님의 마음은 사람이 아니라 하나님을 기쁘시게 하고자 하셨다(눅 7:23).

지나치게 민감한 양심(양심을 비난하는)의 이러한 부정적인 면을 피하는 비결은, 우리의 마음이 사람에게가 아니라 하나님 앞에서 깨끗한지를 점검하는 것이다. 다른 말로 하자면, 우리는 하나님과 함께 시간을 보내며 하나님이 누구신지 그리고 하나님이 어떻게 일하시는지를 배워야 한다. 그래야 하나님으로부터 인정을 받게 될 것이며 또한 강해지는 법을 배울 수 있을 것이다. 우리는 우리의 마음이 정결함을 알게 될 것이고, 하나님과 우리 사이 그리고 다른 사람과 우리 사이에 거리끼는 그 무엇도 있지 않음을 알게 될 것이다. 비록 어떤 사람들이 우리에게 죄를 짓는다 할지라도 말이다.

만일 하나님에 대한 우리의 죄를 깨닫게 해주실 수 있도록 하나님께 기회를 드린다면 하나님은 우리가 다른 사람을 향해 저지른 죄 또한 깨닫게 해주실 것이다. 우리가 하나님 앞에 깨끗하다면 우리는 사람 앞에서도 깨끗할 것이다.

하나님과 함께 아주 친밀한 교제를 나누는 바로 그 자리에서 하나님은 우리에게 무엇을 해야 할지 그리고 무엇을 하지 말아야 할지를 가르쳐 주신다(필요하다면 매일이라도). 그 어느 것도 불시에 우리를 공격할 수 없을 것이다. 하나님은 우리에게 무엇을 취해야 하며 무엇을 버려야 할지 말씀하신다. 우리는 머릿속에 메아리쳐 울리는 소리가 아니라 성령의 인도하심을 따라 걸어야 한다. 성령의 증거하심이 없다면 어떤 것들이 우리를 유혹한다 하더라도 그 길을 따라가선 안 된다.

하나님의 대역

우리의 아버지 되신 하나님은 때로는 성경, 감명, 계시, 친구나 가족의 충고, 우리의 마음속에 직접적으로 하시는 말씀(귀로 듣거나 또 다른 방법으로) 또는 특정한 상황들과 같은 수없이 많은 다양한 방법으로 우리와 함께 얘기하신다.

우리가 한번 하나님의 음성을 듣게 되면, 그 음성의 생명력으로 인해 우리는 그 음성을 계속 듣고자 갈망하게 된다. 하나님이 말씀하심으로 인해 우리는 생명력을 얻고 또 넘치게 된다.

> "예수께서 대답하여 이르시되 기록되었으되 사람이 떡으로만 살 것이 아니요 하나님의 입으로부터 나오는 모든 말씀으로 살 것이라 하였느니라"(마 4:4).

우리는 주의 말씀을 사랑한다. 하지만 우리가 우리의 영적 안테나를 하나님의 주파수에 맞추려 할 때 우리는 하나님을 흉내내고 있는 무수한 음성들로 구성된 영적인 전파들과 맞닥뜨리게 된다. 우리가 처음 우리의 마음을 영적인 주파수에 맞추려 할 때, 우리는 그것이 하나님의 주파수인지 아닌지를 판별해낼 수가 없다. 수많은 가짜들은 마치 그것들이 우리를 하나님께로 데려다 줄 것처럼 말한다. 하지만 이런 잘못된 인도함은 진실한 가슴(heart)이 아니라 머리(head)에서 나오는 것이다.

하나님이 우리에게 말씀하실 때 항상 그것은 하나님임을 보여 주는 지식과 함께한다. 우리는 하나님을 아는 지식으로 인해 그 말씀이 하나님의 말씀임을 깨닫게 되며, 그것이 곧 우리 마음에서 나오는 믿음의 원천이 된다. 조용하고 작은 하나님의 음성은 용기와 평화를 가져다 주며, 따라서 우리는 그것이 하나님의 음성임을 그냥 직관적으로 알게 된다.

반대로, 사탄의 음성은 상대적으로 구분하기 쉽다. 사탄의 목소리는 절대 성경과 일치하지 않는다. 사탄은 우리가 잘못된 길에 서 있을 때 우리 자신을 합리화하며 두려움과 걱정을 몰고 오게 한다. 우리는 사탄과 함께 평안함을 느낄 수 없다. 왜냐하면 사탄은 평안과 관련해서 할 수 있는 일이 하나도 없기 때문이다.

어쨌든 우리 마음속에는 우리를 평온하지 못하게 하는 또 다른 목소리들이 있다. 그것들은 반드시 마귀적이라든가 사탄적일 필요는 없다. 그것들은 우리 자신의 두려움, 야심, 본성적 기질 또는 세속적 욕망과 자아 등일 수 있다. 이것들을 구별해내기는 어렵다. 왜냐하면 이것들은 하나님을 모방하는 것에 능하기 때문이다. 하지만 그러한 음성들은 사실상 만족함을 따르는 우리의 타락한 본성에 그 근거를 두고 있다.

수잔에게는 청년 모임에서 함께 시간을 보내며 친구가 된 한 청년이 있었다. 그녀의 마음은 그를 향해 자라갔고, 결국 그녀는 그를 미래의 남편감으로 생각하기 시작했다. 그래서 그녀는 그 문제에 대한 하나님의 뜻을 구하게 되었다. 그녀는 몇 개의 성경 구절을 하나님의 말씀으로 소급하여 해석하였고, 그 구절들에 근거하여 그 청년이 반드시 그녀의 남편이 될 것이라는 확신을 하나님이 주셨다고 주장했다.

하지만 그 청년은 수잔을 향해 그녀와 같은 감정을 전혀 느끼지 못했다. 결국 그는 수잔을 비참하게 내버려 둔 채 나중에 결혼하게 될 다른 여자에게 관심을 갖게 되었다. 무슨 일이 벌어진 걸까? 둘 중 하나는 명백히 잘못된 생각을 가졌다는 것이다. 아마도 수잔이 하나님의 음성을 제대로 듣지 못한 것일 수 있다.

이 일로 인해 수잔의 믿음은 깨져버렸고, 그녀는 하나님이 그녀에게 말씀하셨다고 믿었기 때문에 믿음대로 이루어지지 않은 현실 때문에 다시 하나님을 신뢰할 수 없었다.

이 이야기에서 엿볼 수 있듯이, 전지전능하신 하나님은 수잔이 그 청년과 결혼하게 될 것이라고 전혀 얘기하지 않으셨다. 그녀의 생각이 그녀를 속이고 그녀가 정말 간절히 바라고 원하는 마음에 대해 그녀 스스로 응답하는 것으로 하나님의 역할을 대신한 것이다.

그녀는 하나님 앞에 겸손해야 했고, 그녀가 하나님의 뜻을 제대로 듣지 못했음을 깨닫고 회개해야 했다. 그녀는 자신의 잘못을 인정하고 하나님을 비난하지 말아야 했음을 시인해야 한다. 하나님이 그녀를 잘못 인도하신 게 아니라 그녀가 그녀 스스로를 속인 것이다. 그 일은 그녀로 하여금 하나님 말씀을 더 깊이 알기 위해 하나님께 나아가도록 가르쳤다. 지금 그녀는 멋진 남자와 행복한 결혼 생활을 하고 있으며, 그 지역 교회에서 계속 하나님을 섬기고 있다.

그러한 하나님에 대한 모방은 그것 자체로서는 없어지지 않는다. 대신 우리는 하나님의 음성을 제대로 분별함으로 그것들을 제거해 나가야 한다. 그것들과 싸우는 것은 실수이다. 우리는 일단 그것들을 무시한 후 그것들에 대해 더 깊이 탐색해 보아야 한다. 우리는 그러한 잘못된 생각들을 한 켠에 놓아 두고 생명을 가져오는 하나님의 음성을 들을 수 있는 고요함 속으로 들어가는 법을 배워야 한다.

"여호와께서 이르시되 너는 나가서 여호와 앞에서 산에 서라 하시더니 여호와께서 지나가시는데 여호와 앞에 크고 강한 바람이 산을 가르고 바위를 부수나 바람 가운데에 여호와께서 계시지 아니하며 바람 후에 지진이 있으나 지진 가운데에도 여호와께서 계시지 아니하며 또 지진 후에 불이 있으나 불 가운데에도 여호와께서 계시지 아니하더니 불 후에 세미한 소리가 있는지라"(왕상 19:11-12).

계속되는 두려움과 근심들

근심과 적절하지 않은 두려움이 우리 마음에서 샘솟듯 끊임없이 솟아나는 경우들이 있다. 그때 그러한 두려움은, 모든 것이 끝장날 것이라는 위협과 끔찍한 결과를 상상하게 함으로 우리에게 무자비한 고통을 줄 수도 있다. 하나님의 지혜는 이렇게 거짓말하는 영을 다루기 위해 필요하다. 왜냐하면 우리는 그것들과 항상 교과서적인 방법만으로 싸울 수 없기 때문이다.

때로 우리는 그것들과 정면대결을 해야만 한다. 또 어떤 때 우리는 우리를 두렵게 하는 시험들을 통해 하나님을 신뢰하며 안식과 평온을 누려야 한다. 그리고 또 다른 경우 우리는 그러한 유혹들을 예수님의 이름으로 그들의 근원 된 무저갱으로 돌려보내야 할 때도 있다.

다니엘이 사자의 굴에 던져 넣어졌을 때 하나님은 그가 다치지 않도록 천사를 보내어 사자의 입을 봉하셨다. 하나님은 그것이 다른 사람의 비난이든 우리 마음에 있는 유혹의 목소리이든지 간에, 우리를 상하게 하며 두렵게 하는 것들의 입을 봉하기 위해 천사들을 보내야만 할 때가 있다. 하나님은 그의 사랑하는 자가 고통을 받고 있을 때 가까이 계시며, 그의 자비 위에 우리 자신을 드리기만 하면 하나님은 그것들이 우리를 상처내지 않도록 무시무시한 사자로부터 우리를 건지실 것이다. 성경은 다니엘의 구출에 대해 흥미로운 무엇인가를 말한다.

"왕이 심히 기뻐서 명하여 다니엘을 굴에서 올리라 하매 그들이 다니엘을 굴에서 올린즉 그의 몸이 조금도 상하지 아니하였으니 이는 그가 자기의 하나님을 믿음이었더라"(단 6:23).

그의 몸이 긁힘 하나 없이 조금의 상처도 나지 아니하였던 것은 놀라운 일이다. 그는 하나님을 신뢰함으로 적과의 대결에서 상처 하나 입지 않고 견딜 수 있었다. 우리 역시 하나님을 신뢰한다면 사자가 바로 우리 주위에서 사납게 으르렁거리며 돌아다닌다 하더라도 아무런 상처도 입지 않을 것이다.

오늘날 우리는 믿음(faith)에 관해 많은 말들을 하지만 신뢰(trust)에 대해선 그렇지 않은 것 같다. 믿음(faith)이 효과적으로 발휘되기 위해선 하나님의 말씀을 필요로 한다. 믿음은 위급한 상황에서 우리에게 약속하셨던 하나님의 말씀을 부여잡도록 하는 폭풍 속의 닻과 같다. 하나님이 당신에게 하신 개인적인 약속들을 믿고 실제로 그것들이 성취되는 것을 본다는 것은 영광스러운 일이다.

하지만 신뢰(trust)는 다르다. 신뢰는 하나님의 말씀을 필요로 하지 않으며 약속을 붙드는 행위도 아니다. 신뢰는 하나님의 말씀 그 이상인 무언가에 나를 내려놓는 것이다. 그것은 하나님의 본성에 의지하는 것이다. 즉 하나님이 우리를 사랑하심을 알고 모든 것이 잘될 것이라는 것을 알며 우리를 사랑하시는 아버지의 마음과 그의 돌보심에 의지하는 것이다. 내 아버지가 날 위해 모든 것들을 돌보시며 결국 내가 승리하게 될 것임을 아는 것이다.

이 이야기는 뉴질랜드 미개척지로 함께 캠핑을 갔던 아버지와 아홉 살 난 아들의 이야기이다. 그들은 텐트, 음식, 카누 등을 챙겨 캠핑을 떠났고, 차에서 짐을 내렸던 산악지대를 출발해 아름답지만 사나운 강 옆에 캠프를 설치했다.

짐들이 정리가 되자 아버지와 아들은 강가로 카누를 가지고 내려가 카누를 탈 채비를 하고 있었다. 아버지는 아들에게 "카누에 올라타서 반대편으로 노를 젓거라!" 하고 말했다. 하지만 그 어린 아이가 그렇게 하기에는 강은 너무나 위험천만해 보였다. 그는 어린 소년일 뿐이었고, 강은 차갑고 험했다. 실제로 그것은 그 아이에게 너무나 위험한 일이었다. 그 아이의 아버지는 그걸 몰랐던 걸까?

아이의 아버지는 네가 아무리 어리다 할지라도 잘 해낼 수 있을 거라고 아이에게 용기를 북돋워주며 두려워하지 말라고 얘기했다. 공포가 그 아이의 마음에 엄습해 왔지만 아이의 아버지는 전혀 걱정하는 것 같지 않았다. 그 아이는 항상 아버지의 판단을 믿어 왔는데 왜 지금 그런 의문을 가져야만 하는지를 생각했다. 그보다도 아버지가 자신을 사랑한다는 것을 알았다. 그래서 미친 듯이 두근거리는 가슴을 안고 카누에 올라탔고, 그의 아버지는 파도치는 강으로 아들을 밀었다.

그는 카누가 급류와 소용돌이 한복판에 솟아 있는 면도날처럼 날카로운 바위 쪽으로 점점 더 다가가고 있다는 것을 깨닫고는 빙글빙글 돌며 선회하는 물 속으로 힘껏 노를 저었다. 그런데 그 다음 순간 무슨 일인가가 벌어졌다. 놀랍게도 그 아이는 그 바위들의 위협에도 불구하고 쉽게 카누를 저어갈 수 있다는 걸 알게 되었다.

카누는 큰 노력 없이도 노를 젓는 대로 잘 나아가는 것처럼 보였다. 그건 전혀 어려운 일이 아니었다.

아이의 마음은 성공으로 인해 전율하며 노래했고, 빛나는 미소를 얼굴에 띤 채 아이는 뒤쪽 강기슭에 서 있을 아버지를 보기 위해 뒤를 돌아다보았다. 하지만 놀랍게도 아이의 아버지는 그와 함께 카누에 타고 있었으며, 강한 팔로 노를 젓고 있었다. 아버지는 아직 미숙함으로 힘들어 할 아들을 그냥 내버려 두지 않았다. 아이의 아버지는 바로 그곳에 그와 함께 있었다. 그 아이가 이해할 순 없었지만 그는 아버지를 믿고 신뢰할 수 있음을 알았다.

"하나님이 이르시되 그가 나를 사랑한즉 내가 그를 건지리라 그가 내 이름을 안즉 내가 그를 높이리라"(시 91:14).

유혹의 목소리 잠재우기

그렇다면 이 모든 것이 용서와 무슨 상관이 있을까? 우리가 하나님의 음성을 들을 때 우리는 하나님과 함께 온전하고도 살아 있는 쌍방향의 교제를 경험하게 된다. 그것이 하나님과 나누는 진짜 교제의 모든 것이다. 그것은 죽은 신앙도 율법도 교리도 아니다. 하나님이 말씀하시면 우리 전 존재에 생명이 넘쳐나게 된다. 진리, 진정 어린 용서는 하나님 아버지와의 교제가 있는 그곳에서부터 쉽사리 흘러넘친다. 우리 아버지는 매우 좋으시다. 그는 우리가 삶에

질서를 유지하도록 하기 위해 구약성서의 규칙이나 율법이 아니라 교제라는 방법을 사용하신다.

우리 삶의 온전한 목적은 하나님을 아는 것이다.

"여호와여 주의 도를 내게 보이시고 주의 길을 내게 가르치소서"(시 25:4).

예수님이 보이신 새로운 약속은 하나님 아버지와 친밀한 교제를 하게 하신 것이다.

"그들이 다시는 각기 이웃과 형제를 가리켜 이르기를 너는 여호와를 알라 하지 아니하리니 이는 작은 자로부터 큰 자까지 다 나를 알기 때문이라 내가 그들의 악행을 사하고 다시는 그 죄를 기억하지 아니하리라 여호와의 말씀이니라"(렘 31:34).

사탄은 훔치고 멸하기 위해 온다. 용서하기가 어렵다면 그것은 기억을 지우기가 어렵기 때문인 경우가 많다. 우리가 매일매일 그 상처들을 들여다보려 그것들과 마주한다면 그 일은 아무런 도움이 되지 않는다. 사탄은 우리가 의를 구하고 울부짖으며 항변을 토하게 하는 식으로 계속 우리의 마음에 죄를 가져오게 한다. 그리하여 우리에게 저질러졌던 그 죄의 결과 속에서 살도록 한다.

우리를 향한 이런 유혹의 목소리는 때로는 매일, 매 시간, 순간순간 기도를 통하여 알려 주시는 하나님의 방법을 통하여 잠잠하게 해야 한다. 실수하지 말자. 우리는 오로지 하나님만이 승리하실 수 있는 전쟁 중에 있다. 그러므로 우리는 기도와 예배에 더 많은 시간을 할애함으로 예수님을 더 높이 경배하여야 한다.

간사한 유혹의 목소리에 대해 마지막으로 얘기하고 싶은 것은, 만일 우리가 정말 그것들과 싸우기를 원한다면 우리는 그 싸움이 끝없이 계속되는 것이 아니라는 사실을 발견하게 된다는 것이다. 싸움의 함성이 끝이 나고 전쟁에 승리를 거둘 때가 올 것이다. 우리는 아마도 수많은 작은 접전들을 치러야 할 수도 있다. 하지만 결국 우리의 적은 우리를 공격하는 것을 그칠 것이다. 마침내는 우리가 찾으려 하여도 그런 공격들을 찾아낼 수 없을 것이다.

마침내 우리는 사탄의 유혹의 목소리들이 달아나버렸다는 것과 전쟁이 끝난 후 우리가 훨씬 크게 자랐다는 것을 놀라움으로 발견하게 될 것이다. 그 모든 일들이 지난 후 하나님이 항상 우리와 함께하셨음을 깨닫게 되면 우리 마음에 적들을 물리치신 하나님을 향한 크나큰 찬송이 솟아날 것이다.

우리는 적을 조롱함으로 그 유혹의 목소리들을 종식시켜야 한다. 기억하자.

"너를 치려고 제조된 모든 연장이 쓸모가 없을 것이라 일어나 너를 대적하여 송사하는 모든 혀는 네게 정죄를 당하리니 이는 여호와의 종들의 기업이요 이는 그들이 내게서 얻은 공의니라 여호와의 말씀이니라"(사 54:17).

6장_ 심판관의 가운

하나님은 서둘러 재판관의 옷을 입고 재판석에 앉는 분이 아니심을 나는 믿는다. 반드시 그리해야 할 때는 그러하시지만, 오히려 하나님은 자비와 은혜를 베푸시기를 좋아하시며, 우리 또한 세상에 대하여 그러하기를 원하신다.

하나님 아버지를 엄격한 세상의 아버지와 동일한 시각으로 보려는 사람들이 있다. 하나님은 세상의 아버지와 같지 않다. 우리의 선입견에 비추어 하나님을 동일시할 필요는 없다. 하나님은 모든 세상의 아버지나 어머니와는 다르며, 우리는 오로지 예수님이 어떠하셨는지 그리고 하나님이 어떻게 매일매일 우리를 다루시는지를 봄으로써 하나님을 알아가야 한다. 하나님은 상한 갈대를 꺾지 않으시는 분이다.

성경 연구 모임에 참석하고 있는 동안 나는 사람들에게 그들의 죄와 단점에 대해 얘기하는 것을 즐겨하는 한 청년을 만났다. 나중에 그가 그러한 행동에 대한 이유를 말하기를 "난 남들도 나에게 그렇게 해준다면 기쁠 것 같아요. 누군가가 당신을 비판하는 것은 축복이에요. 그것들로부터 무언가를 배울 수 있거든요"라고 했다. 난 그런 식의 말을 이전에는 어느 누구에게서도 들어 본 적이 없었기에 어리둥절했다. 그는 다음의 성경 구절을 인용하였다.

> "보라 네 눈 속에 들보가 있는데 어찌하여 형제에게 말하기를 나로 네 눈 속에 있는 티를 빼게 하라 하겠느냐 외식하는 자여 먼저 네 눈 속에서 들보를 빼어라 그 후에야 밝히 보고 형제의 눈 속에서 티를 빼리라"(마 7:4-5).

그는 그의 눈 속의 들보를 계속 빼내 왔고, 그 결과 지금은 남의 단점을 명확히 볼 수 있다고 말하는 것이었다! 그가 말한 이유엔 뭔가가 잘못되어 있었다. 그러자 그 그룹의 누군가가 "만일 그가 정말 자신의 눈에서 들보를 제거했다면 지금 그는 다른 사람들의 눈에서 티끌을 빼내지 않아도 된다는 것을 알 만큼 충분히 잘 볼 수 있어야 하는 거 아냐?"라고 말했다. 난 이것이 바로 예수님이 말씀하시고자 하셨던 것이라고 생각한다. 판단은 하나님이 하시지 우리가 하는 것이 아니다.

> "비판을 받지 아니하려거든 비판하지 말라"(마 7:1).

예수님이 '들보와 티'의 비유를 통해 전달하고자 하셨던 메시지의 진정한 뜻을 보여주는 구절이다. 이것이 바로 예수님이 들보와 티에 대해 가르치고자 하셨던 것이다. 분명히 예수님은 우리가 다른 사람을 비판하길 원하지 않으신다. 다른 사람을 비판하는 것은 우리 자신을 하나님의 심판 아래로 데려갈 수 있는 분명한 죄이다.

비판은 어떤 특정한 행동으로부터 동기를 추정하는 일이다. 대부분의 경우 우리는 부당한 행동을 하는 사람의 마음속 숨겨진 동기를 알지 못하기 때문에, 어떤 종류의 확신을 가지고 비판을 한다는 것이 사실상 우리에겐 불가능하다. 우리 속에는 깊게 패인 상처, 고통, 보호벽들이 있어서 우리가 어떤 일에 대해서 특정한 방식으로 반응하도록 한다. 오직 하나님만이 완전하고도 전체적인 그림을 볼 수 있다.

따라서 비판은 오로지 하나님께만 속한 것이다. 어떠한 개인에 대해 나쁜 영향을 미칠 수 있는 우리의 비판은 기껏해야 오해로 흠집을 내는 것에 불과하다. 우리는 그 동기를 명확히 볼 수 없기 때문에 정확히 비판할 수 없다(때로 우리가 할 수 있다는 생각이 들 때조차도).

그럼에도 불구하고 하나님이 그의 의로우신 심판을 이 땅에 행하실 때가 올 것이다. 삽비라와 아나니아를 기억해 보라. 그리고 예루살렘 성전이 있었던 로마의 파멸을 기억해 보라. 하나님은 전지전능하신 분이다. 그분은 지금 이 시간에도 심판을 계속하고 계신다.

노동자의 월급

피터는 미국 회사와의 계약 아래 일하는 기술자였다. 그는 중국에 있는 큰 자동 생산 설비 공장 건축을 위한 부지를 평가하기 위해 파견된 독립 계약자 그룹의 일원이었다. 팀원들은 함께 부지 도면을 그리고 보고서를 준비하며 여러 달을 지냈고, 매달 미국 본사의 프로젝트 매니저인 라이오넬에게 급여 청구 명세서를 보냈다. 하지만 그 청구서들은 매달 지급되지 않았다. 그뿐만 아니라 다른 계약자들에게도 마찬가지였다.

그리스도인이자 참을성 많은 피터는 겸손히 계속 그의 월급을 요구했다. 매달 그는 월급이 지급될 것이라는 답변과 함께 끊임없이 이어지는 변명들을 들었지만 여전히 그의 급여는 지불되지 않았다. 피터의 부인은 걱정하기 시작했다. 하지만 피터는 약속된 급여가 지불되기를 기다리는 동안 가정을 꾸려 나가는 데 소요되는 비용은 얼마되지 않는 그들의 예금에서 충당할 수 있었기 때문에 모든 것이 괜찮을 거라고 부인을 안심시켰다. 하지만 회사는 전혀 월급을 지급하지 않으면서 피터에게 점점 더 많은 일을 하도록 요구했다.

넉 달 후 피터의 얼마되지 않는 예금이 바닥을 드러냈다. 결국 피터는 미국으로 돌아가 그의 급료를 당장 지급해 달라고 요청하며 라이오넬을 만나 말을 건넸다.

"라이오넬, 생활비가 바닥났으니 지금 당장 급여를 지불해 줘야겠소." 피터가 말했다.

"지불 절차를 밟고 있으니 조금만 기다리시오." 라이오넬이 대답했다.

"이미 난 너무 오래 기다렸소, 라이오넬. 난 지금 그 돈이 필요하고 난 더 이상 기다릴 수가 없소!"

"그럼 내일 다시 와서 우리가 뭘 할 수 있을지 의논해 봅시다." 가시 돋친 라이오넬의 대답이었다.

"아니, 난 오늘 당장 그 돈이 필요하오. 지금까지 수개월 동안 돈을 지급할 거라고 약속해 왔지만 난 여전히 그 돈을 받지 못하고 있소."

피터가 억누른 분노의 무게가 한껏 느껴지는 어조로 대답했다.

라이오넬이 강한 어조로 "수표책을 집에다 놔두고 와서 지금 없으니까 내일 가져오겠소!"라고 대답했다.

"당신 집이 여기서 멀지 않으니, 일 마치고 난 후 함께 집으로 가서 수표를 끊어주면 되겠군요."

"그건 안 됩니다. 우리 가족을 방해하고 싶지 않을 뿐더러 당신이 청구한 금액에 대해서도 의문이 들기 때문이오." 라이오넬이 대답했다.

"의문이라니, 그 의문이란 게 뭐요?" 피터가 말했다.

"당신이 우리에게 해준 일에 비해 너무 높은 금액인 것 같아서 지급 금액에 대해 다시 협의해야 할 필요가 있을 것 같소. 내일 우리는 그 문제에 대해 의논할 수 있을 거요." 라이오넬이 강력하게 말했다.

피터는 회사에 비싼 금액을 청구한 게 아니었기 때문에 낙심한 채 사무실을 떠났다. 그는 합의된 계약 금액대로만 청구했을 뿐이었다. 다음날 그는 회사 중역과 의논하려고 사무실에 갔지만 아무 소용이 없었다. 피터는 편지를 통해 회사에 급여 지불 청구를 계속

했지만 아무 대답도 얻지 못했다. 다른 모든 계약자들 역시 피터와 마찬가지로 일을 다 마쳤음에도 불구하고 회사로부터 급여를 지급받지 못했다.

회사는 급여를 지불하는 대신 피터가 그들을 부당하게 대했다며 피터를 고소하겠다는 내용의 편지를 보내기 시작했다. 회사 측은 피터와 다른 계약자들이 그들을 상대로 법적 조치를 시작할 것이라고 예상했기에, 법정에서 변론을 하기 위한 얼토당토 않는 이유를 만들고 있었다.

계약자들은 그 상황에 대해 서로 논의하기 위해 모였고, 피터를 제외한 모든 사람들이 돈을 돌려받기 위한 법적 절차를 밟기로 결정했다. 그들은 변호사를 선임했고 법적 소송 절차가 시작되었다. 변호사가 피터에게 왜 회사를 상대로 한 단체 고소에 참여하지 않느냐고 물었다. 피터는 다음의 성경 구절로 그에 대한 답을 했다.

"또 너를 고발하여 속옷을 가지고자 하는 자에게 겉옷까지도 가지게 하며"(마 5:40).

맞고소를 위한 회사의 준비에 대해 넌지시 비추면서 말이다.

피터는 다른 행동 방침을 취했다. 피터는 마지막 하나 남은 방법을 쓰기로 결정했고, 조심스럽게 단어를 선택하여 회사에 그의 뜻을 전했다. "만약 당신들이 내 급여를 지급하지 않는다면 나는 이 문제를 보다 높은 권위자에게 가져갈 것이오."

피터가 말한 실제 의미와 회사가 받아들였던 의미는 서로 달랐다. 피터는 "난 이 문제를 하나님 아버지께로 가져갈 것"이라는 의미로 한 말이었는 데 반해 회사는 피터의 말을 무시했고, 계속해서 우편을 통하여 파렴치한 비난들을 보내 왔다. 피터는 그 편지들을 가져가 하나님 앞에 펼쳤다. 그러고는 "주여, 이 사람들이 나에 대해 쓴 이 거짓말들을 보소서"라고 말했다.

피터가 그들에게 자비를 베풀기로 마음먹었을 때 그는 그들이 피터를 고소할지도 모른다는 두려움 가운데 계속해서 기도했다. 그는 모든 돈을 생활비와 청구서들을 지불하는 데 써버렸기 때문에 경제적으로도 어려움을 겪고 있었다. 그때 주님이 그에게 "1년 안에 내가 미국의 레드우드(미국 회사의 거만한 지도자를 의미)를 잘라 내리라"고 말씀하셨다. 주님은 다음 성경 구절을 가지고 계속 기도하게 하셨다.

"나는 너희에게 이르노니 너희 원수를 사랑하며 너희를 박해하는 자를 위하여 기도하라"(마 5:44).

피터는 그를 모욕했던 회사 사람들을 위해 하나님의 자비하심을 구하며 기도하기 시작했다. 그 결과 그의 마음은 그들을 용서하는 데서 자유로워졌다. 회사가 교활하고 간사하게 계약자들의 허를 찔렀기 때문에 그 계약자들 모두는 그 문제를 법정으로 가져가는 데 실패했다. 한편, 피터는 절망적인 경제적 곤궁으로부터 그럭저럭 헤쳐나오기 시작했다. 그가 만일 법적인 절차를 밟기로 선택했다면 아마도 그는 아무것도 얻을 수 없었을 것이며, 오히려 법적 소요 비용이 더해져서 그의 재정 문제는 더 심각해졌을 것이다. 어 쨌든 그는 후일 주님이 성공이라는 관을 씌워 주신 쇠퇴해 가는 사업을 다시 살리는 데 전념했다.

그 회사의 경영 감독은 1년이 다 가기 전에 죽었고 결국 회사는 파산했다.

"살아 계신 하나님의 손에 빠져들어가는 것이 무서울진저"(히 10:31).

지금 나는 단 한순간도 피터에게 지은 죄 때문에 그 회사 매니저가 죽었다고는 믿지 않는다. 피터는 회사 관리들을 위해서 기도했다. 이 심판은 이미 정해진 일이었고, 피터는 하나님이 숨겨 두셨던 큰 그림 속의 한 명의 배우였을 뿐이었다. 피터의 월급을 지급하지 않았던 그들의 죄는 용서받았으리라고 난 믿는다. 왜냐하면 피터는 그들의 편에 서서 하나님께 간구하였기 때문이다. 하지만 하나님은 그 나름의 이유를 가지고 계셨을 것이다. 그냥 예측해 보건대, 아마도 그들은 피터에게뿐 아니라 많은 경우에 다른 사람들에게도 동일한 일을 저지르지 않았을까.

"보라 너희 밭에서 추수한 품꾼에게 주지 아니한 삯이 소리 지르며 그 추수한 자의 우는 소리가 만군의 주의 귀에 들렸느니라" (약 5:4).

오늘날 우리는 하나님의 심판에 대해 거의 말하지 않는다. 사람들은 우리가 죽은 후에 심판의 날이 예비되어 있다고 생각하길 좋아한다. 하지만 하나님은 지금도 우리가 살아가는 날들을 통해서 의로이 그의 심판을 행하신다. 이 사실은 우리 삶에 하나님에 대한 두려움을 가져온다.

하지만 하나님의 심판은 공평하며 정의롭다는 것을 이해함으로 두려움에 대한 균형잡힌 자세를 가져야 한다. 하나님만이 우리의 깊은 심중을 보실 수 있는 유일한 존재이다. 그러므로 하나님은 완전하고도 공평한 판결을 내릴 수 있는 단 하나의 존재인 것이다.

용서의 한계

예수님은 우리에게 형제가 와서 용서를 구할 때마다 계속해서 용서하라고 가르치셨다. 그런데 용서에 한계라는 게 있을까? 살인이나 강간 또는 학대 등과 같은 범죄를 관대히 용서하여야 할까? 또 사람들이 우리들의 집으로 버젓이 걸어 들어와 처벌에 대한 두려움 없이 그들이 원하는 것들을 가져가도록 내버려 두어야 할까?

당연히 그래서는 안 된다! 국가의 법과 법령들은 사회 내에 기생하는 악으로부터 우리 스스로를 보호하기 위해 하나님에 의해 만들어진 것이다. 법이 없다면 우리는 모든 제약들을 벗어버리고 오로지 우리 자신만을 위해 살며, 동물의 세계가 그러하듯이 본능을 따라 사는 부도덕한 사회가 되었을 것이다. 로마서는 우리에게 말씀한다.

"각 사람은 위에 있는 권세들에게 복종하라 권세는 하나님으로부터 나지 않음이 없나니 모든 권세는 다 하나님께서 정하신 바라"(롬 13:1).

"그는 하나님의 사역자가 되어 네게 선을 베푸는 자니라 그러나 네가 악을 행하거든 두려워하라 그가 공연히 칼을 가지지 아니하였으니 곧 하나님의 사역자가 되어 악을 행하는 자에게 진노하심을 따라 보응하는 자니라"(롬 13:4).

만일 사람이 법을 어긴다면 거기에는 응당한 결과가 따른다. 범법 행위를 한 자에게 벌금, 처벌 그리고 감옥살이 등이 부과될 것이다. 그러한 처벌은 사회에서 법과 명령들이 지켜지도록 하기 위해 옳고 적절한 것이다. 우리는 우리에게 죄지은 자를 용서할 수 있으나 만약 그 죄가 범법 행위라면 범법자에게 법적 징계가 부과되어야 하는 것은 당연하다. 우리는 용서함으로 인해 자유로워질 것이다. 범법자들은 감옥에서 복역을 해나가는 동안(혹은 강제된 징계) 용서를 구함으로 자유로워질 수 있을 것이다. 용서는 어떠한 환경에도 불구하고 우리를 자유하게 한다.

간혹 특정한 형태의 심각한 학대가 일어날 경우 우리는 그 죄를 용서하기가 너무 힘들다는 것을 발견하게 된다. 우리 마음에는 하나님의 공의가 실현되기를 바라는 간절한 바람이 있다. 우리는 하나님이 심판관의 옷을 입으시기를 원하며 범죄자를 벌하시기를 간구한다. 범법자들이 우리에게 끼친 상처와 손해 때문이다.

그러나 보다 나은 방법은, 정의 구현을 위해서 법정이 적절하고 필요한 일들을 하고, 우리는 하나님의 보좌 앞에서 용서를 행함으로 우리 자신 속에서 그 문제들을 처리하는 것이다. 어쩌면 법정에 내려진 법적 처벌들이 그들이 범한 죄와 비교했을 때 너무나 가볍게 부과되어 만족스럽지 못한 결과를 낳을 수도 있다. 우리는 애통한 마음으로 그 문제들을 하나님께로 가져가야 한다. 우리의 결백을 밝혀 주길 바라는 소원을 내려놓고, 하나님의 사랑의 빛과 진리의 빛 속에서 자유를 찾아야 한다. 우리는 그곳에서 우리 영혼의 휴식을 찾을 수 있을 것이다.

예수님은 사람들을 치유하셨다. 그리고 사도들도 그러했다. 사실상 사도행전의 많은 부분이 믿음을 격려하기 위한 것일 뿐만 아니라 치유하기 위해 쓰여졌다. 심각한 죄에 대한 가르침이나 우리 자신의 회복을 위한 죄에 대한 분별력은 건강한 교회를 위해 필수적이다. 우리는 경솔하고 쉽게 남을 비판하지 않도록 하기 위해 정확한 분별력을 가져야 할 것이다.

우리 모두는 다른 사람을 향한 죄에 대해 무감각해지도록 만드는 일종의 '사각지대'를 가지고 있다. 하지만 결국 어느 날엔가 우리는 우리 자신의 죄와 직면해야 한다. 때때로 사람들은 그들의 죄가 교회 내에 숨길 수 있거나 또는 직계가족의 범위 내에 있다고 규정하고는, 죄가 그들을 지배하도록 허용한 채 죄를 즐거워한다. 하지만 하나님이 보시기에 결국 모든 죄는 하나님을 대적하는 것이다. 하나님은 최종 심판자이시다.

우리가 다른 사람의 죄를 지적할 때도 있다. 예수님은 이 주제에 대해서 많이 언급하지는 않으셨다. 하지만 주님은 반목이 일어나는 때와 장소에 대해 말씀하셨다. 그 장소는 바로 연합과 형제 사랑이 흐르고 또 필요할 때 가르침을 받기 위해 우리의 마음을 여는 장소인 교회 안이다. 또한 그때란 당신이 적과 홀로 있을 때이다.

"네 형제가 죄를 범하거든 가서 너와 그 사람과만 상대하여 권고하라 만일 들으면 네가 네 형제를 얻은 것이요 만일 듣지 않거든 한두 사람을 데리고 가서 두세 증인의 입으로 말마다 확증하게 하라 만일 그들의 말도 듣지 않거든 교회에 말하고 교회의 말도 듣지 않거든 이방인과 세리와 같이 여기라"(마 18:15-17).

성경은 죄가 두세 사람의 증인으로 인하여 입증될 경우 교회 내에서의 처벌에 대해 명시하고 있다. 하지만 만일 그 사람이 회개하면 그는 용서받게 될 것이고 관계는 회복될 것이다.

용서의 또 다른 한계는, 죄가 없이는 용서가 있을 수 없다는 것이다. 용서와 죄는 필연적으로 서로 얽혀 있다. 그것이 바로 우리가 용서에 대해 얘기할 때 죄에 대해서도 반드시 얘기해야만 하는 이유이다. 당신이 하지 않은 무언가에 대해 용서를 구하지 마라. 어떤 사람들은 모든 희생에서 평화를 찾고 그들이 결단코 행하지 않은 어리석음에 대해 회개한다.

만일 당신이 죄를 짓지 않았다면 당신은 회개할 수 없다. 그러므로 무조건적인 회개의 태도를 취하기 전에, 먼저 어떤 문제에 있어서 당신의 책임과 과실 여부를 생각하여 보고 냉정하게 당신의 죄과를 검토하라.

죄에는 여러 가지 요소들이 있으므로 오직 당신의 죄에 대해서만 용서를 구하라. 당신은 다른 사람 편에서 회개할 수 없다. 하지만 이 법칙에 대한 유일한 예외는, 누군가가 죄를 고백하며 하나님의 자비를 구할 때 그를 위해 중보 기도 하는 것이다. 다니엘은 그의 백성들을 위해서 기도할 때 이렇게 하였다.

"우리는 이미 범죄하여 패역하며 행악하며 반역하여 주의 법도와 규례를 떠났사오며······우리가 주께 범죄하였음이니이다······주여 용서하소서"(단 9:5, 8, 19).

같은 사건에 대해 한 사람을 반복해서 용서하는 경우도 있다. 하지만 우리는 그 사람에 대한 어떠한 사랑을 느낄 수 있는 수준까지 나아가지 못할 때가 있다. 그러한 경우에 거기에는 우리가 "쓴 뿌리 비판"이라 불리는 숨어 있는 요소들이 있을 수 있다.

쓴 뿌리 비판

"너희는 하나님 은혜에 이르지 못하는 자가 없도록 하고 또 쓴 뿌리가 나서 괴롭게 하여 많은 사람이 이로 말미암아 더럽게 되지 않게 하며"(히 12:15).

토론토 공항의 그리스도인 모임의 캐럴 아놋은 지금 이곳에서 얘기하고자 하는 "쓴 뿌리 비판"을 경험하였다. 그녀가 자신의 말로 이야기한 것을 여기에 소개한다.

"내가 그리스도인이 되었을 때 난 용서에 대해 배웠어요. 그래서 난 내게 깊은 상처를 준 엄마의 모든 것을 다 용서했어요. 하지만 난 내가 여전히 엄마를 사랑하지 않는다는 것을 알아차렸지요. 모든 과정을 다시 되풀이했지만 내가 여전히 엄마를 사랑하지 않는다는 사실만을 발견했어요. 나는 그 과정을 수없이 많이 되풀이해 보았지만 여전히 엄마를 사랑할 수 없었어요. 나는 '하나님, 틀림없이 뭔가 잘못된 거예요'라고 생각하기 시작했어요. 내 용서에 도대체 뭐가 잘못된 걸까요?

엄마는 여덟 명의 아이 중 막내였으며, 여섯 번째 여자아이였어요. 가족들은 농장 일을 할 수 있는 남자아이를 바라고 있었죠. 따라서 엄마는 원하지 않았던 아이였던 거예요. 엄마는 그냥 또 다른 여자아이일 뿐이었죠.

엄마의 부모님은 들에서 하루 종일 일해야 했기에 언니들이 엄마를 돌보곤 했어요. 그들은 엄마를 요람에 넣고 거칠게 흔들곤 했어요. 그리고 엄마가 아장아장 걸어다닐 때 엄마가 울면 엄마를 벽장에 가두곤 했대요. 이러한 사건들이 엄마의 가슴에 얼마나 큰 상처를 남겼을지 상상할 수 있을 거예요.

난 자라가면서 엄마의 고통과 거부를 이해하지 못했어요. 난 엄마의 상처가 얼마나 깊은지 몰랐어요. 난 단지 엄마가 나를 어떻게 대했는지만 보았어요. 아이들이 무엇인가를 잘못할 때 그리고 그들이 나쁘고 정말 체벌을 받을 만할 때는 자기들이 자신의 잘못을 알잖아요. 하지만 자기가 하지 않은 일에 대해 처벌받을 때 아이들은 그 부당함에 대해 억울한 마음을 품게 돼요. 겉으로 반항하지 않을 수 있지만 마음속으로는 부모를 비열하고 부당한 사람으로 비난 하죠.

그런 일이 바로 제게 일어났죠. 제 경우 겉으로 반항하는 것이 너무나 두려웠어요. 왜냐하면 혹독한 체벌을 당할 것이기 때문이었죠. 엄마는 아빠의 허리띠를 가지고 나를 호되게 때렸어요. 요즈음 우리는 그러한 행위를 학대라고 부르죠. 내 몸은 채찍으로 맞아 부었고 멍과 상처투성이였어요. 하지만 정말 깊은 상처는 제 맘속에 남았어요. 난 마음으로 엄마를 증오했어요. 마음속으로 나는 엄마를 비난하고 경멸했어요.

제가 그리스도인이 되었을 때 난 내 마음속에 벗어버려야 할 용서하지 않은 것들이 많음을 깨달았어요. 나는 내가 할 수 있는 모든 것들을 했지만 엄마를 향한 내 감정은 전혀 변하지 않는 것 같았죠. '하나님, 뭔가가 잘못되었어요' 라고 생각했어요. 노력하고 또 노력했지만 내 마음은 변하지 않았어요. 그러한 마음은 내가 존과 폴라 샌드퍼드로부터 "쓰라림 속에 자리잡은 비난"이라는 것에 대해 배우며, 그것들을 마음으로 이해할 수 있을 때까지 여전했던 것 같아요.

성경은 오직 그들의 부모가 훌륭한 그리스도인이고 모든 것을 바르게 행할 때만 아버지나 어머니를 존경하라고 말하고 있나요? 천만에요! 그렇게 말하고 있지 않아요! 성경은 이렇게 말씀하고 있어요.

"너는 네 하나님 여호와께서 명령한 대로 네 부모를 공경하라 그리하면 네 하나님 여호와가 네게 준 땅에서 네 생명이 길고 복을 누리리라"(신 5:16).

어찌되었든 당신은 부모님이 비난받아 마땅하다고 여기는 그 부분에서는 용서를 하는 일이 그리 쉽지 않을 거예요. 우리는 부모님의 모든 것을 비난하는 것이 아니라 상처받고 무시받았던 그 부분에서만 그들을 비난하곤 해요.

'하지만 하나님, 전 이해할 수 없어요. 전 이미 엄마를 용서했어요. 도대체 무슨 일이 일어나고 있는 건가요?' 라고 생각했어요.

하나님은 '넌 엄마를 존경하지 않아 왔어. 넌 엄마를 멸시하는 죄를 지어 온 거야' 라고 말씀하셨죠. 하나님은 그 문제와 관련한 두 가지 측면을 나에게 보여주기 시작하셨어요.

우리는 당연히 용서하여야 하죠. 하지만 비판을 행한 우리의 죄를 회개하여야 함도 가르치셨어요. 엄마를 용서해야 했기 때문에 난 그렇게 했어요. 하지만 또 다른 한편으로 진심 어린 마음으로 엄마를 존경하진 않았죠. 난 엄마를 증오하고 비난했어요.

그것은 나의 죄지 엄마의 죄가 아니었던 거예요. 엄마에 대한 나의 반응은 죄 된 것이었지만 난 그걸 알지 못했죠. 고소자인 사탄은 하나님께 가서 '하나님, 여기 캐럴이 죄를 짓고 있어요. 그녀는 엄마를 비난하는 죄로부터 회개하지 않고 있어요. 그래서 저는 캐럴의 인생에 파종과 수확의 법칙을 적용할 법적 권리가 있어요' 라고 말하고 있었던 거예요.

옥수수 씨를 파종해 정원에 심은 적이 있으세요? 옥수수 묘목을 잘 생각해 보세요. 얼마나 많은 낱알을 거둘 수 있을까요? 한 개? 아니, 수백 개를 수확할 수 있어요. 하나를 심지만 수백 개를 거둘 수 있어요. 그것이 바로 증가의 법칙이죠. 날 통제하고 내 위에 군림하는 엄마에 대한 비난을 통하여 나는 엄마와 똑같은 모습을 하고 있는 사람들을 내 삶에서 수확하고 거두었던 거예요.

엄마와 비슷한 사람들이 내게 다가올 때 난 '하나님, 내가 도대체 어쨌길래 이런 일을 겪어야 하죠?' 라고 생각했어요. '어서 와. 날 지배하고 내 위에 군림하고 싶어?' 라는 표시라도 내 등 뒤에 가지고 있나? 그래요, 난 그런 표시를 가지고 있었던 거예요. 영적으로 내가 엄마를 비판했기 때문에 그런 표시를 걸고 있었어요. 사탄에 의해 파종과 수확의 법칙이 집행되고 있었던 거지요.

마침내 난 엄마에게로 갔죠. 그 당시 엄마는 그리스도인이었고, 난 엄마에게 말했어요.

'엄마, 지금 막 성령님이 깨닫게 해주셨어요. 내가 엄마에게 죄를 짓고 있다는 사실을 깨달았어요. 마음속으로 엄마를 증오해 왔지만 이제 난 정말 변하고 싶어요.'

'캐럴, 난 그런 얘긴 하고 싶지 않아. 난 너무 늙었어. 너무나 많은 일들이 일어났단다. 다시는 네가 이런 일들에 대해 말하지 않았으면 해.' 엄마는 말했어요.

'이제 어떻게 해야 하지?' 난 생각했어요.

주님은 '캐럴, 넌 상처가 낫길 바라니?' 라고 물으셨고, 난 '예, 주님, 전 낫고 싶어요' 라고 대답했죠. 주님은 '네 마음이라는 정원을 내가 파낼 수 있도록 내게 맡겨. 난 네가 마음속 상처의 뿌리로 다가가서 그것들을 붙들고 마구 헤집으며 근심하고 싸우는 것을 원하지 않는단다. 네가 비난해 왔던 그것, 다루어야 할 필요가 있는 그 문제들을 끄집어낼 수 있도록 내게 맡겨' 라고 말씀하셨어요.

'예, 주님, 주님께 맡길게요' 라고 난 대답했어요.

그리고 난 골방 기도를 했어요.

'하나님, 전 엄마를 비판함으로써 그리고 존중하지 않음으로써 죄를 범해 왔어요. 주님, 전 엄마가 저에게 행했던 모든 일에 대해 용서해요. 엄마는 제게 아무것도 빚진 게 없어요. 주님의 용서를 구해요. 그리고 당신이 바르게 고쳐야 할 부분을 가르쳐 주시도록 모든 것을 주님께 맡길게요.'

그 기도는 이 문제를 다루게 될 3년 반 동안의 길고 힘든 여정을 시작하게 해주었어요. 주님은 내가 오랫동안 잊고 있었던 비판의 예들을 하루에 열 개, 때로는 열다섯 개씩 보여주셨죠. 난 그 일들이 있은 후로 한 번도 생각지 못했던 상황들을 다시 되돌아 보았어요.

난 한 주에 두 번 혹은 더 많이 엄마를 만났고, 엄마를 사랑하기 위해 할 수 있는 최선을 다했어요. 난 엄마를 사랑한다고 말했으며 포옹해 주었어요. 난 정말 내가 할 수 있는 최선을 다했어요.

그러한 과정을 한 지 3년쯤 되던 어느 날, 난 엄마를 찾아갔어요. 엄마를 안아주고 사랑한다고 말하고 잘 있으라는 인사를 한 후 막 떠나려고 했을 때였어요. 그때 갑자기 엄마를 향한 놀랍고도 경이로운 사랑이 내 맘에 솟구쳐 올랐어요. 내가 치유되었음을 난 즉시 알 수 있었어요. 하나님이 내 마음속에서 일하셨음을 그제야 깨닫게 되었죠.

그것 말고도 무슨 일이 일어났는지 아세요? 하나님이 나만 치료하신 게 아니었어요. 내가 엄마를 속박에서 놓아 주자 엄마도 자유함을 얻게 되었어요. 엄마는 정말 많이 나아졌어요. 엄마는 훨씬 자유로웠고 훨씬 더 사랑스러웠어요. 나의 치유는 엄마가 자신의 고통과 지식 그리고 성경을 적용하는 데 있어 부족하기 때문에 엄마 스스로는 이 문제를 풀어나갈 수 없음에도 불구하고 하나님으로 하여금 엄마의 인생에도 전능하신 일을 행하도록 했던 거예요."

용서를 해야 한다는 사실 뒤에 숨어 있었던 것은 존과 폴라 샌드포드가 얘기한 "쓴뿌리 비판"이다. 항상 그런 건 아니지만, 용서를 했음에도 불구하고 완전한 자유라는 용서의 열매를 맺을 수 없게 하는 비판이 우리 속에 있을 수 있다. 그러한 경우, 문제는 항상 양면을 가지고 있지만 우리는 단지 한 면만 바라보고 있다. 우리에게 행한 다른 사람의 죄만 본다는 것이다. 우리는 우리가 지은 죄의 전부를 볼 수는 없다. 완전한 자유는 예수님의 보혈의 공로 아래 양면을 모두 볼 수 있을 때만이 찾아온다.

다른 말로 하자면, 당신은 당신을 대적해 죄를 범한 사람을 용서할 수 있다. 하지만 하나님을 향한 당신의 죄는 여전히 남아 있다. 어쨌거나 당신 자신이 정당하다고 느낀다 할지라도 당신의 마음속 깊이 숨어 있는 비판적인 태도는 죄이다. 이 죄는 당신의 것이며, 하나님 앞에 회개해야 한다. 이런 문제는 늘 양면성을 띤다. 하나는 하나님 앞에서 당신은 당신에게 죄지은 자를 용서해야 하는 것이고, 다른 하나는 당신의 비판적인 태도 또한 하나님께 용서받아야만 한다는 것이다. 그리고 아마도 당신에게 죄지은 자도…….

7장_ 세탁과 다림질

　매일매일 주부의 삶은, 오늘도 다음날도 똑같이 반복되는 빨래 그리고 다림질, 또 빨래 그리고 다림질처럼 평범한 의무들의 끝없는 목록처럼 보인다! 하지만 그녀는 반복되는 일상 중에 혼자가 아니다. 예수님은 그러한 그녀의 딜레마를 이해하신다. 왜냐하면 주님 역시 매일매일 같은 의무를 반복하시기 때문이다. 주님은 우리의 죄를 씻기고 우리를 반듯이 펴 다림질하시길 끝없이 반복하고 계신다.

　우리 모두는 죄의 얼룩으로부터 씻김을 받고 하나님 앞에 의로워지기 위해 흠이 없어야 한다. 우리가 그리스도인으로서 성숙해 감에 따라 우리는 타락한 육신으로 더러워진 우리 자신의 영혼을 미워하는(유 1:23) 것을 배우게 된다. 그렇게 함으로써 우리는 하나님의 자녀로서 다른 사람을 씻기고 깨끗하게 하며, 하나님의 자녀로서 합당한 선한 영향력을 끼치기 시작할 것이다. 당연히 하나님만이 죄를 용서하실 수 있으므로 우리에게는 하나님의 씻김과 다림질이 필요하다. 하지만 우리는 씻김과 다림질의 의무를 수행하시는 예수님을 도와드림으로 예수님처럼 될 수 있다(제한적이긴 하지만).

하지만 먼저 우리는 "저를 용서해 주세요"라는 소원을 빌기 전에 우리 자신의 마음에 거하는 죄에 대한 애통함을 지녀야 한다. "절 씻기시고 정결케 하시며 올바로 설 수 있게 해주세요, 주님"이라는 더욱더 간절한 울부짖음이 있어야 한다. 우리가 하나님께 더 가까이 갈수록 죄의 더러움을 더 쉽게 볼 수 있다.

다윗 왕은 밧세바와 간음의 죄를 범했고, 자신의 죄를 가리기 위해 밧세바의 남편이 죽임을 당하도록 명령했다. 그 후 나단 선지자가 그에게 와 그의 죄를 드러냈다. 시편 51편은 그 죄와 관련한 그의 회개를 담고 있다.

> "우슬초로 나를 정결하게 하소서 내가 정하리이다 나를 씻어 주소서 내가 눈보다 희리이다……주의 얼굴을 내 죄에서 돌이키시고 내 모든 죄악을 지워 주소서 하나님이여 내 속에 정한 마음을 창조하시고 내 안에 정직한 영을 새롭게 하소서"(시 51:7-10).

죄책감을 가진 영혼의 진정한 울부짖음은 바로 "……주여 내 죄를 씻기시고 정결하게 하소서"라는 고백이다.

다윗은 변화되길 원했다. 그는 죄를 씻길 원했고, 그의 마음에 정결함을 회복하길 원했다. 다윗은 자신의 죄악을 보았고, 하나님이 그의 울부짖음을 들으셨다. "저를 씻기소서! 저를 씻기소서!"

마찬가지로 우리 또한 하나님 앞에 온전히 정결하게 되기 위해 전심으로 울부짖어야 한다.

아름다운 눈

19세기 말 어린 시절 겉보기에 기독교 신앙의 원리를 따라 자라 왔고 교육도 아주 잘 받은 여인이 난잡한 성관계와 매춘을 하는 생활을 하게 되었다. 그녀가 신시내티의 눈 덮인 거리에서 죽은 시체로 발견된 것은 그녀의 나이 스물두 살 때였다. 그녀에 대해선 알려진 것이 거의 없지만 그녀의 물건들 속에서 "아름다운 눈"이란 제목의 시가 발견되었고, 그 시는 깨끗한 마음을 위해 하나님께 드린 그녀의 마지막 기도였다.

오! 눈이여, 아름다운 눈이여, 하늘과 온 땅을 채우네
지붕 위에, 거리 위에, 지나치는 사람들의 머리 위에
춤추며-펄럭이며-미끄러져 내리네!
아름다운 눈! 어떤 잘못도 행하지 못한다네
아름다운 여인의 뺨에 키스하기 위해 날아다니며
흥겨운 장난을 하며 입술 끝에 매달려 있네
하늘로부터 내린 아름다운 눈,
천사처럼 깨끗하고 사랑처럼 부드럽다네!

오, 눈이여, 아름다운 눈이여,
미친 듯한 즐거움 속에서 빙빙 돌며
어떻게 서로 함께 모이며 웃는지,
해 아래 있는 모든 것 중 가장 깨끗하다네

쫓고–웃고–재촉하며
얼굴을 환하게 밝히며 눈을 반짝이게 하네
신이 나 짖어대며 펄쩍거리며 뛰는 강아지가
바람을 일으키며 크리스털들을 주워 모으네
도시는 생동하고 그 마음은 흥분하여,
아름다운 눈이 오는 것을 반기네!

흥분한 군중들이 얼마나 들썩들썩거리는지,
서로 유머와 노래들을 퍼붓네
어떻게 저들은 잠시 빛났다 사라지는 유성처럼 썰매를 끄는지,
울리고—흔들고—돌진하며
순간을 비추고 그러고는 시야 속으로 사라져 버린다네
아름다운 눈으로 덮인 산꼭대기를 지나
하늘로부터 내리는 눈은 너무나 깨끗하다네
누군가가 거짓 되이 살아온 것을 후회하게 만들 만큼,
끔찍한 거리의 오물들과 섞일 때까지
수없이 많은 사람들에게 짓밟히네.

한땐 눈처럼 순수했지만, 난 타락했다네
난 마치 천국에서 지옥으로 떨어지는 눈송이 같고
거리의 오물들처럼 짓밟힌 것 같으며,
조롱당하며 경멸당하며 매를 맞는 것 같다네
죽음 앞에 변명하며–저주하며–공포에 떤다네

누군가 내 영혼을 사려는 사람에게 영혼을 팔고
빵 한 조각을 위해 수치를 저울질하며,
삶을 미워하며 죽음을 두려워한 채로.
자비하신 하나님! 제가 어찌 이리 타락했는지요!

내가 아직 아름다운 눈 같던 시절
그리고 내가 아름다운 눈처럼 티 없던 시절,
수정 같은 눈과 반짝이는 가슴을 가지고 있었던 그때
내 순수한 매력으로 인해 사랑받았던 그 시절
내 얼굴의 아름다움을 구하고 칭찬받았던 그 시절
아버지―어머니―언니 모두들,
타락으로 인해 난 하나님을 그리고 나 자신마저 모든 걸 잃었네.

이토록 아름다운 눈이 아무 데도 갈 곳 없는 죄인에게
내리는 건 얼마나 이상한 일인지!
밤이 다시 찾아오고 눈과 얼음이 내 절망적인 뇌리를
때린다는 건 얼마나 이상한 일인지!
어지럽고―지독히 춥고―혼자 죽는 일,
기도하기엔 너무나 사악하고 신음할 기운조차 없네
미친 도시의 거리에서 들려오는 것은
내리는 눈으로 인해 즐거움에 미친 사람들
아름다운 눈으로 덮인 침대와 수의를 입고 비애 속에 난 죽어 간
다네.

짓밟힌 눈처럼 절망과 더러움을 입은 죄인이여! 절망하지 말지어다!

죄로 인해 잃어버린 영혼을 구하기 위해 예수님이 낮은 데로 오셨네

그가 다시 생명을 일으키고 즐거움을 회복시키시네

신음하며-피 흘리며-널 위해 죽으셨네

저주받은 십자가에 달리셨네!

그분의 말씀이 당신의 귓가에 내려앉네

제게도 자비를 베푸실까요?

그분이 저의 보잘것없는 기도를 들으실까요?

오 주님! 죄인들을 부르실 때 저를 씻기소서

그리하면 제가 눈보다 더 희게 되리이다.

난 하나님이 그녀의 기도를 들으셨고, 그녀 생의 마지막에 그녀를 만나 주셨으리라는 것을 의심하지 않는다. 세금 징수자 세리는 천국을 바라보지조차 못했다는 것을 기억하라. 하나님은 이러한 회개를 보실 때 지체하지 않으신다. 우리 역시 살아 계신 하나님께 합당한 아들과 딸로 회복되기를 바라는 간절함이 있기에, 이 시는 우리를 감동하게 하며 공감하게 한다. 우리는 단지 용서받는 것이 아니라 정결해지기를 원한다. 하늘에서 내리는 눈처럼 순결하길 소원한다.

우리를 씻어 주는 것은 예수 그리스도의 피이다. 예수의 피가 죄의 얼룩을 없애는 유일한 방법이다. 예수님은 우리의 구속을 위해

죽임을 당한 순결하고 흠 없는 하나님의 어린양이다. 예수님의 보혈의 적용은 우리의 죄악을 씻겨낸다. 이전에 타락했던 우리의 옷은 예수 그리스도 안에서 새로운 피조물로 의로움을 덧입어 눈부시게 빛나는 흰옷이 되었다.

"자기 두루마기를 빠는 자들은 복이 있으니 이는 그들이 생명나무에 나아가며 문들을 통하여 성에 들어갈 권세를 받으려 함이로다"(계 22:14).

용서는 사랑과 의에 이르기 위한 하나의 통로이다.

하나님의 용서를 말할 때 가장 중요한 부분은 하나님 자신이 우리에게 깨끗한 옷을 입혀 주기를 원하셨다는 것이다. 아담과 하와가 죄를 범한 후임에도 불구하고 하나님은 그들이 그들의 벌거벗음을 알아차려 부끄러워하므로 그들을 위해 옷을 지어 입히셨다. 하나님은 우리를 위해 그와 같은 일을 지금도 계속하고 계신다.

하늘에 계신 우리의 아버지로서 하나님은 우리를 만드시고 우리를 살게 하시고 보호하시며 우리를 위해 모든 것을 베푸신다. 하나님이 우리에게 공급하시는 것 중 하나는 음식과 옷이다. 하나님께서 우리를 부르시고 그의 식탁에서 그와 함께 먹도록 우리를 초대하셨다. 그리고 하나님은 우리에게 흰 두루마기를 입히신다.

예수님이 변화산에서 모세와 엘리야와 더불어 얘기하며 서 계셨을 때 그들 앞에서 변형되시어 "그 옷이 광채가 나며 세상에서 빨래하는 자가 그렇게 희게 할 수 없을 만큼 매우 희어졌더라"(막 9:3).

그는 거룩하신 하나님이며 오직 예수님의 보혈만이 우리를 온전히 씻으시고 깨끗게 하신다. 위의 구절에서 말한 것과 동일한 그 변형된 옷이 바로 오늘날 예수님이 우리에게 주시고자 하는 것이다.

"내가 너를 권하노니……흰옷을 사서 입어 벌거벗은 수치를 보이지 않게 하고……"(계 3:18).

주님은 우리를 씻기실 뿐만 아니라 우리에게 의의 두루마기를 입히신다. 예수님이 십자가에 못 박히셨을 때 그들은 예수님의 옷을 벗기고 십자가에 벌거벗은 채로 죽게 함으로써 예수님의 존엄성을 앗아갔다. 예수님은 벌거벗으신 대가로 우리를 위한 아름다운 의의 옷을 사셨다.

용서를 뛰어넘어

칭의라는 성경적 원리는 용서라는 개념 이상으로 우리를 이끌어 간다. 용서한다는 것은 범죄에 대해 모른 척 눈감아 주는 것과 같다. 하지만 칭의는 모든 범죄에 대한 응당의 대가와 법적 책임에서 우리를 자유롭게 한다! 칭의는 하나님과 함께 특권을 누리는 위치로 우리를 되돌려 놓음으로 우리를 우리의 운명 속으로 한 발 더 나아가게 한다. 그것은 전 우주의 심판관이신 하나님이 우리를 의롭게 여겨 주심을 의미한다. 칭의는 하나님 앞에서 우리의 법적인 위치를 말해 주는 것이다.

어떤 의미에서 우리가 유죄 선고를 받은 죄인이라 할지라도, 죄를 기억하지 아니하신다고 한 하나님의 말씀처럼 우리를 대하시기 위해 예수님은 우리 죄를 없애신다. 예수님은 마치 우리가 한 번도 죄 지은 적이 없는 것처럼 우리를 의롭다고 하신다! 칭의는 예수님의 십자가의 희생으로 말미암아 우리를 의롭다고 여겨 주심을 의미한다. 그것은 천국과 땅의 모든 수많은 피조물들 앞에 우리를 의롭다고 하시는 하나님으로부터의 선언이다.

우리는 하나님에 의해, 예수님의 보혈이라는 유일한 근거 아래 믿음을 통해 의롭다 함을 받았다.

"곧 예수 그리스도를 믿음으로 말미암아 모든 믿는 자에게 미치는 하나님의 의니 차별이 없느니라 모든 사람이 죄를 범하였으매 하나님의 영광에 이르지 못하더니 그리스도 예수 안에 있는 속량으로 말미암아 하나님의 은혜로 값없이 의롭다 하심을 얻은 자 되었느니라 이 예수를 하나님이 그의 피로써 믿음으로 말미암아 화목 제물로 세우셨으니 이는 하나님께서 길이 참으시는 중에 전에 지은 죄를 간과하심으로 자기의 의로우심을 나타내려 하심이니"(롬 3:22-25).

칭의라는 행위는 아담이 원죄를 짓기 전 인류가 의로웠던 그때로 우리를 되돌려 놓은 것이다. 지금 예수를 통해 우리에게 영광스런 하나님의 의로움이 전가된 것이다. 얼마나 놀라운 일인가!

"하나님이 죄를 알지도 못하신 이를 우리를 대신하여 죄로 삼으신 것은 우리로 하여금 그 안에서 하나님의 의가 되게 하려 하심이라"(고후 5:21).

이로 인하여 우리는 우리 구원의 그 크심에 감사하게 된다.

칭의는 단순한 용서를 뛰어넘는 하나님의 사랑으로 우리를 데려간다. 용서란 '당신이 죄를 지었지만 난 당신을 용서합니다' 라는 말이다. 그렇더라도 당신은 당신 죄의 결과에 대해 책임을 져야 한다. 하지만 칭의란 넌 내 사랑하는 자녀이며 네 죄를 기억지 않겠다 했던 특권을 누리라는 의미를 담고 있다.

우리 죄에 대한 법적인 책임은 예수님의 희생으로 말미암아 이미 그 대가가 치러졌다. 그 결과 우리를 향한 하나님의 태도가 바뀌었고, 이제 우리는 하나님의 의로운 아들과 딸로서, 예수님과 함께하는 상속자로서 서 있는 것이다.

하나님의 관점에서 볼 때 모든 것들은 그대로이다. 하지만 우리의 관점에서 볼 때 우리는 하나님의 은혜로 말미암아 구원받은 죄인일 뿐임을 늘 기억해야만 한다. 이러한 생각이 하나님 앞에 우리를 겸손하게 하며 감사하게 한다.

우리가 하나님의 용서하심을 알고 또 우리를 하나님의 자녀 삼아 온전히 회복시켜 주신 하나님의 칭의에 대해 깨닫게 될 때, 우리 삶에는 놀라운 일이 일어난다. 즉 하나님이 우리 삶 속에 오셨음을 알게 되는 그 기쁨이다. 그것은 하나님의 보좌로부터 흘러나오는 끊이지 않는 생명의 강이다. 또한 정결한 마음 없이는 결코 흘러나오지 않을 것이다. 영의 기쁨은 하나님의 용서와 칭의의 결과로 지금 우리가 누릴 수 있는 하나님과의 참된 교제로부터 흘러나온다.

다른 사람을 의롭다 하는 것

오직 예수님의 보혈만이 죄로부터 우리를 씻기시고 깨끗하게 하시지만, 제한적으로 우리 역시 우리에게 죄지은 자를 의롭다 할 수 있다! 그들의 죄가 남긴 얼룩을 깨끗이 제거하며 죄의식과 관련된 그들의 마음을 자유롭게 함으로 우리 역시 그렇게 할 수 있다. 그들을 의롭다 여김으로 말미암아 우리가 그들을 향한 상처나 나쁜 마음을 가지고 있지 않다는 것을 보여줌으로 그들의 가치를 다시 세워 주며 관계를 망치지 않을 길을 열어 놓을 수 있다.

더구나 우리는 그들의 행동을 고치라고 요구하지 않으면서도 그들 본래의 가치를 인정해 주고, 그럼으로 인해 우리는 자만심이나 우리 입장에서의 우월감 없이 관계를 회복할 수 있다.

예를 들어, 요셉은 애굽에 노예로 자신을 팔았던 형제들을 의롭다 여겼고, 그럼으로 인해 그들의 죄로 인한 죄책감으로부터 형들을 자유하게 해주었다.

"당신들이 나를 이곳에 팔았다고 해서 근심하지 마소서 한탄하지 마소서 하나님이 생명을 구원하시려고 나를 당신들보다 먼저 보내셨나이다……그런즉 나를 이리로 보낸 이는 당신들이 아니요 하나님이시라 하나님이 나를 바로에게 아버지로 삼으시고 그 온 집의 주로 삼으시며 애굽 온 땅의 통치자로 삼으셨나이다"(창 45:5, 8).

요셉이 겪은 고통을 생각해 볼 때 이것은 얼마나 놀라운 용서인가! 그는 그가 원하는 대로 할 수 있었지만, 그의 바람은 형들을 의롭다 여김으로 용서하는 것이었다. 얼마나 놀라운가! 형들은 그의 아름다운 채색옷을 벗겼다. 하지만 요셉은 형들을 위해 의의 옷을 입혀 주는 쪽을 택했다. 또한 요셉은 그 형제들이 그에게 저지른 행동에 대해 아버지 야곱에게 전혀 말하지 않았다.

또 다른 칭의의 예는 돌아온 탕자의 이야기에서 볼 수 있다. 누가복음 15장에서 우리는 빈털터리인 아들이 집으로 돌아간다면 아버지에게 뭐라고 말할지 연습하는 장면을 볼 수 있다.

"아버지 내가 하늘과 아버지께 죄를 지었사오니 지금부터는 아버지의 아들이라 일컬음을 감당하지 못하겠나이다 나를 품꾼의 하나로 보소서"(눅 15:18-19).

하지만 그가 마침내 집으로 돌아와 아버지를 뵈었을 때 그는 연습했던 그 말들을 할 기회조차 없었다. 먼 거리임에도 그의 아버지가 그의 회개함을 보고 종들을 시켜 가장 좋은 옷을 꺼내 와 그에게 입히도록 명했다. 또 아버지는 종들에게 아들의 손가락에 반지를 끼워 주고 발에 신발을 신기도록 명하고, 살진 송아지를 끌어다가 잡도록 했다. 그의 아버지는 잃었던 아들이 돌아와 너무나 행복해했으며 잔치를 베풀었다.

아버지가 그의 아들이 길을 따라오는 것을 보았다는 부분을 유의해서 보자. 아버지는 오랫동안 아들이 돌아오길 바라며 길을 내다보고 있었다는 점을 말이다. 사실 아버지는 아들이 집을 떠난 바로 그날 이미 아들을 용서했던 것이다. 그의 아들이 되돌아오길 기대하며 늘 지켜보고 있었다는 것이 바로 그 명백한 증거이다. 그는 아들이 언덕을 넘어오는 것을 발견했을 때 자신을 주체할 수 없었다. 그래서 그는 아들이 집에 도착하도록 기다리는 대신 할 수 있는 한 빠른 걸음으로 그 아들을 맞으러 달려 나갔다. 그가 멀리서 어렴풋이 보이는 아들을 발견했을 때 그의 마음속을 채웠을 기쁨을 난 느낄 수 있을 것 같다.

아버지는 아들이 서 있는 곳에 이르러 그의 아들을 껴안고 입을 맞추었다. 그는 어떠한 사죄의 말도 요구하지 않았다. 그는 아들의 첫 몇 마디로 이미 회개했음을 알았다. 그는 아들을 용서하는 데 빨랐다. 정말 빨랐다. 그의 용서는 단순히 말뿐인 용서가 아니라 그에게 옷을 입히며(낡은 옷이 아니었다) 손가락에 반지를 끼워 주는 행위로 표현하였다. 아버지는 아들에게 신발을 신기고 큰 잔치를 벌였다. 아들이 집으로 돌아옴으로써 아버지의 가슴은 기쁨으로 충만했던 것이다.

그의 아버지는 "그래, 너 정말 웃긴다. 안 그래?"라거나 "넌 네 유산을 다 날려버렸어! 넌 여기 머무를 순 있지만 다락방에서 살아야 할 거야" 또는 "바보 같으니라고, 내가 가지 말라고 얘기했잖아. 네가 한 짓을 봐!"라는 말들로 아들을 꾸짖지 않았다.

대신 그의 아버지는 매우 멋진 일을 했다. 그는 아들을 가족의 구성원으로 다시 받아들였다. 그의 아버지는 하인들과 파티에 참석한 모든 친구들 앞에서 그의 존귀함과 그가 가진 아들로서의 특권을 회복시켰다.

이것이 바로 하나님 아버지가 예수님을 통해 우리를 위해 하신 일이다. 이것이 바로 칭의의 의미이다. 그건 영원하신 하나님이 예비하신 유산을 나누어 주기 위해 우리를 씻으시고 부르시는, 완벽하며 조건이 없는 사랑의 또 다른 표현이다.

우리도 이러한 수준의 용서를 연습할 수 있다. 완전하고 온전한 용서는 관계를 회복시킨다. 그것은 진심으로 회개하는 마음으로 오기만 한다면 우리의 사나운 적뿐만 아니라 신뢰를 저버린 친구도 끌어안기 위해 팔을 내민다는 것을 의미한다. 용서는 사랑의 왕국으로 들어가는 출입구이다.

하나님은 마음으로부터 용서하실 것을 원하신다(마 18:35). 우리는 단지 죄지은 자를 되돌리려는 목적으로 조건이 전제된—온 마음을 다하거나 완전한 회복(하나님이 우리를 위해 하신 것처럼)이라기보다는 다시는 그러지 않겠다는 조건 또는 제한적인 수용(냉정한 마음)—용서의 말을 입에 올려서는 안 된다.

간혹 우리는 복수하고 싶은 충동이나 비난하고자 하는 마음을 통제하는 정도—가해자를 더 이상 공개적으로 비방하지 않는 수준—의 용서로 만족해한다. 그리고 나서 우리는 그리스도인의 의무를 다했다며 만족한다. 하지만 미국 토착민 제럴드 버튼은 인종차별이라는 주제에 대해 말하길(인종에 대한 편견으로 인해 많은 고통을 당한 남자), 그는 용서에 대해 다른 관점을 가지고 있다고 했다. 그는 용서는 고통을 느끼지 않고 그 사건을 기억할 수 있을 때까지 끝나지 않는 것이라고 말한다. 이것이 곧 하나님의 영에 의해 나고 자라난 완전하며 온전한 용서이다.

친구로부터의 상처

로렌 록은 요하네스버그에 사는 남아프리카 여인이다. 그녀는 사역 팀에서 봉사했고 공예배에서 온 마음을 다해 열정적으로 하나님을 예배했다. 그때 베스(그녀의 친구이자 팀 리더)가 그녀에게 다가왔다. 그녀는 로렌에게 그녀의 예배 스타일이 너무나 감정적이고 하나님의 명령에 어긋날 뿐 아니라 그로 인해 예배가 방해가 된다고 얘기했다.

로렌은 무척이나 큰 충격을 받았다. 하지만 비판은 거기서 멈추지 않았다. 한 주 후 베스는 로렌에게 전화를 걸어 자기가 팀의 다른 멤버와도 얘기했는데 그들 역시 그녀의 감정적인 예배 스타일을 싫어하더라고 말하며, 로렌이 좀 진지하게 카운슬링을 받을 것을 제안했다.

베스의 비판에 응대하려 하자 베스는 로렌이 변명을 하며 교만하여 충고를 듣지 않는다고 말했다. 로렌은 무척 당황하였다! 베스의 비판 때문에 그녀는 마음이 상했고, 선생님으로서 봉사할 수 있도록 하나님께서 그녀에게 부여한 은사에 대한 확신을 송두리째 잃고 말았다.

그날 밤 로렌은 완악한 마음을 가지지 않도록 하나님께 은혜를 구하고 주님이 베스에게 진실을 알게 하실 것을 구하며 주님 앞에서 울부짖었다. 만약 그 비판이 가치 있는 것이라면 그녀는 그것을 하나님으로부터 듣기를 원했고 변화되길 원했다. 하지만 주님은 그녀에게 비판적이지 않았으며 단지 그녀에게 상처를 입힌 사람들을 용서하길 원하셨다. 주님이 그녀를 위로하심으로 로렌은 너무나도 많은 용서를 받았기에 그들을 용서하겠노라고 결심했다. 그러자 주님은 베스가 그런 식으로 행동할 수밖에 없었던 그녀 삶의 상처들을 보여주셨다.

트레이닝 과정은 한 달간의 방학을 가졌고, 그동안 로렌은 미국으로 짧은 휴가를 떠났다. 그 과정이 다시 시작될 때가 되었을 때 로렌은 선택을 해야만 했다. 그녀는 모든 과정에 참가하는 것을 그만두거나, 아니면 그녀에 대한 비판과 관련된 것들을 참고 그 과정에 다시 가거나, 또는 하나님 아버지께 가서 하나님의 지혜를 구하든지 해야 했다. 그녀는 맨 마지막 것을 선택했다.

그러자 주님은 로렌에게 칭의라는 주제에 대해 말씀하기 시작하셨다. 하나님은 하나님이 그녀와 함께 걷듯이 그녀 역시 그녀에 대한 그 비판들과 함께 걷기를 요구하셨다. 잠시의 주저함도 없이 그녀는 하나님께 순종하였고, 마치 아무 일도 없었던 것처럼 베스에게 전화했다. 로렌은 베스를 만나러 가는 길에 베스와 계속 우정을 지속시켜 나가기 위해 필요한 도움을 주실 것을 하나님께 눈물로 간구하였다. 하나님께 순종한 것의 증거로 그녀는 미국 여행 동안 구입한 선물을 베스에게 전했다.

로렌이 다시 그 과정에 들어갔지만 리더는 이전에 했던 것처럼 로렌이 단 위에서 예배를 돕는 것을 허락하지 않았다. 그 다음해에도 그녀는 베스와 함께 가르치는 일을 계속했고, 아무 일도 없었던 것처럼 베스와 정기적으로 개인적인 만남을 가졌다. 하지만 사탄은, 자유롭게 하나님을 찬양하고 표현하는 데 있어 무력해지곤 하던 자신이 무가치한 존재라는 생각을 이용해 끊임없이 로렌을 공격했다.

1년, 아니 그보다 좀더 시간이 흐른 후 베스와 로렌 둘은 미국에서 온 예언의 은사를 가진 여인이 설교하는 가정(House) 교회 모임에 참석했다. 그녀는 로렌을 위한 말씀을 가지고 있었다. 그녀는 로렌이 지난 1년 동안 엄청난 절망을 겪어 왔으며, 사탄이 그것으로 그녀를 무기력하게 만들었다고 얘기했다. 그리고 주님이 그녀의 무기력함을 없애 주실 것이며, 또한 로렌이 누군가와 가지고 있는 야곱과 에서의 관계(예: 형제이면서도 적으로 여기며 살거나, 마음속의 상처와 함께 사는 그러한 관계)를 고쳐 주시리라고 말했다.

모임을 마친 후 로렌은 베스를 집에 데려다 주었다. 집으로 돌아가는 긴 시간 동안 베스는 "내 생각에 그 예언의 말은 정확하지 않았던 것 같아. 난 네가 어느 누구와 야곱과 에서와 같은 관계를 가지고 있다고 생각하지 않거든"이라고 말했다.

"상관없어, 그 예언의 말이 틀린 걸 수도 있잖아, 괜찮아." 로렌이 대답했다.

다음날 로렌은 베스로부터 자기 집을 방문해 달라는 전화를 받았다. 로렌이 그녀의 집에 갔을 때 그녀는 베스의 진심 어린 고백을 듣게 되었다.

"오늘 아침 주님이 새벽 3시에 날 깨우셔서 '넌 누군가와 야곱과 에서와 같은 관계에 있고, 그 관계를 회복해야 해!' 라고 말씀하셨어."

베스는 눈에 눈물을 머금고 로렌 앞에 무릎을 꿇으며 왜 로렌이 그녀에게 말하지 않았는지를 물으며 로렌의 용서를 구했다.

"난 사실 너에게 아무것도 말할 필요가 없었어. 이 일을 포함해서 주님의 보혈이 모든 것에 대한 대가를 이미 치르셨기 때문이야. 난 주님이 가장 적은 상처를 남기고 그 문제를 완벽하게 해결할 수 있으리라 생각했기 때문에 모든 것을 주님이 하시도록 맡기기로 결정했어." 로렌이 답했다.

그 결과 그들의 관계는 그 어느 때보다 더 깊어졌다. 그 후 그들은 오랜 시간 동안 가깝고도 신뢰하는 친구가 되었다. 그들은 서로를 가르치며 함께 웃으며 서로의 삶을 깊이 공유했다! 그들은 아주 깊은 곳에 자리잡은 그들의 죄에 대해서도 고백할 수 있었고, 한 번도 깨진 적이 없는 신뢰를 가지고 서로를 위해 기도했다. 2000년, 베스는 주님과 함께하기 위해 본향으로 갔으며, 로렌은 마지막까지 그녀와 함께했다.

로렌은 지금까지 여전히 베스를 그녀의 가장 좋은 친구이자 깊은 사랑을 나눈 친구이며 그녀에게 가장 많은 도전과 용기를 준 멘

토라고 생각한다. 왜냐하면 로렌은 베스 때문에 사랑하는 주님을 더욱 닮아갈 수 있는 도전의 기회를 가지게 되었으며, 지금까지도 감사하는 마음을 가지고 살아가고 있기 때문이다. 베스에 대한 신뢰로 그녀는 그녀 아버지를 향해 마음을 열 수 있었다. 충고를 받아들이고 겸손함으로 응답할 수 있을 만큼 충분히 열린 마음 말이다.

로렌은 그녀의 친구를 의롭다 여기었고, 비록 주님이 일하시는 때를 기다려야 했지만, 그렇게 함으로써 그녀는 화목의 문을 열어 놓고 있었다.

예수님이 제자들의 발을 씻으셨다는 것을 기억해 보라. 그것은 제자들이 어떻게 주님을 따라야 하는지에 대한 본을 보여준다. 발을 씻어 주는 의식에 참여하는 것이 아니라 사회적 지위나 직위에 관계없이 다른 사람을 섬기는 것이다.

"내가 주와 또는 선생이 되어 너희 발을 씻었으니 너희도 서로 발을 씻어 주는 것이 옳으니라 내가 너희에게 행한 것같이 너희도 행하게 하려 하여 본을 보였노라 내가 진실로 진실로 너희에게 이르노니 종이 주인보다 크지 못하고 보냄을 받은 자가 보낸 자보다 크지 못하나니 너희가 이것을 알고 행하면 복이 있으리라"(요 13:14-17).

예수님은 그보다 앞서, 너희 중에 큰 자는 섬기는 자가 되어야 하리라고 제자들을 가르치셨다(마 23:11). 그처럼 우리도 예수님이 하셨던 것처럼 동일한 겸손의 성령으로 다른 이를 씻기고 섬기며 나아가자. 우리는 겸손, 용서와 칭의라는 정화수를 가지고 예수 그리스도 안에서 우리 형제와 자매들을 씻을 수 있다.

화해

화해는 관계의 절대적인 회복이다. 모든 관계가 다 회복될 수 있거나 회복되어야만 하는 것은 아니다. 하지만 합리적으로 생각해 볼 때 가능한 한 하나님은 우리가 형제자매들과 그리스도 안에서 화해하길 원하신다.

용서와 칭의는 서로 상호 보완의 역할을 한다. 칭의의 근본적인 목적은 영구적인 화해를 위한 기초를 놓는 것이다. 우리는 멀리서도 용서를 할 수는 있다. 하지만 칭의는 친밀한 교제를 필요로 한다.

인간의 관점으로는 하나님의 본성 안에는 많은 모순이 있는 것처럼 보인다. 동전의 양면처럼, 각 면은 일관성이 없어 보인다. 그럼에도 불구하고 그것들은 진리이다. 그러한 모순 중의 하나가 바로 하나님은 그의 창조물인 인간을 사랑하시지만 죄인인 인간을 향해 진노하신다는 것인데, 쉽게 이해되지 않지만 이 또한 진리이다. 예수님이 우리의 죄에 대해 대가를 치르셨을 때 하나님의 공의의 법칙에 의해 요구되는 모든 법적 필요조건이 만족되었고, 그 방법을 통하여 우리에게 본향으로 돌아갈 수 있는 길이 열렸다.

칭의는 화목을 위한 출발점이다. 화목을 이루시기 위한 하나님의 방법은 하나님의 구속받은 피조물로서의 우리에 대한 조건 없는 사랑을 보여준다. 다시 한 번 말하자면, 이것은 아버지의 마음 속에 있는 화목을 위한 절대적인 갈망과 사랑을 여지없이 보여주는 탕자의 이야기에 분명히 나타난다.

형은 자기 아버지가 탕자에게 보여준 것과 같은 동일한 사랑을 자신에게는 보여주지 않았다고 생각했기 때문에 격분했다. 하지만 그 사랑은 그가 가질 수 있도록 항상 거기에 있었다. 그는 아버지에게 충실하고 아버지를 열심히 섬겨 왔지만 장자로서 그가 소유했던 풍성한 보물들을 깨닫고 누리는 데 실패했다. 그는 그의 아버지와 늘 함께했음에도 불구하고 그 어느 것도 누리지 못했다!

"너희가 얻지 못함은 구하지 아니함이요"(약 4:2).

그리고 탕자의 형은 최소한의 어떤 징계나 처벌 없이 회복된 그의 아버지와 동생의 관계가 못마땅했다. 그는 동생의 귀환과 아버지의 엄청난 사랑의 표현 때문에 화가 났다. 하지만 아버지는 말 안 듣는 아들(탕자)을 질책할 의도가 전혀 없었다. 대신 아버지는 탕자를 위해 잔치를 열었다. 이것이 바로 아버지가 보여준, 자식에 대한 완전하고 조건 없는 사랑의 한 예이다.

이 이야기는 나이가 들어 분별력이 흐려져 감정적으로 행동한 한 노인에 대한 멋진 이야기가 아니다. 그것은 하나님이 당신과 나를 향해 느끼고 행동하시는 방법이다! 하늘에 계신 우리 아버지 하나님은 그의 잔치에 우리를 초청하신다. 탕자의 형이 늘 하나님과 함께했듯이 하나님과 오랫동안 함께했던 우리를.

난 우리가 영광 속에서 하나님을 만나게 될 때 어린양의 훌륭한 결혼 피로연과 같은 천상의 잔치가 있을 것을 안다. 하지만 난 그것만을 바라보지는 않는다.

예수님은 바로 지금 하나님과 함께할 수 있도록 우리를 초청하길 원하시며, 그의 식탁에서 함께 먹길 원하신다. 하나님은 우리와 함께 교제하길 원하시며, 우리가 가기만 한다면 우리에게 하나님의 풍성을 주실 것이다.

탕자의 형은 아버지와 함께하면서도 그가 누릴 수 있는 모든 것들을 깨닫지 못했다. 우리의 아버지 되신 하나님은 바로 지금 우리가 그에게로 나아오길 원하시고, 우리를 구원의 샘으로 데려가길 원하시며, 그의 임재로 가득 채운 '양식'을 먹이기를 원하신다.

하나님과 함께 우리가 화목하게 된다는 것은 곧 우리가 다른 사람과의 화목을 이루기 위한 초석이 됨을 의미하며, 그 둘은 같은 방식을 통해 이루어진다. 진정한 화목은 두 개의 필수적인 전제조건들 위에 세워진다. 즉 용서와 회개이다. 화목을 이루지 않고도 용서하는 것은 가능하다. 하지만 관계의 절대적인 회복을 위해서는 반드시 용서와 회개 둘 다가 필요하다. 또한 지속적이며 효과적인 화목을 위해서는 죄 지은 자의 마음에 회개라는 명백한 증거가 나타나는 때, 곧 하나님의 정하신 그 때가 이를 때까지 기다려야 한다.

죄지은 자가 만일 온전히 회복되고자 소원한다면 스스로 겸손하여야 하며 죄로부터 돌아서야 한다.

"내 이름으로 일컫는 내 백성이 그들의 악한 길에서 떠나 스스로 낮추고 기도하여 내 얼굴을 찾으면 내가 하늘에서 듣고 그 죄를 사하고 그들의 땅을 고칠지라"(대하 7:14).

화목은 평화를 가져온다! 처음은 하나님과의 화평 속으로 우리를 부르고 그 다음은 우리가 적대시하고 있는 사람들과의 화평 속으로 우리를 이끈다.

"주께서 심지가 견고한 자를 평강하고 평강하도록 지키시리니 이는 그가 주를 신뢰함이니이다"(사 26:3).

아마 이런 크리스마스 노래 구절을 들어 본 적이 있을 것이다. "땅 위의 평화와 사람들을 향한 선의."

사람들은 예수님이 어떠한 대가를 치른다 하더라도 평화를 원하시는 분이라는 것을 믿어 왔다. 예수님은 평강의 왕자이다. 하지만 그들은 예수님이 주시는 평강이 오로지 주님이 기뻐하는 자, 곧 예수님의 보혈을 통해 하나님과 화목하게 된 사람들에게만 주시는 것이라는 것을 알지 못한다. 목자들은 다음 구절로 하나님을 찬양하는 천사의 음성을 들었다.

"지극히 높은 곳에서는 하나님께 영광이요 땅에서는 하나님이 기뻐하신 사람들 중에 평화로다 하니라"(눅 2:14).

하나님은 우리에게 평화를 나누어 주신다. 하지만 더 높은 차원의 평화가 있다. 하나님은 단지 우리가 평화를 누리기를 원하시는 것이 아니라, 평강의 왕자이신 예수님을 누리기를 원하신다.

"그는 우리의 화평이신지라"(엡 2:14).

하나님의 평화를 소유하는 것으로부터 평화의 하나님을 소유하는 데까지 계속하여 나아가자. 그러면 우리의 평강은 우리에게 선물 주시는 자를 소유함으로 더욱 넘쳐날 것이다.

하나님과의 화목은 또한 우리의 삶에 기쁨을 가져온다. 그 기쁨은 생명을 만드신 분과 교제할 수 있고 우리 안에 있는 영원한 생명으로 말미암아 느끼는 기쁨이다. 이러한 생명은 기쁨뿐만이 아니라 여러 다른 방법으로 표출된다. 우리의 내적인 기쁨은 하나님과 우리 사이에 모든 것들이 잘되어감을 나타내는 하나의 표지이다. 그것은 우리를 통하여 목마른 세상을 향해 흘러가는 행복과 사랑의 열매를 낳으시는, 우리 안에 거하시는 예수님의 힘이다.

용서, 칭의 그리고 화목은 이러한 생명의 열매이며 사랑이라 불리는 위대한 교리의 필수 성분들이다.

8장_ 버림받은 사랑

사랑은 기독교의 기본 교리이지만, 하나님과 이웃을 사랑하는 것이 아니라 다른 것들에 초점을 맞춤으로 종종 간과되기도 한다. 초대 교회에서 이러한 문제들이 제기되었을 때 사도 바울은 사랑에 관해 다음과 같은 최종적인 표현을 하였다.

"그런즉 믿음, 소망, 사랑, 이 세 가지는 항상 있을 것인데 그 중의 제일은 사랑이라"(고전 13:13).

그는 다음과 같이 사랑을 묘사하였다.

"사랑은 오래 참고 사랑은 온유하며 시기하지 아니하며 사랑은 자랑하지 아니하며 교만하지 아니하며 무례히 행하지 아니하며 자기의 유익을 구하지 아니하며 성내지 아니하며 악한 것을 생각하지 아니하며 불의를 기뻐하지 아니하며 진리와 함께 기뻐하고 모든 것을 참으며 모든 것을 믿으며 모든 것을 바라며 모든 것을 견디느니라 사랑은 언제까지나 떨어지지 아니하되……"(고전 13:4-8).

사랑은 시기하지 않으며 무례히 행하지 아니한다는 것에 주목해 보라. 사랑은 자기 방식을 고집하지 않는다. 사랑은 성내지 아니하며 분을 내지 않는다. 그리고 사랑은 악한 것을 생각하지 아니한다. 얼마나 자주 우리는 화내고, 시기하고, 분내며, 우리 자신의 방식을 고집하며, 또 시간이 지난 후에 우리를 대적한 사람을 향해 사용하기 위해 그들의 죄를 기억 속에 저장해 두는지!

이것들은 모두 다 우리가 사랑으로 행하지 않음을 보여주는 증거들이다. 다른 말로 바꾸면, 우리는 우리의 육적 본성을 따라 행한다는 것이다. 사도 요한은 더 나아가 "우리는 형제를 사랑함으로 사망에서 옮겨 생명으로 들어간 줄을 알거니와 사랑하지 아니하는 자는 사망에 머물러 있느니라"(요일 3:14)고 말한다.

이것은 하나님과 함께 서 있는 우리 자신을 재점검하도록 해주는 아주 중요한 내용이다. 우린 정말 서로를 사랑을 하는 걸까? 만일 그렇지 않다면 위 구절이 함축하고 있는 바는 그리 중요하지 않다. 우리 모두는 때때로 사랑이란 태도를 유지하기 위해 몸부림친다. 하지만 정작 우리는 빈 조개껍데기처럼 우리의 첫사랑이 차갑게 식어가도록 내버려 두고 있진 않은 걸까? 진실한 마음 없이 그리스도인으로서 행동하며, 우리 자신의 견해를 지지해 주는 몇몇 선택된 그리스도인 친구들만을 좋아하는 교회의 일원이 되어 있지는 않은가?

예수님은 두 개의 기본적인 명령으로 모세의 율법과 선지자의 가르침을 요약하였다.

"네 마음을 다하고 목숨을 다하고 뜻을 다하고 힘을 다하여 주 너의 하나님을 사랑하라 하신 것이요 둘째는 이것이니 네 이웃을 네 자신과 같이 사랑하라 하신 것이라"(막 12:30-31).

우리는 우리가 소유하고 있는 몇 가지 것들을 하나님께 드림으로 하나님에 대한 우리의 사랑을 나타내 보일 수 있다. 우리의 시간, 의지 그리고 우리의 소유물을 하나님께 헌납할 수 있다. 이것들이 우리가 하나님께 직접적으로 할 수 있는 모든 것이다.

우리가 하나님께 가까이 갈 때 우리는 하나님에 의해 생명을 공급받으며, 그의 임재 속에 하나님의 뜻을 행하고 사랑할 수 있는 은혜를 발견하게 된다. 하나님의 뜻은 예수님의 가르침에서 드러나며, 하나님 앞에 우리의 삶을 정결하게 하는 것을 포함한다. 우리의 죄를 보여주시는 하나님의 얼굴 빛 속에 거하는 존재로서, 우리는 우리의 불의함과 육적 성향에서부터 우리 스스로를 깨끗이 하기 시작한다.

하나님은 우리로 하여금 우리 죄를 깨닫게 하시는 놀라운 방법을 가지고 계신다. 하나님은 우리를 비난하시는 것이 아니라 우리로 하여금 죄를 깨닫게 하셔서, 하나님 자신이 그러하신 것처럼 우리가 정결하고 의로우며 거룩해지기 위한 열망을 우리 스스로 원하게 하심으로 우리를 자라게 하신다.

"너희는 먼저 그의 나라와 그의 의를 구하라"(마 6:33).

예수님은 우리에게 하나님의 의를 구하라고 하셨지, 우리 자신의 능력 속에서 의롭게 되기를 구하라고 하지 않으셨음을 기억하자!

하나님과 가까이 교제함으로 하나님을 닮고 싶은 우리의 갈망이 불꽃처럼 뜨겁게 타오르게 된다. 그러한 불꽃에 불이 지펴지면 우리는 하나님에 대한 우리의 사랑을 직접 하나님의 음성을 듣거나 순종함으로 표현하기 시작할 것이며, 또 다른 두 가지의 외적 표현, 곧 우리 자신을 사랑하듯이 이웃을 사랑하며 그리스도 안에서 우리의 형제자매들을 사랑하는 일들도 시작될 것이다.

이것이 바로 하나님께 가까이 있음을 증거하는 자연스런 열매이다. 또한 왕이나 명령을 내리는 대장의 자리에 계시지 않은 하나님이 우리에게 순종을 요구하실 수 있는 이유인 것이다. 우리의 삶은 하나님께 가까이 있을 때 그 열매를 맺게 된다.

그렇게 변화된 삶은 우리 안의 하나님의 생명의 표현이며, 그것은 사랑하기 위해 사는 삶이다. 사랑은 우리가 구원받은 생명임을 나타내는 자연스러운 표현이다.

"새 계명을 너희에게 주노니 서로 사랑하라 내가 너희를 사랑한 것같이 너희도 서로 사랑하라 너희가 서로 사랑하면 이로써 모든 사람이 너희가 내 제자인 줄 알리라"(요 13:34-35).

"우리가 사랑함은 그가 먼저 우리를 사랑하셨음이라"(요일 4:19).

하나님을 사랑하는 것은 기도로 시작되며, 기도로 유지되고, 기도를 통해 완성된다. 마담 귀용은 "사랑은 당신이 하나님께 가까이 있음의 결과로 당신의 삶에 나타나는 것이다"라고 말했다.

우리는 우리 주변 사람들을 사랑함으로 하나님에 대한 우리의 사랑을 표현한다. 즉 이웃 사랑은 하나님께 가까이 다가갈 때 우리 삶에 나타나게 되는 결과이다. 우리 이웃과 그리스도 안에서 하나 된 형제자매에 대한 우리의 사랑은 하나님에 대한 우리의 사랑의 척도이다.

"누구든지 하나님을 사랑하노라 하고 그 형제를 미워하면 이는 거짓말하는 자니 보는 바 그 형제를 사랑하지 아니하는 자는 보지 못하는 바 하나님을 사랑할 수 없느니라"(요일 4:20).

두려움

예수님이 마지막 때와 관련하여 제자들에게 말씀하실 때 "불법이 성하므로 많은 사람의 사랑이 식어지리라"(마 24:12)고 하셨다. 아마도 우리는 이 경고를 우리 때에 보게 될 것이다. 우리는 차갑게 식은 사랑을 목격하게 될 것이다.

오늘날 우리는 악이 성행하는 것과 거실에서 보게 되는 끔찍한 사진들과 이야기를 전해 주는 선정적인 뉴스들로 인해 섬뜩한 공포를 느끼곤 한다. 우리는 텔레비전이 묘사하는 무서운 세상에서 우리의 아이들을 키워야 한다는 것에 두려움을 느낀다. 우리는 살인과 폭력이 수없이 난무하는 거리로 위험을 무릅쓰고 나갈 때 두려움을 느낀다. 하지만 온전한 사랑은 그러한 공포를 몰아낸다.

우리는 우리를 둘러싼 죄의 끔찍함에 무감각해지도록 우리 마음을 그냥 방치해 두어선 안 된다. 아니, 우리는 죄 속에서 헤매거나 갈 길을 찾지 못하는 사람들을 위하여 위험을 기꺼이 감수해야 한다. 우리는 높은 언덕에 세워진 성읍이며, 두려움으로 인해 우리 교회의 복음을 묻어 두어선 안 된다.

달란트 비유에서 겁쟁이는 "전 두려웠어요", 그래서 밖으로 나가 그의 달란트를 땅 속에 숨겨 놓았다고 말한다(마 25:25). 그는 그가 가진 것을 잃을까 두려워 달란트를 사용하지 않은 결과 어둠 속에 버려졌다. 이 모든 것은 그의 두려움의 결과였다.

난 종종 이 달란트 비유를 교회에서 설교하는 것을 들어왔다. 하지만 그러한 설교에 충분히 만족스러웠던 적이 한 번도 없었다. 난 그 달란트가 하나님이 우리에게 주신 재능 즉 음악, 드라마, 댄스 같은 것들을 나타내는 것들이라고 들어왔다. 또한 그 재능들이 우리의 돈을 대표하는 것이라고 들어왔다. 그러나 하나님이 내게 말씀하셨고, 나는 그것이 의미하는 것이 무엇인지 깨닫게 되었다…….

달란트는 우리의 타고난 재능, 우리의 돈, 혹은 우리의 시간들로 해석될 수 있다. 하지만 거기에는 더 깊은, 선행되는 의미가 있다. 달란트는 은의 무게였고 시간이라는 화폐로 상징된다. 예수님이 달란트에 대해 말씀하셨을 때 예수님은 하늘의 화폐에 대해 언급하셨다. 이것, 즉 하늘의 화폐는 우리가 하늘에서 사용하게 될 것들이다. 우리는 사랑, 기쁨, 평화, 인내, 친절들과 같은 화폐들을 사용하게 될 것이다. 이것들이 하나님이 이곳 지상에 있는 우리에게 맡기신 것들이다.

하나님은 우리가 종종 당연한 일로 생각하는 타고난 기질이라는 이름으로 각각의 분량대로 우리에게 달란트를 주셨다. 우리 모두는 사랑, 친절, 관대, 신실함 등의 능력을 가지고 있다. 그것은 우리 모두 안에 잔존해 있는 하나님의 형상의 자취이다.

기타를 훌륭히 연주할 수 있다거나 교회에 상당한 돈을 내는 것만을 의미하는 것처럼 보이는 것에 앞서, 이제 그 달란트의 비유가 의미하는 것이 무엇인지 조금 더 잘 이해할 수 있을 것이다. 모든 사람은 누군가를 사랑할 수 있다. 모든 사람은 인내를 배울 수 있으며, 하나님이 우리에게 사용할 수 있도록 주신 모든 재능도 배울 수 있다. 이러한 하늘의 화폐가 이곳 지상에서도 사용될 수 있는 것이다.

이제 더 간단히 이해할 수 있도록 사랑에 대한 이야기로 폭을 좁혀 보자. 하나님이 주신 달란트를 사용하는 사람들은 더 많은 것을 얻을 것이다. 하지만 하늘의 화폐를 사용하지 않는 자들은 심판의 날에 그 모두를 잃을 것이다.

이것은 조금의 과장도 없는 진실이다! 사랑할 수 있는 그들의 능력을 적용하여 산 사람들은 그 사랑함을 인하여 더 많은 사랑을 얻을 것이다. 하지만 이런 넘치는 사랑은 육안으로 볼 수 있는 것은 아니다. 이렇게 넘쳐나는 사랑은 지금 그들의 것이라고 여기는 사람들의 것이며, 이미 그것들을 가졌다고 생각하고 사용한 사람들에게 주어질 것이다.

당신은 "난 천국에 가고 싶지 않아. 내 친구들이 지옥에 있기 때문에 난 지옥에 가고 싶어. 우리는 그곳에서 좋은 시간을 가질 거야"라고 말하는 것을 들은 적이 있는가? 그들은 이해하지 못한다. 지옥은 친구와 함께하는 소란스러운 파티와 같지 않다. 사랑하며 우정을 유지할 수 있는 능력은 우리가 그것들을 사용하지 않는다면 사라져 버릴 것이다. 우리가 사랑을 연습한다는 것은 우리 가족이나 친구를 사랑하는 것을 뛰어넘는다! 예수님은 "너희가 너희를 사랑하는 자를 사랑하면 무슨 상이 있으리요"(마 5:46)라고 말씀하셨다.

지옥에 우정이란 건 없다. 친절함도 선함도 온유함도 없을 것이다. 모든 하나님의 형상은 그들 영혼으로부터 거두어지며, 그들은 하나님 없는 공포 속에 남겨질 것이다. 이것이 바로 지옥이다! 지상은 하나님의 특성과 마귀적인 특성이 함께 공존하도록 허락된 유일한 곳이다. 하지만 그것이 영원히 공존하도록 허락된 것은 아니다. 책임을 져야 할 때가 이를 것이다. 이제 우리는 하나님을 멸시하고 하나님의 경고를 듣지 않는 자들의 비참한 최후를 이해하기 시작했다.

마찬가지로 하나님 나라를 유업으로 받은 자에게는 오직 하나님의 특성들만 남겨질 것이다. 죄와 악을 행하는 마음은 우리에게서 제해질 것이며, 더 이상 우리 자신의 타고난 죄 된 본성에 의해 도전을 받지도 않을 것이다. 죄, 질병, 그리고 죽음은 더 이상 없을 것이다. 할렐루야! 은혜로 받은 달란트들을 사용한 자들은 다른 사람들이 사용하지 않고 버려 둔 그 달란트들을 더하여 받을 것이다!

"그러므로 너희가 어떻게 들을까 스스로 삼가라 누구든지 있는 자는 받겠고 없는 자는 그 있는 줄로 아는 것까지도 빼앗기리라 하시니라"(눅 8:18).

"내가 주릴 때에 너희가 먹을 것을 주었고 목마를 때에 마시게 하였고 나그네 되었을 때에 영접하였고 헐벗었을 때에 옷을 입혔고 병들었을 때에 돌보았고 옥에 갇혔을 때에 와서 보았느니라 이에 의인들이 대답하여 이르되 주여 우리가 어느 때에 주께서 주리신 것을 보고 음식을 대접하였으며 목마르신 것을 보고 마시게 하였나이까 어느 때에 나그네 되신 것을 보고 영접하였으며 헐벗으신 것을 보고 옷 입혔나이까 어느 때에 병드신 것이나 옥에 갇히신 것을 보고 가서 뵈었나이까 하리니 임금이 대답하여 이르시되 내가 진실로 너희에게 이르노니 너희가 여기 내 형제 중에 지극히 작은 자 하나에게 한 것이 곧 내게 한 것이니라 하시고"(마 25:35-40).

두려움은 사랑으로부터 멀어지도록 우리를 가두어 둔다. 하지만 온전한 사랑은 두려움을 없앤다. 믿음은 사랑을 통해 일하지만 사랑은 두려움이 있는 곳에서는 역사하지 못할 것이며 믿음 또한 마찬가지이다. 사탄은 두려움을 통해 우리를 꼼짝 못하게 만들며, 그리함으로 우리가 하나님이 계획하신 것들을 행하지 못하게 한다. 하나님은 거룩하신 하나님을 경외하는 그 두려움으로 인하여 죄를 억제하도록 우리를 지으셨다!

하지만 사탄은 하나님이 주셔서 하나님을 경외하도록 하는 그 능력을 악용하여 왔으며, 우리 마음에 두려움이라는 씨로 그러한 경외심을 바꾸어버렸다. 이러한 마귀적인 두려움은 우리를 억압하고 절름발이가 되게 한다. 그러한 마귀적인 두려움은 우리가 마땅히 행해야 하는 사랑을 행하지 못하도록 우리를 방해하며 약화시킨다.

두려움은 다양한 형태와 크기로 우리에게 다가온다. 우리는 불확실한 일의 결과에 대해 두려워한다. 우리는 다른 사람들의 반응이나 태도를 두려워한다. 우리는 다른 사람이 우리에 대해 어떻게 생각하고 말하는지를 두려워한다. 우리는 거부당할까 봐 두려워한다. 우리는 실패를 두려워하며, 스스로를 바보로 만들까 봐 두려워한다. 여기 우리 모두를 괴롭히는 간단한 인간의 두려움에 대한 몇 가지 예들을 들어 보았다. 한때 두려움으로 인해 우리를 꼼짝달싹하지 못하게 만들었던 상황들은 예수님의 이름을 의지하여 당당히 맞섬으로 극복할 수 있다.

더 개인적인 두려움이나 공포들이 있다. 그것들은 우리 선조의 결점, 우리의 교육 그리고 우리 삶의 경험에 그 뿌리를 가지고 있다. 이러한 공포들은 단순히 그것들을 대면한다고 해서 극복되지는 않는다. 우리는 이러한 보다 복잡한 두려움들로부터 자유로워야 한다. 예수님은 "마음이 상한 자를 고치며 포로 된 자에게 자유를 갇힌 자에게 놓임을 전파하기 위해" 오셨다. 그리고 자유해진 사람들은 "그들은 오래 황폐하였던 곳을 다시 쌓을 것이며 옛부터 무너진 곳을 다시 일으킬 것이며 황폐한 성읍 곧 대대로 무너져 있던 것들을 중수할 것이며"(사 61:1-4)라고 하셨던 말씀을 이루어 나갈 수 있을 것이다.

사탄은 두려움과 위협을 이용해 어둠의 왕국을 다스린다. 하나님은 하나님에 대한 두려움과 사랑, 사랑만도 아니며 거룩한 두려움만으로도 아닌 둘 모두를 통해서 빛의 왕국을 다스리신다. 만약 우리가 하나님과 함께 동행하고자 한다면 우리는 하나님의 뜻을 행하는 것을 방해하는 두려움, 위협들과 싸워야 할 것이다.

딸 안나가 한 살이었을 때 우리 가족은 주택 전시장으로 가기 위해 마을을 지나고 있었다. 우리는 아직 사람들의 왕래가 허용되지 않은 새로운 출구 공사를 하고 있는 고속도로로 진입하고 있었다. 우리가 그 공사 지역을 통과할 때 우리는 아직 완성되지 않은 그 도로에 사람이 누워 있는 것을 발견했다. 처음 나는 그 남자가 '거기서 뭘하고 있는 거지?' 라며 궁금해했지만, 바로 다음 순간 난 그에게 어떤 문제가 있음을 직감적으로 알아챘다.

나의 첫 번째 본능적 반응은 차를 몰고 바리케이드를 지나 문제가 무엇인지를 알아보는 것이었다. 하지만 우리는 주택 전시장에 가보고 싶었고, 또 안나가 너무 어려서 우리가 알지 못하는 어떤 사람 – 결국 그는 위험하거나 낯선 사람일 수 있으므로 – 으로 인해 야기될 수 있는 위험을 아이에게 줄 수 없었다. 만약의 경우 그가 정말 도움이 필요하다면 다른 누군가가 멈춰 설 거라고 생각했다. 아니면 그는 아마도 단순한 취객으로 잠에 곯아떨어진 것일지도 모른다고 생각했다.

그래서 우리는 계속 고속도로를 따라 운전해 갔다. 그러나 다음 순간 선한 사마리아인의 비유에 대한 성경 구절 곧 "마침 한 제사장이 그 길로 내려가다가 그를 보고 피하여 지나가고"(눅 10:31)라는 말씀이 강하게 내 마음에 부딪쳐 왔다. 즉시 나는 하나님 앞에 잘못을 행하고 있음을 깨달았다. 그 공사 현장으로 돌이킬 수 있는 기회를 이미 놓쳐버렸기 때문에 우리는 할 수 있는 한 가까운 곳으로 차를 몰았다.

헬렌이 나를 내려 주었고 난 언덕을 달려 올라가 철길을 건넜다. 그러는 동안 헬렌은 가까운 근처로 차를 가져오기 위해 먼 길을 돌아갔다. 내가 철길 위로 다가갔을 때 그 남자는 여전히 도로 위에 누워 있었다. 그는 나이 든 노인이었고, 난 곧 그 남자가 근처 병원에서 나와 길을 잃었다는 사실과 의식을 잃었다는 사실을 알아차렸다. 돌아가는 길을 찾을 수 없었기 때문에 배고픔으로 인해 정신을 잃었던 것이었다.

그는 지저분했다. 그래서 난 우리 딸아이 옆자리에 그를 앉히고 싶지 않았다. 하지만 정말 도움이 절실히 필요한 상황이었기에 어쩔 수 없이 우리는 그를 딸아이 옆에 앉힐 수밖에 없었다. 우리는 그를 그가 있던 병원으로 되돌려 보냈고, 그를 돌볼 간호사에게 맡겼다. 그런 후 우리는 다시 기쁜 마음으로 우리가 가던 길로 돌아갔다.

우리가 어떤 특별한 일을 했기 때문이 아니라 우리 행동의 결과로 하나님의 임재하심을 확인했기 때문에 기뻤다. 하나님의 뜻을 따른 순종은 우리가 놓칠 수도 있었던 놀라운 만족감을 가져다 주었으며, 다소 늦기는 했지만 우리는 주택 전시장에 갈 수 있었다.

원수를 사랑하라

우리 모두는 어쨌든 대부분의 경우 친구를 사랑한다. 하지만 예수님 말씀에 따르면 그것은 그다지 대단한 미덕은 아니다. 왜냐하면 이방인도 그러하기 때문이다. 우리의 사랑은 세상 사람들에게 예수 그리스도를 알리는 것이어야 한다. 예수님은 우리의 친구만이 아니라 우리의 원수를 사랑하라고 말씀하셨다. 만약 우리 모두가 우리를 사랑하는 사람들만을 사랑한다면 그에 대해서는 아무런 상급이 없다. 아니, 우리는 우리의 삶을 내려놓도록 부르심을 받았다. 이것이 바로 우리가 예수님처럼 되는 길이다.

참된 부요함은 예수님의 가르침을 따라 살고자 노력하는 우리의 고통으로부터 오며, 그러한 고통은 우리의 본성적인 감정들을 부인하며 우리가 싫어하는 사람들임에도 불구하고 사랑으로 그들을 대하기 위해 우리가 겪어야 하는 것들이다.

조지 버워는 "오늘날 평범한 사람들에게 있어 우리가 적을 사랑한다고 말할 때, 그것이 의미하는 바는 이미 구식이 되어버린 낡은 신학적 개념 외에는 아무것도 아니다"라고 말했다.

적을 사랑한다는 것은 그리스도인에게도 너무 무겁게 느껴져 실제 삶 가운데서 성취하기란 인간 본성상 불가능하다. 우리는 적을 사랑한다는 것이 무엇인지 알지 못하며, 우리를 참아내지 못하는 사람, 우리의 사악함에 대해 말하는 사람, 우리를 욕하고 싫어하는 사람, 우리의 행동 방식을 싫어하는 사람을 사랑한다는 것에 대해 정말 아무것도 알지 못한다. 때로 우리는 우리와 함께 살며 일하는 우리 주변 사람들조차 사랑할 수 없다.

만약 우리에게 상처를 준 사람들을 효과적으로 용서하기를 원한다면 우리는 그들을 위해 기도해야 한다. 우리는 그들을 용서하기 위해 그들을 향한 축복의 기도를 끊임없이 하나님께 올려드려야 한다. 그리고 우리는 정직하게 그리고 자주 우리의 원수를 위한 (우리의 친구와 마찬가지로) 간구의 기도를 위해 하나님께 시간을 내어 드려야 한다. 이것은 어려운 일이다. 늘 하나님은 우리에게 서로 사랑하라고 말씀하시지만, 사실상 우리의 육적 본성은 미움 그것들 자체를 즐기기를 원한다.

우리가 누군가를 용서할 수 있도록 도와 달라는 애원의 기도는 우리가 우리의 육적인 감정과 싸우기 시작하고 원수를 위해 기도를 시작할 때 응답될 것이다. 우리가 그들을 축복하고 그들을 위한 좋은 일들을 위하여 기도할 때 우리는 우리의 화나 증오의 마음들이 마침내 씻겨져 나감을 경험하게 될 것이다.

영어 문법은 단어를 명사나 혹은 동사 등으로 분류한다. 하지만 그리스도인으로서 우리는 사실상 사랑이라는 단어가 동사임에도 그것을 명사로 분류하는 오류를 범한다. 명사는 어떤 물건이나 사람의 이름이다. 우리는 사랑을 우리가 소유한 무엇인가로 만들어 왔다. 동사는 행함을 의미하는 단어이다. 사랑은 우리가 단순히 느끼는 어떤 것이 아니라 행동하는 무엇인가이어야 한다.

처음 하나님이 우리를 사랑하신 것처럼 사랑하려고 노력할 때 우리는 그것이 우리의 능력을 넘어서는 일임을 발견하게 된다. 그것은 그냥 이루어지지 않는다. 예수님은 우리 인간의 본성과 맞지 않는 불가능한 많은 것들을 행하라고 우리에게 말씀하셨다. 인간적으로는 그러한 도전들을 받아들일 수 없다. 이것이 바로 우리가 부딪히는 문제이다. 하지만 인간 본성은 할 수 없을지라도 하나님은 하실 수 있다.

우리가 정말 이것을 이해한다면 우리 마음속에 또 다른 탄식과 간구가 있을 것이다. '주여, 사랑으로 나를 채우소서. 날 채워 주소서!' 예수님이 우리에게 명령하신 것처럼 사랑하기 위한 유일한 방법은 아버지께로 나아가 그 사랑을 우리에게 주시기를 구하는 것이다.

성령의 열매 중 하나는 사랑이다. 사랑은 성령님으로부터 퍼져 나온다. 그리고 성령님은 그와 함께 동행할 때 우리가 공급받아야 하는 것들을 부어 주실 것이다. 바로 이 부분이 문제가 된다. 우리는 많은 경우 하나님과 함께 동행하지 않는다! 우리 가운데 많은 그리스도인들이 상속권을 저버리고 세상이 주는 것을 따라가버렸다. 아니, 어쩌면 우리는 하나님과 동행함을 통해 우리에게 부어 주신

부요함을 깨달을 만큼 하나님께 가까이 간 적이 한 번도 없을지도 모른다.

부모님께 굿나잇 인사를 한 후 위층 침실로 자러 올라간 어떤 아이에 대한 오래된 이야기이다. 아이가 침실로 올라간 조금 후에 그의 부모님은 쾅 하는 소리를 듣고 달려 올라갔고, 그들은 아들이 침대에서 떨어져 마룻바닥에 누워 있는 것을 발견했다. 그들은 놀란 아이를 달랜 후 침대로 다시 올려놓았다. 하지만 곧 다시 똑같은 일이 벌어졌다. 그 아이는 잠이 들었고 또다시 침대 아래로 떨어졌던 것이다. 이 일이 세 번째 반복되자 그 소년은 약간 화가 나서 "왜 난 자꾸 침대에서 떨어지죠?"라고 물었다.

아이의 아버지는 잠시 생각을 한 후 "문제가 뭔지를 알아낸 것 같아. 그건 네가 너무 침대 가장자리에 붙어서 자기 때문이 아닐까? 침대 가운데로 움직여 봐. 그러면 별일 없을 거야"라고 말했다. 그 아이는 아버지가 얘기한 대로 했고, 이후로는 별 다른 문제 없이 잘 수 있었다.

이 이야기는 단순한 것 같지만 깊은 의미를 지니고 있다. 침대 가장자리 쪽으로 너무 붙어서 잠을 청하는 그리스도인이 너무나 많다. 그들은 결코 하나님이 주시는 능력들과 베풀고자 하시는 그 은혜에 감사할 만큼 깊이 하나님께 나아가지 않는다. 그들은 그리스도인으로서의 삶의 가장자리를 따라 걸으며, 그들이 과감히 하나님께 가까이 다가가기만 하면 그들을 기다리고 있을 경이로움, 공급하심과 즐거움들을 결코 알지 못한다.

우리 모두 하나님께로 더 가까이 나아가서 우리를 위한 하나님의 놀라운 사랑에 감사하는 것을 배우도록 하자. 그러면 우리는 행함이 있는 사랑들로 가득 채워진 우리 자신들을 발견하게 될 것이다. 사랑은 용서를 포함하고 있다. 그리고 용서는 불의함으로부터 우리의 마음을 자유하게 하고 씻길 것이다. 사랑은 우리에게 죄지은 자들에게 우리의 용서를 베풀도록 동기를 부여하는 원동력이다. 사랑은 다른 사람의 유익을 위해 희생하게 한다.

밀림의 왕자

1880년대 어느 쯤에 가리베리아 정글에서 벌어졌던 일이다. 카부는 크루 종족의 족장 계승자로 열다섯 살 난 소년이었다. 그 당시 그 지역에 살던 종족들은 호전적이었으며 자신들의 고유한 법과 미신들을 따라 살고 있었다. 그들 대부분은 한 번도 백인을 본 적이 없었으며 또한 예수님의 구원의 은혜에 대해 들어 본 적이 한 번도 없었다.

전쟁과 대립은 너무도 자주 이웃 종족과의 화평을 깨뜨렸으며 크루 족은 전쟁의 공정한 대가를 치러 왔다. 승리자가 전리품으로 무엇을 요구하든지 패배자가 주어야 하는 것이 그들의 관습이었다. 전통적으로 보상금이 충분히 지불될 때까지 족장의 맏아들이 인질로 잡혀 있어야 했다. 어쨌든 카부의 아버지는 짧은 기간 동안 수없이 많은 전쟁을 했고 많은 전쟁에서 패배했으며 두 번이나 인질로 잡혔던 경험이 있었다. 그는 모진 고문을 당하고 학대를 받았다.

하지만 살아가는 동안 한 번도 그는 자신이 겪은 모진 고난에 대해 말하지 않았다.

그 당시 그의 부족은 또 다른 전쟁에 휘말려 있었다. 그들의 농작물을 파괴하고 마을을 불태웠던 사악한 이웃 족장과 함께한 전쟁이었다. 황폐해진 땅 그 이상을 바라는 이 사악한 족장은 그의 몫을 요구했고, 그 때문에 카부는 전리품들을 모두 건넬 때까지 인질이 되어야 했다.

몸값을 지불해야 할 때가 되었을 때 카부의 아버지는 고무, 상아와 요구받은 모든 물품들을 가져왔다. 하지만 그것들을 모두 차지한 족장은 그것들이 그의 아들과 바꾸기에는 충분하지 않다며 더 많은 것들을 요구했다. 그 부족은 그들의 계승자 카부를 되찾기 위해 그들의 마지막 남은 소유물까지 기꺼이 포기했다. 하지만 이 탐욕스러운 족장은 또다시 더 많은 것들을 요구했다.

그의 아들이 견뎌낼 수 있는 능력 이상의 고문을 받을 것이라는 두려움 때문에 그의 아버지는 카부의 자리를 대신해서 인질로 주기 위해 그의 예쁜 딸들 중 하나를 또다시 데려왔다. 하지만 카부는 "제가 제 여동생보다 고문을 더 잘 견뎌낼 수 있을 거예요, 아버지. 그러니 그냥 저를 남겨 두세요"라고 말하며 거절했다.

카부가 살던 시절로부터 거의 2천 년 전 예수님은 "사람이 친구를 위하여 자기 목숨을 버리면 이보다 더 큰 사랑이 없나니"(요 15:13)라고 말씀하셨다. 카부는 예수님에 대해 아무것도 알지 못했다. 하지만 그는 그의 결정이 무엇을 의미하는 것인지 알았고, 자기 대신 여동생이 고통당하도록 하고 싶지 않았다.

그 족장은 여분의 몸값이 지불될 때까지 독이 있는 가시 달린 나무줄기로 카부를 채찍질하도록 명령했다. 그러고는 크루 족 노예를 시켜 매일매일 벌어지는 채찍질에 대해 카부의 아버지에게 알리게 했다. 카부는 그 채찍질로 인하여 심각한 중상을 입었고 갈가리 찢겨진 등의 상처는 감염이 되었다. 마침내 그 악마 같은 족장은 크루 부족이 가진 모든 것이 바닥났음을 깨달았다. 그래서 그는 카부에게 마지막 일격을 가한 후 그를 죽이기로 결정했다.

카부는 더 이상 일어설 수도 앉을 수도 없었다. 희한하게도 채찍질당한 자리는 십자가 모양을 만들었다. 그는 마지막 채찍질을 당하기 위해 밖으로 끌려나왔다. 그렇게 끌려나왔을 때 그는 모든 희망과 용기가 사라져 감을 느꼈다. 그는 자신을 고통으로부터 해방시켜 줄 달콤한 죽음에 자신을 내맡겼다.

그러나 갑자기 하나님이 주권적으로 역사하셔서 그 모든 상황들을 하나님 자신의 손으로 거두어 가셨다. 섬광 같은 빛이 카부 주위를 둘러쌌고 그 순간 근처에 서 있던 모든 사람들은 아무것도 볼 수 없었다. 그러고는 알아들을 수 있는 목소리가 하늘에서부터 울려 와 카부에게 일어서라고, 달리라고 명령했다. 그 순간 카부는 알 수 없는 힘이 다시 솟아남을 느꼈다. 펄쩍 뛰어오르듯이 그는 그 신비로운 목소리가 시키는 대로 따랐으며, 정글 속에 비치는 빛을 따라 그가 할 수 있는 한 가장 빨리 달렸다.

그 빛은 무엇이었을까? 그 목소리는 어디에서 온 걸까? 어안이 벙벙한 채 수천 가지의 질문이 그의 마음속에 일었지만 그는 정글 깊숙이 다다를 때까지 계속 그 길을 따라갔다. 마침내 그는 속이

비어 있는 나무 속으로 기어 들어가 그곳에서 잠이 들었다.

이웃 족장은 사람을 시켜 카부의 뒤를 쫓게 했다. 그들을 따돌리기 위해 카부는 낮 동안에는 숨어서 잠을 잤다. 그리고 밤이 되면 그 알 수 없는 빛이 밀림 속을 통과할 수 있도록 그를 인도했다. 그를 둘러싸며 비추는 빛으로 인하여 그는 과일과 음식의 뿌리를 볼 수 있었고 채취할 수 있었다.

길을 따라온 지 수주일 후, 그는 한 촌락에 이르렀고 거기서 그 빛은 사라졌다. 거기서 그는 자신의 부족인 크루 족 중의 한 사람을 만났고 그 부족원은 그에게 그 지역 선교사를 소개시켜 주었다. 그 주 일요일 그는 바울의 회심 곧 어떻게 하늘로부터 온 빛이 그에게 임하고 어떻게 하늘로부터 하나님의 음성을 들었는지에 대해 말씀을 전하는 선교사의 교회에 출석했다. 카부는 울음이 터져나오는 것을 막을 수가 없었다. "그게 바로 내가 본 거야! 난 그 빛을 봤어! 나를 구하고 나를 이곳으로 데려왔던 것과 동일한 빛이야!"

그는 그 빛이 하나님으로부터 온 것임을 깨닫게 되었고, 그가 들었던 목소리가 바로 하나님의 음성이었음을 깨달았다. 그는 구원에 대한 그 이야기를 너무 쉽게 이해할 수 있었기 때문에 그를 위해 십자가 위에서 고통 받고 죽은 예수님에게 그의 삶을 드리는 데 오래 걸리지 않았다.

그는 새뮤얼 모리스라는 영어 이름을 가지게 되었고 그 후 7년을 살았다. 그는 자신이 해방의 날이라고 부르는 바로 그 놀라운 금요일에 있었던 하나님의 자비를 한 번도 잊지 않았으며, 그의 생애를 통해 그는 항상 금식과 감사로 그 금요일을 기념했다.

이기심 없는 사랑

"사람이 친구를 위하여 자기 목숨을 버리면 이보다 더 큰 사랑이 없나니"(요 15:13).

예수님은 제자들에게 그들을 위한 십자가의 죽음이 무엇을 의미하는지 그 뒤에 숨겨진 의미에 대해 말씀하셨다. 십자가의 죽음은 지상에서의 예수님의 삶과 사랑의 완성을 보여준다. 지금 우리는 그리스도인으로서 우리도 다른 사람을 위해 고통받고 희생하는 사랑을 실천하도록 부름 받았다. 그것은 다른 사람을 높이기 위해 우리의 삶을 내려놓도록 우리를 부른 사랑이다. 이기심 없는 사랑은 그리스도인의 특징이어야 한다.

성령님이 우리를 통해 우리의 삶을 내려놓도록 하심으로써 우리가 어떻게 예수님께 속했는지를 세상이 알도록 하는 것이다. 이것은 육체적 죽음을 의미하는 것이 아니라 우리 자신의 욕망, 선호 그리고 권리에 있어서의 죽음을 의미하는 것이다. 우리는 이러한 종류의 사랑에 대하여 잘 알지 못한다. 하지만 이런 사랑이 우리가 그리스도인으로서 가야 할 길이다. 그것이 바로 하나님 아버지와 그의 아들 예수에 대한 우리 사랑의 최종적인 표현이다.

용서는 사랑의 최고의 표현이다. 용서는 바로 사랑이 시작되는 곳이다. 화, 죄책감, 수치, 두려움 그리고 분노는 사랑의 감정을 가두어버리는 장애물이다. 용서는 우리가 하나님이 주신 참사랑에 대해 느끼고 반응할 수 있도록 우리를 눌림에서 자유하게 한다.

완벽한 사람은 없다. 완벽한 아내도 남편도 부모도 자녀도 없다. 또한 완벽한 교회도 없다. 그것이 바로 우리가 서로 사랑해야 하는 이유이다.

"무엇보다도 열심으로 서로 사랑할지니 사랑은 허다한 죄를 덮느니라"(벧전 4:8).

우리가 그들을 사랑할 수 있도록 그들이 완벽해지기를 기다릴 수는 없다. 지금이 바로 그때이다. 우리는 예수님이 우리의 결점에도 불구하고 우리를 사랑하신 것처럼 너무도 명백히 드러나는 불완전함을 그냥 보아 넘기며 그들을 사랑해야만 한다. 사랑이 없다면 우리는 효과적으로 세상에 그리스도를 전할 수도, 그리스도의 증인이 될 수도 없다.

용서는 사랑의 감정이 다시 회복될 수 있는 수문과 같다. 다윗왕은 "주의 구원의 즐거움을 내게 회복시키시고"(시 51:12)라고 기도했다. 그는 "주여, 나로 다시 온전하다고 느끼게 해주세요. 하나님, 당신과 나 사이에 다시 모든 것이 제대로 되어 있다고 느끼게 해주세요"라고 말했다. 죄는 멸하시고 사랑이 회복되게 하소서.

상한 마음

하나님은 상한 마음을 가진 영혼과 함께하며 깊이 참회하는 사람들과 함께하신다. 겸손, 통회, 상함, 참회 그리고 비천함은 하나님이 눈여겨보시는 것들이다. 왜냐하면 하나님은 그와 함께 연합되고자 하는 그의 자녀들의 정직한 탄식을 보시기 때문이다. 하나님은 필요 이상으로 존엄을 잃은 자리에 우리를 두시기를 원하지 않으신다. 대신 하나님이 원하시는 것은 그와 함께 걸어갈 수 있도록 우리를 건강하게 회복시키시는 것이다.

"지극히 존귀하며 영원히 거하시며 거룩하다 이름하는 이가 이와 같이 말씀하시되 내가 높고 거룩한 곳에 있으며 또한 통회하고 마음이 겸손한 자와 함께 있나니 이는 겸손한 자의 영을 소생시키며 통회하는 자의 마음을 소생시키려 함이라"(사 57:15).

예수님은 빵 한 덩어리를 부수어 수많은 군중을 먹이실 수 있었다. 마찬가지로 우리의 부서짐을 통해 예수님은 오늘 그의 사역을 하실 수 있다. 확실히 우리를 상한 채로 내버려 두시는 것은 예수님의 뜻이 아니다. 주님은 상한 마음을 고치시기 위해 오셨다(사 61:1). 중심에 통회하는 자를 구원하시기 위해 오셨다(시 34:18). 예수님은 우리를 오래도록 상한 채로 내버려 두지 않을 것이다.

하나님과 사람과의 화목은 회복을 간절히 원하는 사람의 심령이 깨어지고 회개할 때 쉽게 이루어진다. 죄는 모두 우리를 상하게 한다. 요셉은 다시 그를 버렸던 형제들을 만났고, 사도 바울은 예수를 부인했으며, 탕자의 아버지는 그의 아들을 잃었으며, 탕자 자신은 그가 얼마나 비참한 상황에 놓여 있는지를 깨달았다. 상함은 화목을 쉽게 만든다. 왜냐하면 사람들은 진정으로 회개하면 두려움이 사라진다는 것을 알기 때문이다. 회개한 이들의 마음엔 아무것도 감춘 것이 없기 때문이다.

나는 존 아노트가 연설을 했던 모임에 참석했다. 그는 예수님을 영접하고자 하는 모든 사람들에게 신앙고백의 시간을 주었고, 많은 사람들이 회개의 기도를 하기 위해 교회의 앞자리로 몰려들었다. 그러자 존 아노트는 그들에게 그를 올려다보라고 요구했고, 그 뒤를 이어 내 마음 깊은 곳에 감동을 주었던 이야기를 하기 시작했다. 그는 "이제 나는 당신들이 무언가를 하기를 원합니다. 나는 당신들이 집으로 돌아가서 예수님과 사랑에 빠지길 원합니다"라고 말했다.

새로이 그리스도인이 되기로 한 사람에게 얼마나 멋진 방법인가! 하지만 그것은 아마도 오래 믿은 우리를 위해서도 그렇지 않을까?

9장_ 다시 길 위에

어떤 사람들은 예수님이 십자가 상에서 죽으심을 당하셨을 때 이 세상의 모든 사람들이 어떠한 삶을 살았는지에 상관없이 죽은 후 모두 천국에 갈 수 있도록 모든 인류의 죄를 용서했다고 생각한다. 하지만 진실은 이곳 지상에서 그와 함께 교제한 사람들만 영생을 얻는다는 것이다. 그러한 교제를 위한 문은 '중생 또는 거듭남'이라고 불린다.

어떤 사람들은 세상을 떠나기 직전 예수님을 영접함으로 가까스로 천국에 들어갈 것이다. 또 어떤 이들은 예수님이 진리인 줄을 알고 있음에도 불구하고 여러 번의 기회가 있었지만 예수님께로 돌이키길 원하지 않았기 때문에, 그냥 그대로 그 자리에 남아 그렇게 살아 갈 것이다. 그들은 단순히 그들의 죄악 된 삶 속에 머물러 있기를 좋아하며 변화되는 것을 원하지 않는다. 또 어떤 이들은 병에 대한 내성을 조금씩 쌓아가듯이 복음에 대한 예방 접종을 함으로 결국 복음에 면역이 되어 그들의 마음이 아무런 영향도 받지 않는 경우도 있다. 또 어떤 이들은 삶의 문제들에 대해 하나님을 비난하며 그들의 경험에 의해 그들의 마음이 굳어져 가도록 스스로 방치해 둔다.

어떤 이들은 죄에 대해 치러야 할 대가가 필요함을 알지만, 회개의 수단이며 회개하는 마음의 열매인 통회(죄에 대한 깊은 슬픔을 의미)를 알지 못한 채로 대가를 치르기 위해 채찍질을 하거나 선행을 하기도 한다.

"하나님께서 구하시는 제사는 상한 심령이라 하나님이여 상하고 통회하는 마음을 주께서 멸시하지 아니하시리이다"(시 51:17).

이것이 바로 하나님이 받으시는 제물이다. 기억하도록 하자. 세리는 하나님 앞에서 의로울 수 없음을 깨닫고 회개하는 마음으로 하늘을 우러러보지조차 못하였다(눅 18:13).

한 초청 강연자가 어떤 교회에서 설교를 하고 있었는데, 설교 중간쯤 갑자기 하나님이 그에게 깨달음을 주셨다. 회중을 위한 메시지를 그에게 주시면서, 하나님은 그에게 "그들에게 말하라. 용서하지 않는 마음을 가진 자는 천국이 그들의 것이 아님이라!"고 말씀하셨다.

우리 모두는 이 경고를 두려움과 떨림을 가지고 마음에 새겨야 할 것이며, 하나님 앞에 우리 마음이 어떠한지 진지하게 가늠해 보아야 할 것이다.

우리는 스스로 마음속에 어떠한 것들을 허용하고 있는지 잘 살펴보아야 한다. 우리는 우리의 마음과 삶에 영향을 미칠 수 있는 것들을 받아들이거나 거절할 수 있는 힘이 있다. 예를 들어, 나는 종종 문제 있는 결혼이 예측 가능한 수순들을 밟는 것을 보아 왔다. 남편이나 아내 모두 결국에는 상대에 대한 처음의 믿음을 저버리고 자신의 마음이 방황하도록 내버려 둔다. 그들은 경계를 늦추고 안전장치를 내려 둔다. 하지만 별거를 할 때조차 상대방이 다른 관계를 찾으려 하지만 않는다면 늘 회복의 희망은 있다. 상대의 마음이 다른 사람과 엮이게 되면 관계 회복은 어렵다. 왜냐하면 그는 더 이상 회복을 원하지 않기 때문이다. 그의 마음이 이미 다른 사람을 받아들이고 떠나버렸기 때문이다.

이러한 방법으로 사탄은 우리 안에 있는 사랑이라는 하나님의 선물을 왜곡시킨다. 아이러니하게도, 사탄은 사람들이 "나는 사랑에 빠졌어. 어떻게 해야 하지?"라고 말하도록 하며, 결혼을 파괴시키기 위한 방편으로 사랑의 힘을 이용한다. 실제적으로 우리 마음의 문은 다른 사람이 들어오는 것을 즐거워하며 우리 자신에 의해 (사탄이 아니라) 열린다. 마음은 우리가 열고자 하는 것을 향해 문을 연다.

우리는 우리 자신의 마음을 제어하는 것을 연습해야 한다. 그렇지 않으면 우리의 마음이 우리를 지배하게 될 것이고, 그렇게 되면 우리는 우리 자신을 세상적인 쾌락과 오락에 내어주게 된다.

"모든 지킬 만한 것 중에 더욱 네 마음을 지키라 생명의 근원이 이에서 남이니라"(잠 4:23).

역행

그리스도인이 되고 몇 해가 지난 후 나는 첫사랑의 마음을 잃고 서서히 이전의 삶으로 돌아가기 시작했다. 나는 가라데(일본 무술)에 집착하기 시작했고, 일주일에 7일 밤을 연습했다. 다시 세속적인 일들에 노력을 기울임으로써 내 마음은 서서히 유혹을 받아들이고 있었다. 교회와 성도의 교제에 대한 열망은 약해졌고, 내가 여전히 나 자신을 그리스도인으로 부름에도 불구하고 내가 이전과 같은 삶으로 다시 돌아갔다는 것이 나를 만나는 모든 사람에게 너무도 명백해 보였다. 오랜 친구가 "롭, 다시 돌아와"라고 말하기 시작했다.

주님은 거의 1년 동안 나를 뒷걸음질치게 놔두시다가 마침내 주님은 그것을 깨뜨리셨다. 어느 날 밤, 나는 우리 집의 윤기가 흐르는 나무 마루 위에 서 있었다. 아래쪽을 내려다 보았을 때 나는 바짝 마른 건조한 땅에 있는 계곡에 두 다리를 벌리고 서 있는 사람처럼 내 두 발 사이를 따라 난 마룻바닥의 갈라진 틈을 발견했다. 갑자기 하나님은 나에게 "그게 바로 너야"라고 말씀하셨고, 계속하여 "넌 한 발은 하나님 나라에, 다른 한 발은 세상에 두고 있어"라고 말씀하셨다.

그리고 나서 주님은 내가 절대 잊을 수 없는 말씀을 하셨다.
"선택해!"

하나님은 내게 하나님과 세상 둘 중 하나를 선택하라고 말씀하고 계셨다. 주님이 내게 주신 그 도전에 대해 잠시 생각하자 내 주위를 둘러싼 모든 의식들이 희미해졌다. 그런 후 나는 하나님과 나 자신의 관계를 재정비하기를 원한다는 결단의 상징이라도 되는 것처럼 갈라진 틈의 한 쪽으로 설 수 있도록 한 발을 옮겼다. 마음속으로 나는 '주님, 저는 주님의 것입니다. 제가 무얼하길 원하세요?'라고 말했다.

그 후 내 인생에 많은 것들이 변하기 시작했다. 하나님은 내게 요구하시는 것이 무엇인지 분명히 말씀하셨고, 내가 해야 할 일은, 힘든 일이지만, 오직 순종이었다. 2주 후 주님이 다음의 구절을 통해 나에게 말씀하신 후 나는 가라데 수업을 그만 두었다.

"포학한 자를 부러워하지 말며 그의 어떤 행위도 따르지 말라"
(잠 3:31).

그 후 주님은 내게 머물고 있던 집에서 떠날 것을 요구하셨고, 아주 명확히 내 갈 길을 인도하셨다. 난 하나님이 REMA WORKS(지역사회에 봉사하며 방 몇 개를 빌려주는 단체)에 방을 얻기를 원하심을 알았다. 그곳에 가고 싶지 않았지만 난 그것이 하나님의 뜻임을 알았다. 그래서 난 순종할 것을 결심했고, 난 주저하며 네 개의 방 중 하나를 빌렸다.

난 그곳에 거주하고 있는 그리스도인들 중의 어느 누구와도 어울리지 않았다. 한 명은 컴백을 시도하고 있는 왕년의 스타였고, 또 한 명은 열성적인 사회사업가였으며, 또 다른 한 명은 카리스마적인 부활의 교리를 가지고 씨름하는 가톨릭 사제였다. 나는 그들과 교류할 수 없었고 그들을 보며 좀 이상한 사람들이라고 생각했다. 그들 또한 나에 대해 같은 생각을 가지고 있었으리라고 생각된다.

난 그곳이 너무 싫었기 때문에 어떤 구실만 생기면 그걸 핑계 삼아 되도록 집으로 돌아가는 것을 피하려 애썼다. 그럼에도 불구하고 그곳에 한 가지 장점이 있다면, 그것은 옆방의 맥도널드 씨였다. 왜냐하면 그 덕분에 나는 식사를 준비하지 않아도 되었기 때문이다. 밤에는 그곳에 머무르는 대신 난 종종 거리를 따라 걸으며 기도했다. 난 여러 시간을 기도하는 데 쓰곤 했고 하나님과 나의 관계는 다시 회복되어 갔다.

그 기간 동안 하나님은 프렌치포레스트(시드니의 한 동네)에 있는 'Christian and Missionary Alliance Church'에 가도록 나를 인도하셨다. 이전에 잠깐 동안이었지만 그곳에 가 본 적이 있었는데, 너무 지나치게 열성적이라는 느낌이 들어서 그곳에 다시 가고 싶지 않았다. 게다가 그곳에는 내 나이 또래의 성도가 거의 없었다. 주저하였지만 하나님께 순종하는 마음으로 그 교회에 가기 시작했고, 얼마 지나지 않아 내 나이 또래의 많은 좋은 사람들이 그 교회에 나오기 시작했으며, 젊은이들이 하나님에 대한 열정으로 불타오르는 것을 발견했다. 내가 나의 아름다운 아내를 만난 것은 바로 이 사람들을 통해서였다. 아버지는 가장 좋은 것이 무엇인지를 아신다.

회개

지금은 주님과 함께 있을 성자 해롤드 매더는, 예수님이 "하나님에게 다시는 죄를 범하지 말라"고 얘기하시지 않으셨음을 말하곤 했다. 예수님은 회개하라고 말씀하셨다.

"회개하라 천국이 가까이 왔느니라"(마 4:17).

열매를 맺는 회개는 하나님이 찾으시는 것이다. 오늘날 우리 교회의 예배에서 우리는 하나님을 배역하는 죄를 범한 사람들을 참된 회개 없이 용납함으로 하나님의 말씀을 별것 아닌 것으로 만든다. 그 결과 많은 사람들이 교회를 나선 후 몇 시간 후면 회개를 잊어버리고, 하나님 안에서의 참된 새 생명을 얻지 못하게 된다. 슬프게도 하나님 앞에서의 진정한 회개가 우리 시대와 세대에 결여되어 있다.

우리는 회개가 단순히 죄로부터 돌아서는 것이라고 들어왔다. 하지만 회개는 그 이상을 의미한다. 회개는 세 가지의 필수적인 요소를 포함한다. 즉 알고, 느끼고, 선택하는 것까지를 포함한다. 우리는 죄를 인식하고 싫어해야 하며 또한 부인해야 한다. 죄에 대한 자각 그 자체로는 회개가 아니다. 그것은 아마도 단순한 수용이거나 용인일 수도 있다. 죄에 대한 슬픔도 완전한 회개를 이루는 것은 아니다. 그것은 아마도 양심의 가책이거나 절망일 수 있다. 죄로부터 떠남(돌아서는 것)은 자신을 보호하거나 자만 이상 그 무엇도 아닐 수 있다. 죄로부터 돌아서는 것이 하나님을 향해 돌아서는 것은 아니다.

진실한 회개는 우리의 죄에 대한 하나님의 관점을 알고 하나님을 향해 반응하는 것이다.

우리는 마치 하나님께 받아들여질 수 있기라도 한 것처럼 자기 의라는 세속의 색으로 죄를 채색하며 끊임없이 우리 자신을 정당화한다. 우리는 스스로 하나님 앞에 깨어지려 하지 않는다. 왜냐하면 우리는 자신의 존귀함을 부여잡은 채 적당한 거리를 두고 머물러 있는 편을 택함으로 하나님의 정결한 빛 속에서 우리의 죄를 볼 수 있을 만큼 충분히 하나님께 가까이 가려 하지 않기 때문이다.

우리는 하나님은 사랑이라고 말하고, 그렇기 때문에 하나님이 죄를 대하실 때 조금은 부드럽게 다루실 거라고 가정한다. 물론 하나님은 사랑이시다. 하지만 하나님은 결코 죄에 대해 눈감지 않으신다. 회개하지 않은 사람에게는 무서운 결과가 임할 것이다.

> "그러므로 회개하라 그리하지 아니하면 내가 네게 속히 가서 내 입의 검으로 그들과 싸우리라 귀 있는 자는 성령이 교회들에게 하시는 말씀을 들을지어다"(계 2:16-17).

요한계시록에 기록되었듯이, 예수님은 일곱 교회들을 향한 편지를 통해 그리스도인들에게 말씀하고 계신다. 예수님은 그리스도인들에게 회개할 것을 경고하셨다. 우리는 이 말씀을 심각히 받아들이고 하나님의 은혜를 막연히 기대하지 말아야 한다. 그렇지 않으면 우리는 아마도 바리새인이나 위선자와 같은 동일한 결말을 맞게 될 것이다. 우리는 하나님 앞에 정직해야 한다. 가정/추정(presumption)이 믿음은 아니다. 그것은 종교적 위선일 뿐이다.

한 친구가 언젠가 내게 자기는 회개라는 개념을 좋아하지 않는다고 얘기했다. 그는 두려웠던 것이다. 나는, 밖에서 그것들을 들여다보면 그렇게 보일 수 있지만 회개는 불쾌한 경험이 아니라고 말하려 했다. 하나님의 은혜는 진정한 회개를 수반하며 그것이 바로 차이점을 만드는 것이다.

회개는 하나님의 용서를 깨닫게 될 때 느끼는 경건한 슬픔이며, 양심의 가책과 혼돈되어선 안 된다. 회개하는 마음에는 기쁨과 자유 그리고 해방과 죄의 씻음이 있다. 회개는 하나님께로 돌이켜 그의 탁월한 사랑과 축복을 아는 것이다. 회개는 죄에 대해 승리를 거둔 생명이며 자비이다. 회개는 가치 없는 영혼에게 주어진 가치 있는 감각이다. 그리고 그것은 전적으로 놀라운 일이다.

삭개오가 나무에서 내려왔을 때 그는 "내 소유의 절반을 가난한 자들에게 주겠사오며 만일 누구의 것을 속여 빼앗은 일이 있으면 네 갑절이나 갚겠나이다"라고 말하였고 예수께서는 이르시되 "오늘 구원이 이 집에 이르렀으니 이 사람도 아브라함의 자손임이로다"라고 말씀하셨다(눅 19:8-9).

예수님은 삭개오에게 구원을 주셨던 것이 아니다. 예수님은 그의 회개의 열매를 보셨고, 이미 약속하셨던 사실을 선언하신 것이다. 그는 하나님에 의해 용서받았고, 그리하여 그 결과로 그의 마음에 생명과 기쁨이 넘쳐났던 것이다.

고백

"만일 우리가 우리 죄를 자백하면 그는 미쁘시고 의로우사 우리 죄를 사하시며 모든 불의에서 우리를 깨끗하게 하실 것이요"(요일 1:9).

우리는 우리가 죄지은 사람에게 우리의 죄를 고백해야 할 때가 있고, 또 때로는 하나님께만 우리 죄를 고백하도록 제한해야 할 때가 있다. 우리는 항상 하나님 앞에 마음을 열고 정직해야 한다. 왜냐하면 위에서 인용한 구절 다음 구절에서 "만일 우리가 범죄하지 아니하였다 하면 하나님을 거짓말하는 이로 만드는 것이니 또한 그의 말씀이 우리 속에 있지 아니하니라"(요일 1:10)고 말하고 있기 때문이다.

우리는 항상 하나님 앞에서의 우리의 위치를 기억해야 한다. 우리는 오직 그의 은혜로 말미암아 구원받은 죄인들이다. 이것은 우리로 하여금 최초의 타락과 하나님의 끊임없는 은혜와 자비를 깨닫게 한다. 죄를 지을 가능성은 우리 안에 영원토록 존재한다. 오로지 하나님만이 의로우시다.

예수님은 하나님과 함께 동등됨을 취하지 않으시고 비천한 자로 그의 길을 걸으셨다. 심지어 예수님은 죽음에 이르기까지 복종하셨다. 타고난 본성상 우리는 하나님께 불순종이라는 죄를 지은 죄인임을 절대 잊으면 안 된다. 우리는 하나님께 순종함으로 그러한 우리의 본성으로부터 구원받아 왔고 지금도 구원받고 있다.

두말 할 것도 없이 죄는 아주 가벼운 유혹이나 자극으로 그 추한 머리를 추켜세우려 하며 늘 우리 모두의 가까이에 있다. 그러므로 우리는 절대 교만하거나 비판적이지 않도록 해야 한다. 우리는 항상 우리의 모든 죄를 고백할 준비를 하며 자신을 낮추어야 한다.

그리스정교의 몇몇 종파는 죄를 면제받기 위한 수단으로 사제에게 공개적인 고백을 하는 의식을 행한다. 하지만 몇몇 교구민은 그러한 수단을 그들의 양심을 깨끗이 하려 할 때만 사용한다. 그러한 경우 그들의 고백은 결코 하나님과의 관계를 회복할 수 없다. 그들이 잘못된 자유함을 느낄 수는 있겠지만 회복의 기쁨에 대해서는 결코 알지 못할 것이다. 그런 사람들은 오로지 죄의 진흙탕으로 다시 돌아가 눕기 위해서 또는 스스로의 짐을 덜기 위한 수단으로 고백을 사용한다.

"참된 속담에 이르기를 개가 그 토하였던 것에 돌아가고 돼지가 씻었다가 더러운 구덩이에 도로 누웠다 하는 말이 그들에게 응하였도다"(벧후 2:22).

우리는 죄에 대한 고백을 단지 깨끗한 양심을 갖기 위한 도구로 사용해서는 안 된다. 그보다 우리는 하나님 아버지와 함께하는 특권을 부여받은 자에게 합당한 자리에 있기를 소원하며, 우리 죄에 대해 가슴으로부터 우러나오는 애통함으로 반응해야 한다. 하나님께 대한 우리의 간구는 습관적으로 빠지는 죄로부터의 해방과 용서, 둘 다를 위한 것이어야 한다.

반복적으로 짓는 죄로부터의 해방을 위한 중보 기도의 도움을 얻기 위해, 신뢰하는 형제나 자매에게 끊임없이 우리를 따라다니는 죄에 대해 고백해야 할 때도 있다. 물론 나는 하나님보다 다른 누군가에게 우리의 숨겨진 죄를 고백한다는 것이 더 당황스럽다는 것을 이해한다. 하지만 그것은 그러한 죄로부터 벗어나고 싶은 우리의 의지를 하나님께 보여드리는 일이다. 우리 마음속의 나지막하고 작은 목소리에 주의를 기울이자. 하나님께서 우리의 길을 인도하실 것이다.

습관적으로 짓는 죄들

개인적인 죄, 일반적인 죄, 쉴 새 없이 따라다니는 죄, 숨겨진 죄, 성격상의 결함, 인간의 연약함 등 모든 파괴적인 속성들은 우리 모두의 마음속에 깊이 자리하고 있다. 하나님을 제외하고는 어느 누구도 선하지 않다. 인간의 선함조차 모종의 숨겨진 동기로부터 나올 수 있고, 또 이러한 죄들 중 어떤 것들은 죄가 자리잡은 곳을 인식조차 하지 못할 만큼 우리 영혼의 깊숙한 곳에 자리하고 있다.

하지만 하나님은 하나님과의 교제를 통하여 그것들을 파헤쳐 내신다. 하나님은 심중의 동기를 드러내시고 상처를 드러내시며, 그러고는 상한 곳을 싸매시며 고치신다. 결국 하나님의 부드러운 다루심에 의해 우리는 회개할 수 있고 그 죄들을 극복해 갈 수 있다. 우리는 하나님의 임재하심 속에 거할 때 비로소 하나님과의 새로운 관계로 옮겨 갈 수 있다.

"지존자의 은밀한 곳에 거주하여 전능자의 그늘 아래에 사는 자여, 나는 여호와를 향하여 말하기를 그는 나의 피난처요 나의 요새요 내가 의뢰하는 하나님이라 하리니 이는 그가 너를 새 사냥꾼의 올무에서와 심한 전염병에서 건지실 것임이로다"(시 91:1-3).

끊임없이 우리를 따라다니는 죄들은 우리가 극복할 수 없는 죄들이라고 표현할 수 있다. 그 죄들은 계속적으로 반복되며, 회개하고 용서를 구하는 일 또한 수없이 반복된다. 그러나 이것은 우리가 하나님보다 죄를 더 사랑하기 때문이며, 사실상 이런 죄들을 버리길 원하지 않기 때문에 일어나는 것이다. 죄는 우리의 일부분이며 우리에게 아주 익숙하다.

어떤 의미에서 우리는 우리를 유혹하는 죄가 보내는 신호를 따라 마치 오르락내리락하는 요요처럼, 그 죄들이 우리에게 즐거움을 주고 우리의 욕구를 채워 주기 때문에 우리는 그 죄들과 함께 살아 간다. 그것은 마치 우리가 롤러코스터를 타는 것처럼, 또다른 타락을 위해 하나님의 용서를 구하는 죄의 사이클에서 절대 빠져 나올 수 없는 것처럼 보인다.

오르락내리락 거리는 사이클과 같은 연약하고 변덕스러운 생각들은, 하나님 안에서의 우리의 바른 위치를 다시금 구하고 울며 기도하게 만든다. 우리는 참된 하나님의 양자로서의 위치를 회복하기를 간절히 바라며 속으로 신음한다. 하지만 만약 당신이 아직 완전한 자유를 얻지 못했다 하더라도 낙담하지 마라. 베드로의 "얼마나 많이 용서해야 할까요?"라는 질문에 대한 예수님의 대답을 기억해 보라.

"예수께서 이르시되 네게 이르노니 일곱 번뿐 아니라 일곱 번을 일흔 번까지라도 할지니라"(마 18:22).

예수님은 490번이라는 의미로 말씀하신 것이 아니라 용서는 끝이 없다는 것을 말씀하신 것이다. 예수님은 용서하고자 하는 우리의 노력이 마치 하나님이 우리를 용서하시고자 하셨던 것처럼 무제한적이어야 한다고 말씀하신 것이다.

난 당신이 당신 자신의 죄 된 모습을 받아들이지도 말고 또 포기하지도 말 것을 강권한다. 하나님 아버지는 모든 방편들을 통하여 우리를 회복하기를 원하신다. 하나님은 땅이 천국의 이슬로 젖을 수 있도록 적당한 시간을 기다리신다. 그런 다음 '죄의 씨들'이 떨어진 땅을 부드럽게 하신 후 그것들을 땅에서 부드럽게 뽑아내신다. 이처럼 적당한 때를 기다림으로 하나님은 죄의 씨가 땅에서 더 이상 다시 자라나지 않도록 뿌리를 제거하신다. 하나님은 죄를 만드는 씨들을 전부 뽑아내실 것이며, 우리는 자유하게 될 것이다.

친구이자 멘토인 밀턴 스미스는 "하나님은 그의 뜻을 가지고 계신다……난 할 수 없다……하나님은 하실 수 있다……하나님은 하실 것이다"라고 말하고는 했다.

마치 우리의 삶이 끝장났다고 느껴질 때 비로소 하나님이 우리 안에서 일하기 시작하실 때가 이른 것이다. 우리에게 필요한 가지치기와 잘라내기를 하시도록 하나님께 우리 자신을 내어드릴 때 하나님과 우리 사이에 연합이 있을 것이다. 우리가 아버지께로 가까이 다가갈 때, 우리는 진실한 빛 가운데에서 늘 우리를 따라다니는 죄들을 볼 수 있을 것이고, 하나님이 그러하신 것처럼 우리도 그 죄들을 혐오하게 될 것이다. 우리는 하나님이 그러하신 것처럼 그러한 죄들을 미워하는 법을 배움으로써 그 죄들을 우리의 발 아래에 던지기 시작할 것이다. 그렇게 함으로써 우리는 이 세상에서 그러한 죄들을 극복해 갈 것이다.

"이기는 그에게는 내가 내 보좌에 함께 앉게 하여 주기를 내가 이기고 아버지가 보좌에 함께 앉은 것과 같이 하리라"(계 3:21).

요한계시록에, 새로운 왕국의 담 바깥에 남겨진 자들은 두려워하는 자와 거짓말쟁이, 믿지 아니하는 자, 흉악한 자, 살인자, 우상숭배자, 행음자 그리고 술객들이 될 것이라고 기록되어 있다(계 21:8). 나는 항상 두려워하는 자가 왜 다른 사람들처럼 그런 끔찍한 운명을 맞게 되었는지 항상 궁금했다. 두려움에 떠는 겁쟁이는 살인자나 믿음 없는 자와 같은 그런 심각한 죄의 범주에 속한다고 보지 않았기 때문이다. 하지만 난 두려워하는 자들은 거인들을 무서워했기 때문에 약속의 땅에 들어가지 못했던 사실을 기억해냈다.

"그와 함께 올라갔던 사람들은 이르되 우리는 능히 올라가서 그

백성을 치지 못하리라 그들은 우리보다 강하니라 하고"(민 13:31).

두려워하는 자들은 전쟁에 나가기를 두려워하며, 밖으로 드러나 보이는 희생 때문에 순종하지 않으려고 하는 자들이다. 그들은 하나님이 그들과 함께함에도 불구하고 그들의 적이 너무 강하다고 생각하며 적과 싸우기를 거부한다.

하지만 강한 정신력의 소유자인 갈렙과 여호수아는 "우리가 곧 올라가서 그 땅을 취하자 능히 이기리라"(민 13:30)고 했다. 전쟁에 자원하는 자들은 진정한 하나님의 자녀로서의 능력을 깨달을 것이다. 그들은 적들이 던진 유혹의 화살을 물리치며 세상을 이기고 승리를 얻을 것이다.

"생각하건대 현재의 고난은 장차 우리에게 나타날 영광과 비교할 수 없도다"(롬 8:18).

그 거인은 바로 지속적으로 찾아오는 우리의 개인적인 죄들이다. 즉 여러 가지 이유로 인해 맞닥뜨리고 싶지 않은 죄들이다. 아마도 당신은 "그들은 나에겐 너무나 강해. 난 그들을 이길 수 없어. 난 이미 수백만 번이나 시도해 봤지만 늘 실패했어"라고 말할 것이다. 하지만 지금이 당신이 다윗처럼 "이 할례 받지 않은 블레셋 사람(거인)이 누구이기에 살아 계시는 하나님의 군대를 모욕하겠느냐"(삼상 17:26)라고 말할 때이다.

시냇가로 내려가서 고무총을 만들기 위해 돌들을 모아야 할 때이다. 거인들의 조롱을 단호히 물리쳐야 할 때이다! 다윗은 골리앗을 보았을 때 스스로에게 말하기를 '저 거인은 너무 커! 어떻게 내가 이길 수 있지?' 라고 했다. 하지만 사실상 그는 '저 거인은 너무 커! 내가 어떻게 피할 수 있지?' 라고 생각했어야 한다. 어쨌든 그는 돌을 힘껏 던졌고, 결국 승리했다.

해결되지 않은 죄들을 향해 겁쟁이는 항복하거나 평화 협정을 맺음으로 죄와 더불어 함께 살아갈 수 있다. 죄들 또한 같은 땅에 자리 잡고 사는 것에 개의치 않는다. 하지만 그 '거인들'은 우리의 구원을 위한 약속의 땅에서 살 권리가 없다. 우리가 세상 사람들에게 위선적으로 보임으로써 하나님의 이름을 망령되이 한다면 우리는 평화라는 말을 받아들여서는 안 된다. 선과 악이 우리 속에 함께 거하도록 방치해서는 안 된다. 지금은 우리가 방패를 꺼내 들고 칼을 뽑아들어야 할 때이다. 지금이 바로 전쟁을 위한 시간이며, 우리를 위한 승리의 시간인 것이다.

그러한 싸움은 우리의 영혼을 연단할 것이다. 우리는 죄의 패배를 보며 예수님 안에서 승리를 맛볼 것이다. 우리는 사탄이 하늘로부터 추락하여 떨어지는 것을 볼 것이며, 주님과 함께 의기양양하게 승리를 기뻐할 것이다. 그리고 우리는 적들을 발 아래 둔다는 것이 어떤 것인지, 우리에 대한 대가가 무엇이든 상관없이 그 기쁨의 영광을 체험할 것이다.

적이 일단 패배하고 난 후 그 추한 거인들이 다시는 반격해 오지 않도록 늘 경계해야 한다. 늘 하나님의 품안에 숨어, 이곳 지상에서 방심하지 않고 하나님과 함께 거해야 한다. 그것은 힘든 일이 아니다. 왜냐하면 만일 하나님을 위한 우리의 사랑이 진실하다면 우리는 우리 속에 있는 무수한 성격적 결함을 통해서가 아니라 정말 하나님이 어떤 분이신지를 세상에 나타내 보이고 싶을 것이기 때문이다.

자신을 용서하는 것

하나님이 우리를 사랑하시며 온전히 받아들이심을 알기 때문에 우리는 우리 자신을 용서할 수 있다. 우리는 마음속에 회복된 거룩한 존엄성을 가지게 될 것이며 하나님이 우리와 함께 동행한다는 것을 앎으로 우리는 시온 성의 높은 언덕을 걸을 것이다. 우리는 그의 변함없는 은혜에 붙잡힐 것이다.

"가난한 자를 진토에서 일으키시며 빈궁한 자를 거름더미에서 올리사 귀족들과 함께 앉게 하시며 영광의 자리를 차지하게 하시는도다"(삼상 2:8).

환경이나 가족의 특성은 강제적으로 부여받은 것일 뿐 아니라 우리 자신이 그 어떠한 선택도 할 수 없었다는 점에서 볼 때, 인생은 참 불공평해 보인다. 우리는 그냥 우리 자신일 뿐이며 선천적으로 내재되어 있는 죄들이 우리에게 달라붙어 있음을 볼 때 거기에는 달리 빠져나갈 방법이 없어 보인다. 하지만 이것들 또한 우리의 죄로 깨달아야 하며, 그것들은 항상 우리의 부모님이나 조상을 비난하며 탓할 것이 아니라 우리 자신이 소유한 것임을 알아야 한다. 그 죄들에 대해 변명하거나 정당화해서는 안 된다. 카운슬링은 그 뿌리를 밝혀 낼 수는 있지만 그것들을 제거할 수는 없다.

그렇다면 우리는 어떻게 이러한 죄로부터 빠져나올 수 있을까? 답은 똑같다. 즉 우리는 하나님께로 달려가야 하며, 하나님께 가까이 거해야만 한다는 것이다. 그곳에서부터 하나님은 우리의 발을 열린 감옥문으로 이끄실 것이며 우리를 기다리는 자유를 향해 이끄실 것이다.

> "너희는 마음에 근심하지 말라 하나님을 믿으니 또 나를 믿으라 내 아버지 집에 거할 곳이 많도다 그렇지 않으면 너희에게 일렀으리라 내가 너희를 위하여 거처를 예비하러 가노니 가서 너희를 위하여 거처를 예비하면 내가 다시 와서 너희를 내게로 영접하여 나 있는 곳에 너희도 있게 하리라"(요 14:1-3).

앞의 구절은 대개 우리가 죽은 후 유업으로 받게 될, 하늘에 있는 우리의 거처를 언급하는 것으로 해석된다. 이것은 적합한 해석이기는 하지만 거기에는 또 다른 의미가 있다. 즉 죽음이 끝이 아니라 새로운 생명으로 다시 태어난다는 것이다. 죽음이라 불리는 장애물이 더 이상 우리와 천국을 분리하는 것이어서는 안 된다. 사실상 예수님이 말씀하신 이 '거처, 즉 천국'은, 우리가 죽어서 가게 될 천국뿐 아니라 여기 우리가 살고 있는 이 땅의 처소에도 동일한 영향을 미친다. 예수님은 하나님과의 친밀함에 대해 얘기하셨고 이것이 바로 우리가 천국을 미리 맛보며 사는 것이다.

우리가 천국에 갔을 때 저택이나 수영장, 고급차나 더러운 일을 대신해 줄 하인 같은 또 다른 형태의 물질적인 것들을 소유하게 되리라고 믿는 것은 상식적이지 않다. 예수님은 하나님과 함께 살 우리의 거처에 대해 말씀하셨다. 우리는 기도를 통해 하나님 아버지와 친밀한 교제를 이루어 감으로 이곳 지상에서 이러한 처소로 이미 들어가기 시작했다. 하나님은 우리가 그리스도를 닮아가기 시작하며 변화됨으로써 이곳 지상에서 우리의 보물이 되신다.

아직 성숙하지 못한 그리스도인으로서 우리 중 몇몇은 정신병자 수용 시설에 수용되어 있는 한 교회 성도를 방문하기 위해 정신병자 수용 시설에 갔다. 그런 곳은 사탄에 의해 속박당한 많은 사람들로 가득 찬, 슬프기도 하고 우울하기도 한 곳이다. 그곳에 있는 동안 정신적인 문제라고는 조금도 없어 보이는 한 여인과 대화를 나누게 되었다.

그녀는 멋진 남편과 아이들이 있었다고 내게 얘기했다. 하지만 그녀는 다른 남자와 사랑에 빠짐으로 죄의 올무에 걸렸다. 그녀는 자기 스스로를 용서할 수 없었다. 나는 그녀에게 예수님을 통한 하나님의 용서에 대해 얘기하기 시작했다. 그녀는 자신의 죄가 용서받았음을 안다고 대답했다. 하지만 그녀는 "예수님은 죄의식이 아니라 죄를 용서하기 위해 죽으셨죠"라는 이유를 대며 죄의식을 품고 살고 있었다! 난 그녀의 대답에 어리둥절했다.

아직 미숙한 그리스도인으로서 나는 뭐라 대답해야 할지 몰랐기에 난 그녀의 상황에 적용할 수 있는 적절한 성경 구절을 생각해 낼 수 없었다. 그녀는 깊은 자책에 빠져 있었고 그녀가 만든 고통에 대해 스스로를 용서하지 못했다. 사탄은 그녀를 함정에 빠뜨렸고, 그녀는 그녀가 치러야 할 징벌로서 스스로를 정신적으로 불안정하게 방임하며 스스로를 향해 정죄를 가함으로 그녀 스스로 자신에게 재판관이 되었으며 배심원이 되었다.

기도 후 난 그녀를 도울 수 없다고 생각하며 그곳을 나왔다. 난 가끔 그러한 기회를 한 번 더 가질 수 있기를 바라 왔다. 난 예수님이 우리의 죄를 용서하고 또한 우리의 죄책감을 없애기 위해 죽으셨다고 말할 것이다.

"네 악(guilt)이 제하여졌고 네 죄가 사하여졌느니라"(사 6:7).

"내가 그들을 내게 범한 그 모든 죄악에서 정하게 하며 그들이 내게 범하며 행한 모든 죄악을 사할 것이라"(렘 33:8).

하나님은 우리의 모든 더러움을 깨끗하게 하시며, 우리를 의롭다 여기시고, 우리에게 존귀의 옷을 입히시며, 그 자신에게로 우리를 회복시키신다. 우리 자신을 용서하는 데 있어 가장 중요한 부분은 하나님이 우리를 먼저 용서하셨다는 사실을 깨닫는 것이다. 만약 하나님이 우리에게서 죄를 거두어 가셨다면 왜 우리는 우리 자신을 사탄이라고 말하며 다시 죄책감 속으로 되돌아가야 할까?

"동이 서에서 먼 것같이 우리의 죄과를 우리에게서 멀리 옮기셨으며"(시 103:12).

화난 마음

교회에 다녀온 어느 주일 날, 난 우리 교회의 한 젊은 성도와 비교적 사소한 문제에 대해 심각한 의견 차이를 보였다. 유감스럽게도 논쟁은 좀 과열되었고 그 결과 난 매우 화가 난 상태로 집으로 돌아왔다.

난 여전히 날 분노하게 만드는 그 문제를 가지고 습관대로 다음 날 아침 기도하러 갔다. 난 죄를 짓지 않았고 모든 잘못은 그 젊은 성도에게 있노라고 되뇌이며 스스로를 정당화하고 하나님 앞에 앉았다. 이 일은 며칠이나 계속되었다! 한 주 정도 시간이 흐른 후 조금씩 안정을 찾기 시작했지만, 그래도 모든 잘못은 내가 아니라 그 젊은 성도에게 있다고 생각하며 하나님 앞에서의 나의 입지를 확고히 했다. 난 분명히 옳았고 그 문제에 대해 나 자신을 되돌아 보려는 생각조차 하지 않았다.

시간이 조금 흐른 후 하나님은 나를 다루기 시작하셨다. 먼저 하나님은 화를 내는 것으로 그 성도에게 반응한 일에 대해 지적하셨다. 그런 후 하나님은 만일 내가 바벨론 시대의 왕이라면 나 또한 격노함을 품고 행동할 것이며 사드락, 메삭 그리고 아벳느고의 풀무불을 지필 것이라고 얘기하시며, 나의 분노는 앞선 세대로부터 전해져 온 것임을 내게 보여주셨다.

  화는 단지 더 깊이 내재해 있는 어떤 것들을 덮고 있는 표면적인 감정일 뿐이다. 내 경우 분노는 교만과 자존심과 어떤 상황을 지배하고자 하는 데에서 기인한 것들이었다. 그 후 주님은 내 마음속 보다 깊은 곳에 숨어 있는 낮은 자존감, 외로움, 영혼의 상처, 끝나지 않은 사춘기, 알지 못한 가슴속 눈물, 거부 그리고 마음 깊이 자리잡은 수줍음 등을 드러내 보여주셨다. 이것들은 모두 어떤 조그마한 사건이 어떤 식으로든 통제를 잃게 되었기 때문에 그 모습을 드러내게 된 것이다.

  이 이야기의 목적은 달성되었다. 우리의 분노를 정당화할 수 있다 하더라도, 우리의 그런 부정적인 반응은 사실상 표면적인 문제가 아니라 하나님의 손길을 필요로 하며 마음속 깊은 곳의 어딘가에 숨겨 왔던 또 다른 문제의 한 줄기일 뿐일지도 모르며, 우리는 하나님 앞에서 이러한 마음속 깊이 감추어져 있는 것들을 인식하고 깨달음으로 변화해 가야 한다. 우리는 우리 자신을 용서하는 것을 배워야 할 뿐 아니라 하나님과의 교제를 통해 변화되어야 한다.

  말할 필요도 없이, 이것을 깨달은 후 나는 스스로 겸손하여졌고 내 행동에 대해 회개하며 그 젊은 친구에게 편지를 썼다. 자신을 겸비하게 하는 일은 정말 어려운 일이다. 하지만 그는 나를 너그러이 용서했고 우리는 결국 서로를 용서했다.

  어떠한 죄가 분출될 때 우리는 우리 자신의 책임을 알고 우리의 죄가 하나님을 거스르는 것임을 깨달아 하나님 앞에 회개해야만 한다. 우리가 죄지을 때 그 죄를 목격한 비신자가 말하길 "그 사람이 그리스도인이래!"라고 말하게 함으로 우리는 비신자 앞에서 하나님의 이름을 모욕하며 명예를 실추시킨다.

우리는 우리의 아버지 되신 하나님이 우리의 죄를 씻겨낼 때 우리 자신을 용서해야 하며, 다시는 어떤 식으로든 아버지의 이름을 망령되이 일컫지 않고자 하는 소원을 가지고 우리 자신을 해방해야 한다.

우리 자신을 향해 용서하지 못하고 있음을 보여주는 것들에는 죄책감, 부끄러움, 상심, 자기 비판, 자의식, 자애 그리고 분노 등이 포함된다. 이러한 감정과 생각들은 우리를 하나님께 나아가도록 자극하며 하나님과 이야기할 수 있도록 한다. 하나님은 이 모든 것을 해결하실 수 있는 유일한 분이시다. 우리는 어떤 특정한 죄에 대해 하나님이 먼저 용서하신 게 아니라면 우리 자신의 죄에 대해 절대 변명을 해서는 안 된다.

하나님에 대해 추측하지 말자. 하나님이 우리를 다루신 후에라야만(그 전이 아니라) 우리는 우리 자신을 향한 용서의 명령에 자유로이 응할 수 있다. 하지만 하나님이 용서하시고 나면 우리는 우리가 누구이든, 무엇을 했든, 우리 가족의 내력이 무엇이든 또는 우리가 어떤 사람이 되도록 우리 자신을 허용했든지 우리는 우리 자신을 용서해야만 한다.

아마도 당신을 향해 저질러진 몇몇 극악무도한 죄는 당신이 그 죄를 발생하게 하는 원인 제공을 전혀 하지 않았음에도 불구하고 당신으로 하여금 자신을 비난하게 할 수 있다. 그리고 당신은 자신을 더럽다고 느끼며 어떤 식으로든 책임이 있다고 생각할 수 있다.

모든 종류의 폭력이나 학대는 당신에게 잘못된 죄책감이나 부당한 수치심을 야기하기도 한다. 사람들은 갖가지 종류의 일들로 인해 모욕당할 수 있다. 그것들은 성적으로, 가혹한 심문으로, 잘못된 책망으로 또는 육체적으로 그리고 심적으로 공격을 당함으로써 생길 수 있다. 그것들은 여러 가지 다양한 방법으로 이루어지며 학대당할 수 있다.

 죄책감은 죄의 직접적인 결과이다. 그것은 우리가 행한 어떤 특정한 행동에서 기인한 무엇인가이다. 다른 말로 하면, 우리는 우리가 했던 말이나 행동에 대해 죄책감을 느끼는 것이다. 그것은 우리의 행위에 따른 것이다. 반대로, 수치심은 우리의 존재 자체나 가치와 연관된 무엇이다. 수치심은 어떤 사람이 가치없다고 선언하는 것이며, 그것은 우리 마음 깊은 곳에 존재한다.

 하나님 앞에서의 정직함이 그 열쇠이다. 하나님께 그것에 대해 얘기하라. 하나님은 오직 하나님만이 하실 수 있는 방법으로 그것들을 해결해 주실 것이다. 하나님의 영은 그 상황에 빛을 비추시고 자유하게 하실 것이다. 당신이 하나님 앞에서 깨끗하다는 것을 알게 되면 하나님은 자신의 방식으로 당신을 확신시키실 것이고, 그런 다음 당신은 자신에게서 죄책감과 수치심을 떠나보내기 시작해야 한다. 죄책감이나 수치심은 용서받은 영혼에 함께해서는 안 된다.

 우리 자신을 용서하는 또 다른 방법을 살펴보자. 우리 자신을 용서하는 것은 오직 한 가지 주요한 깨달음에 달려 있다.

"만일 하나님이 우리를 위하시면 누가 우리를 대적하리요"(롬 8:31).

만일 하나님이 우리를 용서하신다면, 만일 하나님이 우리를 받아들이신다면 우리는 우리 자신을 받아들일 수 있다. 이것은 우리의 죄책감이나 수치심을 정당화하는 수단이 아니다. 실제적으로 우리가 용서받았고 우리 자신이 받아들여졌다는 느낌은 우리가 마음을 열 수 있고 완전히 정직해질 수 있는 하나님과의 교제를 통한 시간을 통해 흘러나온다. 간단히 말해, 만일 하나님이 우리를 좋아하시면 우리는 우리 자신을 좋아할 수 있다. 그러면 우리는 잠잠해야 할 수치심과 죄책감을 일으키는 마음의 교활한 목소리를 다룰 수 있다.

용서하는 마음을 유지하기

용서하기 위해 필요한 한 가지가 있다. 곧 우리 마음속에 살아 숨 쉬는 용서라는 태도를 유지하기 위해 필요한 것이 있다. 하나님 아버지와의 지속적이고도 개인적인 관계를 끊임없이 유지함으로 하나님의 뜻에 순종하는 일은 다른 사람을 용서하기 위해 반드시 필요한 일이다. 실제로 이것은 기도와 성경을 읽는 것을 의미한다.

우리 모두는 매일 용서하는 마음을 가지고 사는 법을 배워야 한다. 그리고 오직 하나님의 영만이 그러한 마음을 유지해 가도록 하실 수 있다. 그래서 예수님은 우리에게 "우리가 우리에게 죄지은 자를 용서한 것같이 우리 죄를 용서하시옵소서"라고 매일 기도하도록 가르치셨던 게 아닐까?

몇 해를 거치며 나는 용서하는 마음을 늘 품으며 살아갈 수 있도록 도움을 받고자 몇 차례의 강의를 들었다. 그 강의들을 통해 난 내가 늘 죄인임을 기억할 때 용서하기가 쉽다는 것을 알게 되었으며, 또한 그것들을 통해 나를 향한 하나님의 구원과 용서에 대한 깊은 감사함을 배우게 되었다. 내가 그리스도인이라는 이름을 가지고 있음에도 불구하고 난 늘 그릇되이 반응하여 왔음을 안다.

하지만 난 늘 하나님 앞에 제대로 회개하길 원한다. 나는 그분처럼 되길 원하고, 그래서 난 용서하는 마음을 실천하기 위해 노력한다. 난 여전히 실패할 때가 많다. 하지만 하나님은 늘 나를 위해 그곳에 계신다. 나는 용서를 실천하는 과정을 통해서 그분을 더 많이 알게 되었고, 어떠한 상황에도 불구하고 그분의 성품을 닮기 위해 배움으로써 하나님께 더 많이 감사하게 되었다.

우리는 우리가 무엇으로부터 구원받았는지를 깨닫고 하나님 앞에 겸손한 태도로 용서의 마음을 품고 살아야만 한다. 만약 그의 구원의 은혜가 없었다면 내가 지금 어디에 있을지 정말 알 수 없다. 그곳은 아마도 좋은 곳은 아닐 것이다. 난 지금 내가 어떤 모습인지 알고 또 내가 어떤 모습이었는지도 안다. 내가 그리스도인이 되기 이전 내가 걸었던 길은 나를 수렁으로 이끌었다. 하지만 이제 그 길은 밝게 빛나며, 나아가면 나아갈수록 더 환해질 것 같다.

용서의 마음을 품고 산다는 것은 하나님을 향해서나 다른 사람을 향해서 악의를 품지 않음을 의미한다. 우리가 기도 중 하나님 앞에 나아갈 때 우리는 하나님의 훈계, 자극, 가르침을 받기 위해 마음을 열고 용서하지 못한 것들을 고백하여야 한다. 용서의 마음을 품고 산다는 말은, 우리가 하나님의 은혜에 의해 구원받은 죄인일 뿐이라는 사실과 하나님의 용서라는 경이로움 속에 있음을 의미한다.

지금 이 순간에 거하라. 천사들은 천국에서 '속죄의 노래'를 부를 수 없다(예를 들어, 개인적인 구원에 대해 하나님을 찬양하는 노래들). 왜냐하면 그들은 죄를 경험해 본 적이 없기 때문에 마음으로 속죄의 온전함에 대해 감사하지 않는다. 한편 우리는 범죄와 반역을 경험해 왔고, 사실상 모든 진실이 밝혀진다면 우리 마음의 훨씬 많은 부분이 더 깊은 곳에 자리잡고 있는 죄에서 기인한다는 사실을 알게 될 것이다.

우리가 죄를 깨닫고 죄를 지을 그 어떤 가능성으로부터 돌이켜 예수님께로 나아간다면 우리는 예수님에 의해 붙들림을 당하게 될 것이다(순간순간마다). 우리가 마지막 순간 천국에서 하나님 앞에 서게 될 때, 우리 구원의 심오함이 얼마나 위대한 것인지를 깨달으며 우리는 즐겁게 '속죄의 노래'를 부를 것이다!

우리가 만일 용서하려는 태도를 유지하려고 한다면 그것은 오로지 하나님과의 교제를 통해서만 가능하다. 우리를 거스르는 죄들 중 어떤 것들은 너무나 끔찍해서 잊어버리기 불가능한 것일 수도 있다. 하지만 우리는 우리의 삶을 파괴하고 망쳐 놓은 사람을 축복할 것을 선택함으로 매일매일 용서를 실천할 수 있다. 이것은 쉬운 일은 아니다. 하지만 우리는 매일 반복되는, 곧 우리에게 죄 지은 자를 비판하고자 하는 생각들과 우리의 본성을 자극하고 상처들을 떠오르게 하는 생각들에 아랑곳하지 않고 용서하는 것을 연습해야만 한다.

오랜 속담 중에 "시간이 모든 상처를 치료한다"는 말이 있다. 많은 상처들이 어떤 촉매제로 또다시 반응을 이끌어내기까지 휴면이란 상태로 잔재해 있다 하더라도 이 말 속에는 모종의 진리가 담겨있다. 잔재한 상처들은 모든 것이 제대로 해결된 것은 아니라는 일종의 표시이다. 우리가 어떤 문제에 대해 반응할 때 우리는 여전히 하나님이나 다른 사람 혹은 둘 모두와 그 문제들을 통해 해결해야 할 것이 있음을 이해해야 한다.

어떤 사람이 우리에게 죄를 짓자마자 바로 그들을 용서하기는 어려울 수도 있다. 종종 우리는 기도 중에 하나님께 그 문제를 놓고 맡기며 조금의 시간을 기다려야 한다. 그러면 하나님은 우리 속의 상처들을 통해 온화하게 일하실 것이다.

일반적으로 용서가 필요한 사람들에게 설교할 때 '용서'와 '잊는다' 라는 용어를 함께 사용한다. 잊는 것보다는 용서하는 것이 더 쉽다. 왜냐하면 사탄은 우리의 마음속에 그러한 상처들을 끊임없이 불쑥불쑥 떠오르게 하기 때문이다. 그렇다면 우리는 어떻게 하여야 잊을 수 있을까? 그건 전혀 불가능할 것 같아 보인다! 왜냐하면 우리를 거슬러 지은 죄의 기억이 우리에게 상처를 남겼기 때문이다.

이 상처가 있는 자리가 바로 하나님이 저주를 축복으로 바꾸는 자리이다. 우리 마음은 그 사건에 대해 계속적으로 반응할 수 있다. 하지만 하나님의 말씀은 집요하게 공격해대는 우리의 마음보다 강하시다. 그러한 공격이 올 때 우리는 예수님이 광야에서 하셨던 것과 같은 방법으로 그것들과 싸워야 한다. 우리는 하나님의 말씀으로 응수해야 한다. 단순히 어떤 구절들이 아니라 그 전쟁의 시간에 우리의 마음에 속삭이는 성령님을 따라야 하는 것이다. 살아 역사하시는 하나님의 말씀은 아주 강력한 효과를 낼 것이다.

그러한 말씀의 역사는 하나님의 도움을 구하는 간절한 눈물의 호소가 아니라면 아마도 일어나지 않을 것이다. 하지만 우리가 하나님의 도우심을 간절히 구한다면 사탄의 공격은 줄어들 것이고 하나님의 확실한 임재와 함께 승리가 넘쳐날 것이다. 우리는 아마도 이 전쟁에서 완전히 승리할 때까지 여러 번 반복해서 싸워야 할지도 모른다. 이렇게 힘든 시간을 보내는 동안 친구나 가족의 도움이 필요할지도 모른다.

우리는 외딴 섬이 아니다. 우리가 승리할 때마다 우리는 강해질 것이다. 우리가 겪는 전쟁들은 하나님의 영광을 향한 발걸음이 될 것이며 우리는 그것들을 느낄 수 있을 것이다. 우리는 사탄을 우리의 발 아래 두고 짓밟기 시작할 것이다.

내 아내 헬렌 그리고 두 아이 안나와 팀과 함께 나는 용서에 대해 달리 큰 걱정을 할 필요가 없다. 그들은 아름다운 마음을 가졌고, 가족들 간의 사랑이 죄를 보지 못하게 하기 때문에 조그마한 죄들은 그냥 간단히 눈감아 준다.

"사랑은 허다한 죄를 덮느니라"(벧전 4:8).

때로는 공적인 용서를 위한 절차가 필요하지 않을 때도 있다. 중요한 것은 관계이다. 우리는 서로를 사랑함으로 우리 사이에 어떠한 거리낌도 없음을 확신하려고 노력한다.

"노하기를 더디하는 것이 사람의 슬기요 허물을 용서하는 것이 자기의 영광이니라"(잠 19:11).

그렇기는 하지만 난 내 아내나 아이들에게 용서를 구해야 할 때가 있다. 당신은 아마도 아버지로서 내가 아이들 앞에서 너무 스스로를 낮추지는 말아야 한다고 말할지도 모른다. 하지만 아버지로서의 겸손은 아이들과 나 사이의 관계를 진실하게 만들어 준다. 아버지로서 나의 권위가 용서를 구하는 일로 훼손되기보다는 오히려 강화된다. 나의 권위는 하나님께로부터 온다. 우리 아이들의 순종은 결과를 두려워해서가 아니라 사랑을 바탕으로 한 우리 관계로부터 나오는 것이다.

용서하는 마음을 유지해 나가기 위해서 우리는 하나님과의 교제 속에 살아가야 한다. 이렇게 함으로써 우리는 쉽게 죄를 짓지 않게 된다. 이것이 바로 성경이 말하는 성령 안에서 행하는 것이다. 그리하면 만일 죄가 우리를 유혹한다 하더라도 죄 가운데 빠지는 것을 막을 수 있다. 왜냐하면 우리가 하나님의 은혜로 충만해 있어 들러붙지 않는 일종의 코팅 방어막을 가진 그리스도인이 되기 때문이다.

용서는 죄가 우리의 마음에 들어오도록 허용한 후 우리에게 필요한 하나의 수선 작업으로 여겨질 수도 있다. 하지만 성령 안에서 걷는 편이 더 낫고, 죄를 보지 않는 편이 낫다. 그렇지 않다면 예수님이 "다른 쪽 뺨을 대라"고 말씀하신 것처럼 하는 편이 낫다.

오랜 속담을 빌리자면 "어둠을 저주하는 것보다 한 개의 촛불을 밝히는 것이 더 낫다. 이것은 우리로 하여금 용서하지 못하게 유혹하는 음성의 끊임없는 공격으로 인하여 용서하기 힘든 상황에 대해 우리가 어떻게 대처할 수 있는지에 대한 진리를 담고 있다. 예수님은 우리에게 우리를 핍박하는 자를 위해 기도하고(마 5:44) 우리를 저주하는 자를 위하여 축복하라고(눅 6:28) 말씀하셨다. 우리가 용서해야 할 사람을 위해 축복의 기도를 하는 것이 바로 속담에 있는 그 초에 불을 밝히는 것이다.

일단 용서하고 나면 우리는 우리의 마음과 생각을 지켜야 한다. 우리에게 죄지은 사람들을 계속 떠올림으로써 우리 스스로를 그곳에 머무르도록 허락해서는 안 된다. 우리는 그들을 용서했고, 우리의 정죄로부터 그들을 멀리 떨어뜨렸다!

마찬가지로 우리 자신을 용서한다는 관점에서 볼 때도 우리는 과거의 실수를 다시 파헤치려는 유혹에 대항하며 용서가 견고히 뿌리 내리도록 해야 하며, 과거의 실수들을 극복하고 우리 자신을 찾아야 한다. 그것은 마치 우리 소유의 조그마한 땅을 팔아 소유권을 넘겨주었을 때 그 땅의 새 주인이 "출입 금지"라는 푯말을 세워 두는 것과 같다. 그것은 더 이상 우리 땅이 아니며, 그곳에 들어갈 수 있는 권리를 박탈당하게 된다.

10장_ 하나님과의 교제

한 위대한 성경 교사는 "인생에 있어 가장 중요한 우선순위는 하나님을 알아가는 것이며, 영원한 가치를 가진 모든 것은 바로 하나님을 아는 것으로부터 비롯된다. 진리란 우리가 알 수 있도록 주어지는 것이 아니라 삶에 있어서의 적용을 통해 자라는 것이다. 우리가 하나님과 교제할 수 있도록 변화하는 것이 아니라 하나님과의 교제로 인하여 변화되는 것이다"라고 말했다.

용서와 교제는 서로 손을 맞잡고 함께 간다. 사람들 사이에 사랑이나 교제가 있는 곳이면 어디든지 용서를 실천해야 할 필요가 있다. 상처와 오해는 우리 모두가 서로 다르기 때문에 늘 일어나게 마련이다. 우리 모두는 다양한 사고방식을 가지고 있고 또한 다양한 삶의 경험들을 가지고 있다.

회개라는 선물은 하나님께로부터 처음 흘러나오기 때문에, 우리가 용서에 대해 얘기할 때 하나님과 우리의 교제 현황은 무엇보다 중요한 척도가 된다. 용서하는 마음은 용서받은 영혼의 열매이기 때문이다.

하나님은 우리가 그의 영광에 이르기에 부족함을 아시기에 우리를 향하여 늘 용서를 베푸신다. 반대로, 우리는 어떤 것들에 대해 하나님을 용서해야 할까? 가끔은 하나님을 용서해야 한다고 말하는 게 이상해 보인다. 아니, 엉뚱해 보인다. 어찌되었든 하나님은 죄를 짓지 아니하시며 그분에게서 어둠이란 찾아볼 수 없다.

"그가 하신 일이 완전하고 그의 모든 길이 정의롭고"(신 32:4).

그럼에도 불구하고 용서해야 할 무엇이 있단 말인가?

인간이기 때문에 우리가 하나님의 뜻을 이해한다는 것은 어려운 일이다. 따라서 우리는 우리에게 일어난 불행으로 인하여 하나님의 발 앞에서 원망을 쏟아놓는다. 하나님은 그러한 불행들이 발생하는 것을 멈추게 할 수 있음에도 불구하고 그리하지 않으신다. 그러나 사실상 그러한 문제들에 숨겨져 있는 진실은, 이 세상에 있는 모든 악은 사탄의 통치의 결과이며 또한 우리 각 사람 안에 거하며 내재하고 있는 죄를 지을 가능성의 결과이다. 예수님을 인하여 사탄의 통치는 그 마지막을 보게 될 것이다. 세상에서와 우리 각자 모두에게서 말이다.

그렇다. 하늘에 계신 우리 아버지는 악이 계속되도록 허락하신다. 왜 그러한 악을 허락하시는지 우리의 제한된 생각과 마음으로 이해하기에는 역부족이다. 우리는 단지 믿을 뿐이며, 하나님의 거룩한 산 모든 곳에서 어느 누구에게도 해 됨도 상함도 없을 것임을 알 수 있다(사 11:9). 하나님은 인간과 함께 사신 예수 그리스도의 사역을 통하여 이곳 지상에 천국을 이루어 가시는 중이다.

하나님의 뜻은 두 가지로 구별해 볼 수 있다. 절대 주권적인 뜻(perfect will)과 임의적인 뜻(permissive will)이다. 하나님의 절대 주권적인 뜻은 오직 우리가 예수님의 모습에 부합하거나 우리가 하나님과 완벽하고 온전한 교제에 이를 때에야 비로소 현실이 될 수 있다. 예수님은 우리에게 기도 중에 이것을 구하도록 가르치셨다. "당신의 뜻이 하늘에서 이루어진 것같이 땅에서도 이루어지이다."

그것은 우리 그리스도인이 걸어가는 길의 완벽함과 하나님에 대한 우리의 완전한 회복을 말한다. 이 지상에 죄가 계속되도록 허락하시는 하나님의 목적과 의도는, 어느 날엔가 우리가 그분의 완전하신 뜻(perfect will) 속에 거할 거라는 것이다. 때때로 우리는 아주 탁월한 그리스도인의 삶을 통해 그것을 살짝 엿볼 수는 있지만 우리로서는 어쨌든 그렇게 되기 위한 과정 중에 있으며, 그의 신부된 우리가 스스로 준비를 마치는 그날까지 우리는 아마도 흠 없는 완벽함을 보진 못할 것이다.

반면, 하나님의 임의적인 뜻(permissive will)이란 이 지상과 그 거주민들이 미리 정하신 하나님의 법에 따라 살아가도록 허락하신 것이다. 하나님은 언제나 우리가 예수님이 보이셨던 본보기를 따라 우리 매일의 삶을 통하여 그의 완전하신 뜻이 성취될 수 있도록 세상이 성숙되기를 기다리신다. 어느 날엔가 천국은 하나님의 완전하신 뜻이 이곳에서 평범한 일이 됨으로 지상에 그 영향력을 미칠 것이다. 간단히 말해 기도는 결국 전체 지구와 지구인에게 영향을 미치게 되며, 우리의 삶에 상호 변화를 가져오게 하는 과정이다.

"내가 천국 열쇠를 네게 주리니 네가 땅에서 무엇이든지 매면 하늘에서도 매일 것이요 네가 땅에서 무엇이든지 풀면 하늘에서도 풀리리라"(마 16:19).

우리는 성경을 통해 예수님이 모든 종류의 고통과 병에 맞서 싸우셨다는 것을 알고 있다. 그리고 우리는 예수님을 통해 일하시는 하나님 아버지의 마음을 알 수 있다.

"내가 아버지 안에 거하고 아버지께서 내 안에 계심을 믿으라 그렇지 못하겠거든 행하는 그 일로 말미암아 나를 믿으라"(요 14:11).

하나님은 우리가 사랑하는 사람을 잃게 하시지 않으며 장기적인 질병을 앓도록 하시는 분이 아니시며, 당신이 믿고 있는 누군가에 의해 깊디깊은 상처를 입도록 만드시는 분도 아니시다. 당신을 절망하도록 하는 것은 그분의 뜻이 아니다. 하지만 그런 일은 어쨌든 일어난다. '간혹'이란 말도 하나님이 그러한 일의 원인 제공자가 아니라는 것을 이해하기에는 충분하지 않은 말이다. 돌려 말하면, 하나님은 그러한 일을 시작하시는 분이 아니라 멈추게 하시는 분이라는 것이다.

하나님이 하나님 자신을 신뢰하라고 우리에게 요구하신 이유와 우리가 아름다우신 하나님에 대해 배워 왔던 것을 기억해야 할 이유가 바로 여기에 있다. 하나님은 "나는 마음이 온유하고 겸손하니"(마 11:29)와 "누구든지 나로 말미암아 실족하지 아니하는 자는 복이 있도다"(마 11:6)라고 말씀하셨다.

난 항상 하나님을 원망하지 않으려고 노력한다. 원망은 절대 좋은 방법이 아니다. 욥에게 나쁜 일이 닥쳤을 때 그가 하나님을 원망하지 않았다는 것을 기억하도록 하자. 하지만 만일 피할 수 없다면 우리의 원망을 정직하고 숨김없이 하나님 앞에 내어놓아야 한다. 우리가 우리의 진실한 마음과 감정들을 하나님 앞에 솔직히 내어놓음으로써 우리는 하나님과 우리의 교제를 참되게 만들 수 있다.

하나님과 단둘이

몇 해를 지나오면서 기도하던 중 나는 개인적으로 날 향한 하나님의 사랑에 감사하게 되었다. 난 기도 중 하나님의 임재 속에서 이러한 사랑을 경험했다. 하나님이 거하시는 정말 아름다운 곳에 들어갔을 때 난 어느 누구도 그곳에 올 수 없다는 것을 알았다. 그곳은 개인적이며 비밀스러운 만남의 장소이며, 내가 느끼는 그 사랑과 아름다움은 오직 하나님과 나 사이에 있는 것임을 발견했다. 어느 누구도 그 사랑을 경험할 수 없으며 하나님과 함께하는 나의 공간에 들어올 수 없다.

물론 하나님은 수많은 자녀들이 있으시며 각 사람은 하나님에게 특별하다. 이것은 당신이 기도 중에 하나님 아버지와 만나는 매

시간이 다른 어느 누구도 아닌 오직 당신과 하나님 둘만의 시간임을 의미한다.

나의 생각을 하나님 아버지와 함께 얘기할 수 있음을 아는 것은 정말 대단한 일이다. 나는 때때로 내 상처받은 마음과 슬픔으로 아버지의 가슴을 아프게 할 때도 있다. 내가 내 마음속 깊은 곳에 있는 상처와 깊숙이 묻혀져 있던 분노를 드러낼 때조차 아버지는 나무라지 않으심을 안다. 그는 우리의 아버지 되시며 우리를 사랑하시며 이해하신다. 우리는 그의 사랑에 감사해야 한다. 그렇지 않으면 우리는 이처럼 지나치게 버릇없이 굴게 된다. 경솔히 행하지 않도록 하자. 그분은 하나님이시다.

분노나 원한을 극복하기 위해 기도할 수 있도록 우리 자신에게 충분한 시간을 할애해야 한다. 우리는 마음으로부터 그러한 감정들을 떠나보내야 한다. 하나님은 그것들을 극복하게 하기에 충분하신 분이다. 우리는 분노를 극복해야 하고, 모든 일의 맨 밑바닥에 자리잡고 있는 상처 받은 마음을 내려놓아야 한다. 이것이 바로 우리가 하나님과 함께해야 할 일이다. 하나님은 우리에게 그것들을 설명하여 주시고 자유롭게 하시며 우리 영혼에 평화를 가져다 주신다.

하지만 하나님과 함께하는 사적인 헌신의 시간이 때로는 조금은 지나치다 싶으리만큼 고요하다. 이 시간들은 하나님의 영을 따라 사는 하루가 되도록 우리 자신을 준비하는 시간이어야 한다. 그리하면 어떤 상황을 만날 때 예수님과 같은 마음으로 반응하게 될 것이다. 하지만 너무도 자주 나는 잠에서 완전히 깨어나지 못한 채로 아래층 지하 저장실(내가 기도하는 곳)로 가곤 한다.

　난 하나님의 생명으로부터 나온 마음을 가지고 하나님 앞에 간다기보다 매일의 걱정들이나 해야 할 일들을 생각하며 나 자신의 생각을 즐길 때도 있다. 기도를 시작할 때조차 나는 하나님께서 나로 하여금 살게 하신 그 아름다운 곳에 들어가는 것에 실패하거나 그 동기를 잃어버리기도 한다. 하나님의 임재가 있는 곳은 아주 멋진 곳이지만 얼마나 자주 그곳에 들어가지 못하는지!

　하나님은 항상 우리와 함께하시며 결코 우리를 떠나지 아니하신다. 하지만 하나님의 임재에 대한 우리의 인식과 하나님을 즐거워함은 우리의 육적인 본성에 의해 저해될 수 있다. 난 우리의 삶에 하나님의 은혜, 하나님의 임재를 끌어내는 은혜를 받기 위한 몇 가지 실천 방법들을 배웠다. 이러한 은혜를 받기 위한 방아쇠(난 그것들을 이렇게 부른다)는 기도 중이나 묵상 중 하나님께로 가까이 나아가는 데 도움이 되는 '방편'으로 사용될 수 있다. 이 방법 가운데 하나 혹은 그 이상을 마음의 상태에 따라 적용해 볼 수 있다.

1. 회개
2. 겸손
3. 자기 부인
4. 순종
5. 고통
6. 찬양과 감사
7. 성경 읽기와 예배

8. 하나님 기다리기

9. 기도

10. 일시적인 것과 영원한 것

11. 하나님과 동행하기

많은 책들이 위 각각의 주제들에 대해 썼지만, 난 오로지 성령의 임재를 가져오며 그에 따르는 은혜를 가져오는 데 도움이 될 만한 상대적으로 가치 있는 것들을 강조하기 위해, 각 주제에 대한 간단한 글들을 여기 소개한다.

1. 회개

우리는 본래, 예수 그리스도 안에 있는 믿음과 사망으로부터의 회개를 통하여 하나님을 알기 위하여 왔다. 열린 마음과 하나님은 거룩하시며 공의로우신 분이심을 믿는 일과 우리가 성령의 임재 속에 거하기 위해 필요한 것은 오직 예수님의 보혈이라는 사실을 늘 기억하는 것이, 우리가 아버지 되신 하나님께로 가기 위해 지속적으로 해야 할 일 중 하나이다.

우리는 절대 예수님의 보혈 아래 우리가 지은 죄를 회개하는 것이 아닌 다른 어떠한 방법으로 하나님께 갈 수 있을 거라고 추정해서는 안 된다. 항상 공적인 기도를 우리의 죄를 아뢰는 것으로 시작하는 것은 좋은 연습 방법이다. 우리 모두는 매일 하나님 앞에 죄를 고백해야 할 필요가 있다. 하나님의 빛이 우리에게서 멀리 떨어져 있다면 우리는 우리에게 붙어 있는 아주 교묘한 죄들을 볼 수 없다. 오직 하나님이 가까이 계실 때에만 우리는 우리의 죄들을 명확히 볼 수 있다.

회개는 하나님의 영광과 은혜를 가져온다. 감히 눈을 들어 하늘을 우러러보지도 못하고 가슴을 치며 "하나님이여 불쌍히 여기소서 나는 죄인이로소이다"라고 말했던 세리를 기억해 보라.

"내가 너희에게 이르노니 이에 저 바리새인이 아니고 이 사람이 의롭다 하심을 받고 그의 집에 내려갔느니라 무릇 자기를 높이는 자는 낮아지고 자기를 낮추는 자는 높아지리라 하시니라"(눅 18:13-14).

"내가 너희에게 이르노니 이와 같이 죄인 한 사람이 회개하면 하나님의 사자들 앞에 기쁨이 되느니라"(눅 15:10).

2. 겸손

하나님을 구하는 일은 항상 겸비함으로 시작한다. 하나님 앞에서 우리에게 합당한 위치인 겸비함 말이다.

"하나님을 가까이하라 그리하면 너희를 가까이하시리라"(약 4:8).

우리는 거만한 태도나 마음의 교만함을 가지고서는 하나님께 가까이 갈 수 없다.

"하나님이여 나를 살피사 내 마음을 아시며 나를 시험하사 내 뜻을 아옵소서 내게 무슨 악한 행위가 있나 보시고 나를 영원한 길로 인도하소서"(시 139:23-24).

하나님은 우리의 겸비함을 원하신다. 하나님은 항상 탕자를 향해 달려가신다. 하나님은 옷과 반지, 신발 그리고 두 팔을 활짝 벌려 먼지투성이의 길을 내려갈 준비를 하시고 망루에 서 계신다.

겸비함은 하나님 앞에 우리의 위치를 깨닫게 한다. 하나님이시고 절대자이시며 지존자이신 하나님 앞에 나아가는 특권이 얼마나 엄청난 것인지를 깨닫기 전에 우리는 하나님 앞에 함부로 입을 열어서는 안 된다. 우리는 먼지로부터 왔고 먼지로 돌아가게 될 것이다. 주의 이름을 송축하라!

하나님 앞에 우리는 먼지와 같다. 또한 우리는 하나님의 자녀이다. 하지만 우리가 먼지와 같음을 알고 그가 당신을 들어올리고 높이시도록 해야 한다.

위대한 하나님의 사람인 밀턴 스미스가 그의 집 마룻바닥에서 주님 앞에 엎드려 기도할 때 하나님은 그에게 말씀하셨다.

"밀턴, 무슨 냄새가 나느냐?"

밀턴은 "먼지 냄새입니다"라고 대답했다.

그러자 주님은 "기억하거라, 그게 바로 너이니라"고 하셨다.

이런 태도로 하나님께 다가갈 때 큰 축복이 임한다.

3. 자기 부인

아브라함과 롯의 집안에 문제가 발생했을 때 그들은 서로 각자의 길을 가기로 결정했다. 그 두 사람은 높은 지대로 올라갔고, 아브라함은 롯에게 먼저 거할 곳을 선택하도록 양보했다. 소돔을 향한 땅은 푸르고 잎이 무성하였다. 반대쪽 땅은 황폐한 땅이었다. 롯은 비옥하여 양을 치기 좋은 계곡을 선택함으로 좋은 땅을 택했다.

롯이 떠나고 아브라함이 언덕에 서서 홀로 사막을 쳐다보며 서 있는 모습을 우리는 상상할 수 있다. 롯은 자신을 위해 최선의 것을 선택했고 아브라함은 롯이 그러하리란 것을 알고 있었다. 아브라함이 그곳에 서서 건조하며 먼지가 이는 사막을 보고 있었을 때 하나님은 그에게 이렇게 말씀하셨다.

"내가 네 자손이 땅의 티끌 같게 하리니 사람이 땅의 티끌을 능히 셀 수 있을진대 네 자손도 세리라"(창 13:16).

아브라함이 롯에게 베푼 은혜를 보셨을 때 하나님은 자신의 은혜로 아브라함에게 응답하셨으며, 지금 이 시간까지도 계속될 놀라운 번영의 약속으로 축복하셨다.

자기 부인, 자비 그리고 의로운 행동은 우리로 하여금 하나님의 임재를 더 잘 깨달을 수 있도록 한다.

4. 순종

3장의 릭의 레코드 이야기를 기억해 보라. 하나님이 나타내 보이신 뜻에 대한 순종은 릭의 인생에 하나님의 축복을 가져왔다. 그의 순종은 목사나 성경적 진리나 교리에 대한 것이 아니었다. 그는 단순히 그의 마음속에서 말하는 조용하고도 작은 목소리를 따랐을 뿐이었다. 우리는 하나님이 원하시는 것이 무엇인지 알지만 순종하고 싶지 않을 때가 있다. 하지만 순종이야말로 진정 우리가 나아가야 할 유일한 길임을 알고 그의 인도하심을 따라야만 한다.

오랜 속담 중에 "우리는 머리가 아니라 마음이 원할 때 우리의 의무를 충실히 수행할 수 있다"는 말이 있다. 성경은 순종과 사랑을 분리하지 않는다. 그것들은 서로 대체될 수 있는 것으로 간주된다.

"너희가 나를 사랑하면 나의 계명을 지키리라······나의 계명을 지키는 자라야 나를 사랑하는 자니······"(요 14:15, 21).

순종은 하나님을 향한 우리 사랑의 표현이지만, 때로는 하나님이 우리에게 요구하시는 무엇인가가 우리가 원하지 않는 것일 수도 있다.

지금은 영광 가운데 있지만 이전 위대한 성자였던 한 분은 "그리스도인의 삶은 쉽다. 그냥 듣고 순종하면 되는 것이다"라고 말하곤 했다. 하나님은 업적에 대한 크기가 아니라 순종에 대하여 상급을 주신다. 하나님은 그가 주신 사명을 이루게 하기 위해 사용할 수 있도록 은혜도 함께 주시기 때문에 오직 순종이 필요할 뿐 이다.

때늦은 순종은 단지 불순종을 감추는 것일 뿐이다. 순종할 것을 택하는 것은 하나님의 도우심을 불러오며 또한 하나님의 임재가 함께할 것이다.

5. 고통

고통은 좋아할 만한 주제는 아니다. 하지만 예수님의 고통을 나누는 사람은 죄의 속박에서 풀려날 것이다(벧전 4:1). 고통은 아마도 오해, 박해 또는 당신의 경건한 태도에 반하는 인간 본성의 맹공격을 견뎌내는 것을 의미할 수 있다. 고통은 우리가 팔을 벌려 환호하며 달려갈 수 있는 것은 아니다.

> "나로 말미암아 너희를 욕하고 박해하고 거짓으로 너희를 거슬러 모든 악한 말을 할 때에는 너희에게 복이 있나니 기뻐하고 즐거워하라 하늘에서 너희의 상이 큼이라"(마 5:11-12).

이상하지만 하나님의 뜻에 따른 고통에는 기쁨이 있다. 고통의 한복판에서 의지할 곳이 아무 데도 없기 때문에 우리는 온전히 우리 자신을 하나님께 내어드리게 되며 하나님께로 가까이 나아갈 수밖에 없다. 그때 우리는 신실하신 하나님을 발견한다.

"여호와의 이름은 견고한 망대라 의인은 그리로 달려가서 안전함을 얻느니라"(잠 18:10).

나는 많은 그리스도인들이 고통으로부터 넘쳐나는 놀라운 은혜 때문에 하마터면 그들이 당하는 고통이 계속되기를 바랄 뻔했다는 말을 들어 왔다. 고통과 은혜는 신성과 인성 둘 속에 나뉠 수 없이 서로 연결되어 있다.

6. 찬양과 감사

하나님은 그의 백성들의 찬양 속에 거하신다. 예수님의 이름을 우리 마음속에 높일 때 성령님은 우리에게 오신다. 성령님은 재림의 약속이 성취될 때까지 이곳 지상에 남겨지셨다. 성령님은 예수님의 이름을 찬양하는 곳에 그의 은혜를 더하기 위해 오시는 것이다.

우리는 하나님께 노래를 부르는 것으로 또는 노래에 나오는 의미심장한 시나 구절을 읽으면서 경배드릴 수 있다.

감사 역시 경배와 예배의 한 형태이다.

"범사에 감사하라 이것이 그리스도 예수 안에서 너희를 향하신 하나님의 뜻이니라"(살전 5:18).

우리는 좋을 때나 나쁠 때나, 축복을 받을 때나 시험을 받을 때

나 모든 상황에서 하나님께 감사하여야 한다. 이것은 성경의 위대한 진리 중 하나이지만 때로 그것은 과소평가되기도 한다. 바꾸어 말하면 상황이 하나님께 대한 우리의 감사를 좌지우지하도록 내버려 두면 안 된다. 하나님과의 연합으로 들어갈 수 있도록 우리를 위해 열어 놓으신 경건이라는 문을 발견하게 될 것이다.

"우리가 알거니와 하나님을 사랑하는 자 곧 그의 뜻대로 부르심을 입은 자들에게는 모든 것이 합력하여 선을 이루느니라"(롬 8:28).

삶의 고난과 어려움이라 할지라도 그것들은 우리에 대한 하나님의 목적을 이루시는 방편이 될 수 있다.

7. 성경 읽기와 묵상

하나님께로 더 가까이 나아가고자 성경을 읽고 기도를 하는 것은 좋은 실천 방법 가운데 하나이다. 하나님의 말씀을 묵상하는 것을 배우고 우리 영혼의 양식으로 말씀을 먹음으로 우리에게 생명의 양식이 되는 것 같다.

"사람이 떡으로만 살 것이 아니요 하나님의 입으로부터 나오는 모든 말씀으로 살 것이라"(마 4:4).

최근 나의 딸 안나는 주님이 자기에게 보여주신 무엇인가 때문에 완전히 흥분해서 내 사무실로 달려 들어왔다. 안나는 어떻게 하면 하나님께 대한 그녀의 열정을 유지할 수 있는지에 대해 계속 주님께 물어 왔고, 주님은 성경에 대해 묵상하는 것이 무엇인지 그 개념을 그녀에게 보이셨다. 그것은 단순히 성경을 읽는 문제가 아니다. 우리는 우리 영혼을 위한 음식처럼 그 말씀들을 소화 흡수해야 한다.

안나는 요한복음 10장을 공부해 왔고, 하나님 앞에서 그 말씀들을 씹고 또 되씹어 아주 많은 개인적인 계시들을 받았으며, 마침내 그녀는 세 개의 구절에 대한 세 페이지 분량의 계시들을 기록했다. 묵상은 계시와 발견, 하나님과의 친밀감을 느끼며 드리는 온전한 예배와 경배를 가능하게 한다.

"주의 말씀은 내 발에 등이요 내 길에 빛이니이다"(시 119:105).

좋은 묵상을 위한 서적들은 우리의 마음을 하나님의 것에 초점을 맞추도록 도와주며 우리로 하여금 성경을 읽고 기도하도록 준비시킨다. 종종 나는 기독교 묵상집 한 페이지를 읽는 것으로 나의 QT(Quiet Time)를 시작한다. 그것은 마치 화염을 타오르게 하는 불씨와 같다.

8. 하나님을 기다리는 것

기도 중 하나님의 임재를 기다리며 우리는 도움이 오는 곳인 그의 성산을 향해 기대하는 마음을 가지고 하나님 앞에 앉는다. 그를 향하여 얼굴을 들고, 거룩한 침묵이 우리 영혼을 덮을 때 우리 마음은 그를 향해 나아간다. 그럴 때는 하나님이 우리 가까이 오셨음을 느끼게 된다. 그런 후 우리는 하나님을 향한 찬양을 속삭이듯이 '거룩한 예배'를 드릴 수 있다. 또 어떤 때는 그의 빛 속에 잠기어 고요 속에서 하나님의 부드러운 인도하심을 받을 수도 있다.

> "실로 내가 내 영혼으로 고요하고 평온하게 하기를 젖 뗀 아이가 그의 어머니 품에 있음 같게 하였나니 내 영혼이 젖 뗀 아이와 같도다"(시 131:2).

때로는 주님과 함께하는 시간을 위하여 어둠 속에서 주님이 우리를 깨워 주시기를 기다려야 한다. 놀라운 은혜는 주님의 부르심을 기대하며 기다리는 자들에게 임한다.

또한 하늘로부터 내려오는 만나를 받기 위해 하나님 앞에 마음을 정결히 하는 매일매일의 기도 속에서의 헌신된 기다림도 있다. 어쨌든 이런 시간 동안 우리는 매일의 걱정과 기쁨을 주시하며 방황하는 생각들을 밀어내야 할 수도 있다. 우리는 "내가 하는 모든 건 다 잘못된 거야"라는 비난하는 마음을 밀어내야 한다. 우리는 하나님의 고요하고 작은 음성을 듣기 위해 하나님을 흉내 낸 목소리들을 분간하여 잠잠하게 해야 한다. 그분이 말씀하실 때 은혜는 바위에서 꿀이 흐르듯이 흘러넘칠 것이다.

9. 기도

기도 그 자체는 하나님의 영을 움직이는 수단이다. 만일 우리 마음이 차갑다면 기도의 영을 구하며 기도해야 한다고 말할 때 좀 이상하게 들릴 수도 있다. 하지만 그럴 수 있다. 만일 우리가 은혜를 원한다면 설사 그것을 느낄 수 없다 하더라도 기도를 시작해야 한다. 하나님은 우리의 음성을 듣기를 즐겨 하시며, 오래지 않아 하나님은 우리 기도 중에 우리와 함께하실 것이다. 마음속으로 하는 기도가 아니라 목소리도 함께하는 기도 방법, 즉 큰소리로 외치며 기도하는 것도 좋은 시작 방법이다. 하나님은 기도하는 우리의 영혼 위에 오시기를 지체하지 않으신다.

어떤 이는 기도자를 벼랑 끝에 아슬아슬하게 매달려 있는 사람으로 묘사하기도 한다. 우리는 손으로 쥘 곳과 발디딜 곳을 찾아 헤맨다. 그러고는 꼭대기에 닿아 아침 태양 아래 설 때까지 계속해서 또 다른 발디딜 곳을 찾아 더 높이 올라간다.

어떤 특정한 문제에 대해 우리의 영혼이 평안, 곧 믿음으로 말미암는 평안에 이를 때까지 계속해서 기도하라는 것이 바로 "쉬지 말고 기도하라"(praying through)라고 불리는 기도의 개념이다. 그 평안은 우리의 기도가 응답될 것이고 또한 우리가 구하는 것이 무엇인지를 아는 지식으로부터 온다. 그곳에는 더 이상 싸움이 없다. 아마도 우리는 즉각 그런 수준에 이르지 못할 수도 있다.

하지만 거기에 바로 믿음의 본질이 있다. 우리 주변 사람들을 통해 성취된 그 어떠한 증거들을 아직은 볼 수 없을지라도 그것은 반드시 성취될 것이다. 그것이 바로 하나님을 알고 천국을 보게 되는 감동적인 기도이다.

10. 일시적인 것과 영원한 것

아침에 거울을 보면 난 거울 속에서 한 늙은 남자와 마주하고 있다. 이전 거울 속에서 나를 바라보던 그 젊은이의 얼굴에 무슨 일이 생긴 걸까? 내 마음은 아직도 여전히 젊다. 하지만 내가 느끼는 것처럼 실제 외관상의 나는 그렇게 젊어 보이진 않는다! 내 얼굴에 있는 주름들은 내가 이 세상에 한시적으로 살고 있다는 사실을 증거한다. 그리고 내가 있는 이곳은 더 이상 나를 기억하지 않을 것이다. 난 사라져버릴 것이다!

난 이 문제에 대해 깊이 숙고하는 시간을 가졌다. 그러고는 하나님 앞에서 살아 있을 날들을 계산하기 시작했다. 이것이 바로 분별 있는 사고이다. 어떤 사람들은 이러한 생각이 좀 병적이라고 생각할 수 있다. 하지만 이러한 생각은 하나님 앞에서의 내 위치를 깨닫게 하는 데 도움을 준다.

"여호와여 나의 종말과 연한이 언제까지인지 알게 하사 내가 나의 연약함을 알게 하소서"(시 39:4).

이러한 생각들은 아마도 하나님이 영원하시다는 생각과 균형을 이루지 못한다면 우울한 일이 될 것이다. 그런 다음 난 내가 구원 받았다는 사실을 생각하기 시작한다! 난 예수님이 날 위해 행하신 일로 영원한 존재가 되었다. 이 사실이 나로 하여금 진정 중요한 것, 영원한 가치를 가지는 것이 무엇인지를 보는 데 집중할 수 있도록 해준다.

그러고는 난 하나님과 하나님의 영광의 경이로움에 대해 깊이 생각하는 시간을 가진다. 난 하나님의 보좌 주위에서 수천 수만의 예배를 행하는 것을 본다. 난 그 무리들 바로 뒤쪽에서 영광 속에 있는 나 자신을 본다. 그리고 난 내 아버지가 나를 향해 따라오라고 손짓하는 것을 본다. 난 장로님들이 하나님의 보좌 앞에 그들의 면류관을 들어 올리는 바로 그곳까지 올라간다.

내가 그곳에 있는 것은 오직 예수 그리스도의 보혈 때문임을 깨닫는다. 그리고 난 고요한 경외심과 경배의 마음으로 그의 보좌 앞에 엎드리어, 그곳에서 하나님이 날 선택하셨다는 너무나도 경이로운 사실 앞에 기쁨의 눈물을 흘린다!

11. 하나님과 동행하기

우리가 하나님과 동행함으로 우리는 하나님의 친구가 될 것이며, 하나님은 우리가 알지 못하였던 깊이 숨겨져 있던 것들을 드러내실 것이다. 예수님은 말씀하셨다.

"너희는 내가 명하는 대로 행하면 곧 나의 친구라 이제부터는 너희를 종이라 하지 아니하리니 종은 주인이 하는 것을 알지 못함이라 너희를 친구라 하였노니 내가 내 아버지께 들은 것을 다 너희에게 알게 하였음이라"(요 15:14-15).

토저(A.W. Tozer)가 말하길 "만일 우리가 기도 중 듣고자 하는 태도를 취하지 않는다면 살아 있는 개인적인 체험으로 하나님을 만날 수 없을 것이다"라고 했다.

하나님은 우리가 하나님 가까이 오기를 원하신다. 하나님께 가까이 나아갈 수 있는 방법은 고요한 경외심을 가지고 하나님을 기다리며 기도 중에 하나님을 만나는 것이다. 매우 자주 우리는 기도 중에 우리의 모든 소망과 간구들을 쏟아내기에 급급하여, 그날 하루를 위한 하나님의 임재나 인도를 감지하지도 못한 채 짧은 시간만을 남겨 둔 채 기도를 마무리한다. 기도는 하지만 하나님을 만나지는 못한다.

또한 우리는 말은 하지만 상호 교류는 하지 못한다. 하나님을 기다리는 법을 배워야 한다. 이것은 시간이 필요한 일이며, 우리 영혼 속에 울려 퍼지는 모든 세속적인 것들을 대항하는 지속적인 노력과 하나님의 고요하고도 세밀한 음성을 들을 때까지 계속적으로 하나님께 집중하려는 노력이 필요하다. 하나님의 음성은 생명을 가져오며 우리의 영혼을 먹이신다.

QT 시간 동안 난 천국의 식탁에 앉아 그곳에서 하나님과 함께 식사하는 경험을 하기 시작했다. 난 "그가 나를 인도하여 잔칫집에 들어갔으니"(아 2:4)라는 구절을 기억했다. 하나님은 그곳에서 그로부터 듣고 배우며 대화하도록, 그의 임재하심 속에 들어오도록 나를 기다리며 부르셨다.

하지만 난 사업과 가정의 문제들을 해결하느라 바빴다. 내가 순종하지 않고자 한 것은 아니었다. 단지 내 마음이 "더 중요한 문제"에 매여 있었을 뿐이었다. 내가 하나님께 가까이 나아가려고 노력했음에도 불구하고 나는 이러한 일시적인 문제들에 대해 생각하고 있는 나 자신을 발견했다.

성경은 말한다.

"이르시되 어떤 사람이 큰 잔치를 베풀고 많은 사람을 청하였더니 잔치할 시각에 그 청하였던 자들에게 종을 보내어 이르되 오소서 모든 것이 준비되었나이다 하매 다 일치하게 사양하여 한 사람은 이르되 나는 밭을 샀으매 아무래도 나가 보아야 하겠으니 청컨대 나를 양해하도록 하라 하고 또 한 사람은 이르되 나는 소 다섯 겨리를 샀으매 시험하러 가니 청컨대 나를 양해하도록 하라 하고 또한 사람은 이르되 나는 장가들었으니 그러므로 가지 못하겠노라 하는지라"(눅 14:16-20).

그들은 모두 다른 일들 때문에 바빴고 주님의 초대를 가벼이 여겼다.

땅에 떨어진 씨 비유 중 가시떨기에 떨어진 씨에 대한 이야기를 기억하여 보라! 가시떨기는 씨의 기운을 막아 결국 자라지 못하게 한다. 예수님은 가시떨기는 세상의 염려와 재물의 유혹을 나타낸다고 설명하여 주셨다(마 13:22; 눅 8:14). 근심, 재물, 쾌락, 안일은 우리의 영적 생명을 파괴하는 능력이 있다.

예수님은 마르다가 그의 자매 마리아의 도움을 핑계로 불평을 했을 때 이렇게 말씀하셨다.

"주께서 대답하여 이르시되 마르다야 마르다야 네가 많은 일로 염려하고 근심하나 몇 가지만 하든지 혹은 한 가지만이라도 족하니라 마리아는 이 좋은 편을 택하였으니 빼앗기지 아니하리라 하시니라"(눅 10:41-42).

마르다에게 꼭 한 가지 필요했던 일은 단순히 마리아처럼 예수님의 발 앞에 앉아서 주님의 생명의 말씀을 듣는 일이었다.

기쁨과 평안은 하나님과 우리의 교제로부터 흘러나온다. 이 선물은 하나님과 대화하는 바로 그 순간에 우리에게 부어 주시는 것이다. 대부분의 경우, 기쁨과 평안이 사라지는 것은 생명줄이 끊어졌음을 나타내는 신호이다. 기쁨과 평안은 하나님과의 적극적이며, 필수적인 교제를 통하여 그리스도인의 삶에서 유지되고 자라난다. 만일 그것들이 사라진다면 죄가 들어와 하나님으로부터 우리를 분리시킨다. 돌아가는 유일한 길은 고백, 회개 그리고 순종이다. 그리하면 생명은 다시 회복될 것이다.

우리는 사는 동안 마음속에 일어나는 죄들을 정복하려는 의지를 가지고 우리의 하늘 아버지와 손에 손을 맞잡고 함께 걸어야 한다. 하나님께 순종하지 않으려는 마음은 죄이며 우리 영혼 속의 생명샘을 막을 것이다.

예수님은 우리의 헌신된 시간을 통하여 매일 하나님의 생명을 취하도록 우리에게 가까이 오라고 부르고 계신다. 그 생명을 가지고 세상 속으로 나아가자. 우리는 매번 실수하고 좌절한다. 우리 모두가 그러하다 할지라도 예수님은 우리에게 다시 일어나 새로이 시작하도록 초대하신다.

우리는 순간순간 성령 안에서 그와 동행하는 법을 배워야 한다. 마치 걸음마를 배우는 아이가 불안하게 첫걸음을 내딛고 넘어지고 또다시 일어서듯이 부딪치지 않고 몇 걸음을 뗄 수 있도록 일어서고 또 일어서야 한다. 조금만 더 연습한다면 우리가 알아채기도 전에 우리는 걷고 있는 우리 자신을 발견하게 될 것이다.

예쁜 우리 딸 안나가 처음 걸음마를 배울 때, 난 올려다보며 "걸음마, 걸음마!"라고 말했다. 난 무릎을 꿇었고 안나는 내 두 번째 손가락을 쥐며 설 수 있도록 도와주는 아빠가 있다는 것에 안심하며 걸었다. 그와 같이 우리도 걷고 있다. 우리는 하늘 아버지가 우리의 노력들을 기뻐하신다는 것을 인지하며 걷는 것을 배워야 하며, 혹 우리가 균형을 잡지 못한다 하더라도 아버지가 우리를 부축하시며 강하게 하실 것이라는 것을 알아야 한다.

"여호와께서 사람의 걸음을 정하시고 그의 길을 기뻐하시나니 그는 넘어지나 아주 엎드러지지 아니함은 여호와께서 그의 손으로 붙드심이로다"(시 37:23-24).

"여호와께서 네게 구하시는 것은 오직 정의를 행하며 인자를 사랑하며 겸손하게 네 하나님과 함께 행하는 것이 아니냐"(미 6:8).

노인 짐

그곳은 다른 여느 도시들처럼 많은 부랑자들이 거리를 돌아다니며 밤이면 공원에서 자곤 하는 더러운 도시였다.

짐이라는 이름으로 알려진 부랑자가 있었다. 그는 절망에서 빠져나와 이제 하나님을 찾기 시작한 초라한 늙은이였다. 매일 12시면 그는 동네 교회에 몇 분간 나타났다 사라지곤 했다. 교회 관리인은 매일 정확히 12시면 나타나는 초라한 행색의 노인 때문에 제단의 값나가는 기구들을 걱정하였다. 관리인은 아무것도 사라진 게 없다는 걸 확인하기 위해 부지런히 살폈다.

그러던 어느 날, 관리인은 노인 짐에게 물었.

"어르신, 매일 교회에서 뭘 하시는 거예요?"

"난 기도하러 온다네." 짐이 점잖게 말했다.

조심 많은 관리인은 그에게 "당신은 기도하기에 충분할 정도로 여기 머물지 않잖아요"라고 말했다.

"그렇지. 난 오랜 시간 기도하지 않네. 하지만 난 매일 와서 '주님, 저 짐입니다'라고 말하고 1분을 기다리고, 그러고는 나간다네. 난 짧지만 그 시간을 통해 주님이 내 기도를 들으신다고 생각해."

관리인이 상당히 불쾌감을 나타냄에도 불구하고 짐은 매일매일 계속 교회에 왔다. 그는 교회 앞에 그의 길을 만들었고 "예수님, 저 짐입니다"라며 속삭이고는 잠시 머물렀다가 다시 가곤 했다.

몇 주 후 노인 짐은 길을 건너다 교통사고를 당했고 치료를 위해 그는 근처의 병원으로 이송되었다. 노인 짐이 꽤 행복해하며 누워 있던 그 병동이 사실 담당 간호사에게는 곤욕스러운 장소였다. 그곳은 아무것도 하지 않고 아침부터 밤까지 불평만 해대는 한심한 남자들로 가득 차 있어서 대부분의 간호사들은 그곳에 가기를 꺼려 했다. 하지만 이상하게도 서서히 그곳의 남자들이 투덜대는 것을 멈추고 행복해하며 만족하는 것이었다.

한 간호사가 그 병동을 지나쳐 가다가, 그곳에 있는 한 남자가 "너희들한테 도대체 무슨 일이 생긴 거야? 너희는 근래 아주 활기차 보이는데 말이야"라며 웃는 소리를 들었다.

그들은 대답했다. "그건 노인네 짐 때문이야. 그는 우리가 알기로는 몸이 불편하고 고통스러운데도 항상 유쾌하며 절대 불평하지 않거든."

그 간호사는 천사 같은 얼굴로 누워 있는 은빛 머리카락을 가진 짐을 향해 짐의 침대로 걸어갔다. "자, 짐, 이 사람들이 말하길, 당신이 이 병동을 변화시킨 사람이라는군요. 그들은 당신은 항상 행복하다고 말했어요."

"그래요. 간호사 아가씨. 하지만 나 스스로 그럴 수 있는 게 아니에요. 보이죠? 내 방문객이에요. 그가 날 행복하게 만들어요."

"방문객이라고요?"

그녀는 한 번도 짐의 침대 곁에 서 있는 방문객을 본 적이 없었기 때문에 고개를 갸우뚱거렸다. 방문객을 위한 의자는 방문 시간대에 늘 비어 있었다.

"언제 당신의 방문객이 오죠?" 그녀는 물었다.

"매일 온다오." 짐은 점점 밝아져 가는 눈빛으로 말했다.

"그래요, 매일 12시에 그가 와서 내 침대 발치에 서 있어요. 난 그가 거기 있다는 걸 알아요. 그는 미소 지으며 '짐, 난 예수야' 라고 말해요."

우리 기도의 길고 짧음이나 겉으로 보이는 경건은 그리 중요한 게 아니다. 믿음은 아이처럼 주님이 우리를 절대 떠나시지 않으며 버리시지 않음(히 13:5)을 믿으며 주님과 함께 손을 마주 잡고 걷는 것이다.

11장_ 피지에 변화를!

예수님이 이곳에서 사역을 시작하실 때 그는 그의 제자들에게 모든 열방에게 그의 이름으로 죄에 대한 회개와 용서를 선포하라고 말씀하셨다(눅 24:47).

이제 난 당신의 믿음을 격려하고 당신의 삶을 향한 하나님의 목적을 알게 하기 위해 잠깐 다른 곳을 둘러보려고 한다.

이것은 어떻게 "피지 용서의 주간"을 시작하게 되었는지에 대한 이야기이다.

난 수년간 순복음주의와 주류 교회 양쪽에 다 출석하는 그리스도인이었다. 하지만 난 현존하는 교회 구조 어디에서도 내 자리를 찾을 수 없었고, 그래서 난 교회 한구석에 틀어박혀 있는 나 자신을 발견하곤 했다. 하나님은 내 재능과 소명에 들어맞는 방법으로 하나님을 섬기고자 하는 갈망을 주심으로 내 마음을 흔들기 시작하셨다. 그래서 난 무엇이든 하나님이 내게 주신 능력으로 하나님 나라를 확장하기 위해 나를 사용해 주실 것을 구하며 하나님을 찾기 시작했다. 그다음 2년 동안 창의적인 생각들이 내 맘속에 떠오르기 시작했으며, 나는 하나님께 헌신하고자 떠올렸던 생각들을 주의 깊게 살펴보았다.

그런 생각들 중 하나가 ≪Spring in the Valley≫라는 오래 된 경건 서적을 통해 내게 다가왔다. 이 놀라운 책은 하나님과 함께 걷는 내 삶에 수년 동안 큰 힘이 되었다. 난 그 책을 여러 번 반복해서 읽었다. 하지만 그날은 그 경건 서적의 "용서의 주"라는 것을 실천하고 있는 아프리카 부족의 얘기가 내게 갑자기 부각되었다.

이 용서의 주간 동안 그곳 부족의 모든 남자와 여자들은 상상이든 실재하는 죄이든 무엇이든 이웃을 용서할 것을 스스로에게 맹세한다. 이 행사는 해마다 의도적으로 우리 마음에 용서의 필요성을 일깨우며 그리스도인들 사이의 기쁨의 축제로 마무리짓는다. 실제 종족과 기원은 시간이 흐르면서 사라졌지만 이 행사는 19세기 언제쯤인가부터 행해 왔던 것으로 추정된다.

이것은 내게 대단한 아이디어로 보였고 그래서 난 그것들을 생각하는 데 시간을 할애했다. 과연 지금 이 시대에도 그것이 일어날 수 있는 일일까 궁금했다. 만약 이런 일이 지금도 가능하다면 과연 어떤 모습일까? 그 뒤 2년 동안 호주에 "국가 용서의 주간"(National Forgiveness Week: NFW)을 소개하는 일에 대한 많은 생각들이 내 마음을 스쳐 갔다. 하지만 그것은 너무나 어려운 일이었다. 나는 외향적인 성향의 사람이 아니었고 결국 내 능력과 재능 밖이었다. 그것은 그냥 너무나도 큰일이었다. 그래서 난 그것들에 대해 잊었다.

한 1년쯤 흐른 뒤 내가 근처 쇼핑센터에 가기 위해 축구장을 가로질러 걷고 있을 때 하나님은 나에게 말씀하셨다. "날 찾아. 내 얼굴을 찾거라. 다음 3주 동안 하루 두 시간씩만 나에게 다오. 그 시간들이 끝날 때 즈음 넌 무엇을 해야 할지 알게 될 거야. 국가 용서 주간(National Forgiveness Week)을 진행하거라. 내가 너와 함께할 것이다."

이것이 바로 하나님이 정확히 내게 하신 말씀이다. "네. 난 할 수 있어요. 내가 할 수 없는 것들이 너무 많지만 난 용서에 관해 조금은 알아요. 전 그쪽 방면에 조금 경험이 있다고요!"

어쨌든 하나님의 은혜는 말씀과 함께했으며, 내가 이전에 불가능하다고 생각했던 것들이 가능하다고 생각되었다.

하나님의 얼굴을 구하는 것

그래서 난 내 마음을 NFW가 아니라 하나님을 찾는 데에 집중했다. 하나님을 더 잘 알수록 그분께 더 가까이 갈 수 있기 때문이다. 일과 가정을 꾸려나가는 가운데 하루에 두 시간을 찾아내는 것은 쉬운 일이 아니었다. 하지만 21일이 되던 마지막에 나는 처음 시작할 때 알지 못했던 몇 가지를 알게 되었다.

- 만약 내가 하나님을 따른다면 그다음은 하나님이 하실 거라는 것을 알게 되었다(그것은 내 능력 밖이기 때문에 하나님이 하셔야 하는 것이다).

- 난 내 아내 헬렌과 NFW에 대해 의견을 나누었고, 그녀는 내가 생각하고 있는 것이 옳다는 데에 의견을 같이했다. 그녀는 교회가 서로 연합되지 않았기 때문에 호주는 NFW를 위한 준비가 되지 않았다고 말했다. 피지의 회복에 대한, 아직 출시되지 않은 비디오를 본 후, 나는 NFW가 어떤 식으로든 피지에서 먼저 이루어져야 함을 깨닫게 되었다.

- 부끄러움이 많은 사람으로서 내가 어떻게 이것들을 해낼 수 있을까? 난 모세가 하나님께 얘기했듯이 "주여 나는 본래 말에 능치 못한 자라……나는 입이 뻣뻣하고 혀가 둔한 자니이다"(출 4:10-13)라는 마음이 있었다. 그러고는 제자들을 둘씩 보내었던 예수님이 생각났고, 내 생각은 내 오랜 친구인 데이비드 뉴비에게 미쳤다. 그는 내가 신학대학 시절에 만났던 친구였는데 계속 내 맘속에 그 친구가 떠올랐다. 마침내 난 우리 두 사람이 함께 가야 함을 하나님이 말씀하고 계신다는 것을 깨달았다.

- 중재할 팀을 모으는 것이 우리에겐 필수적인 일이었다.

- 난 엄청난 보석으로 장식된 보물들이 천국에 준비되어 있음을 느꼈다. 그것들은 어떤 장소에 보관되어 있었고 두 천사들이 그 문을 지키고 있었다.

- NFW는 단지 퍼즐의 한 부분이며, 사람들이 그 퍼즐을 완성하기 위해 다른 조각들을 가져와야 할 것이다.

- 우리는 그냥 여러 나라들에 NFW 계획을 소개하는 메신저일 뿐이며, 우리는 단지 그것들을 영어권 국가들에게 소개할 것이다 (아마도 다른 국가들은 하나님의 인도에 따라 누군가가 해야만 할 것이다).

• NFW는 내가 마음속에 그려 왔던 것과는 다를 것이다. 그리고 난 NFW가 실혈될 때 하나님이 행하신 일을 보기 위해 피지로 가야될 것임을 느꼈다.

초기

서로 연합한 교회가 국가를 상대로 "용서의 주간"이라는 행사를 도입하자고 제안하는 것이 조금은 낯선 개념처럼 들린다. 그 아이디어는 강력한 용서의 힘에 대한 개인의 간증을 사용하여 텔레비전, 라디오, 신문, 학교 그리고 교회들을 통하여 공론화하는 것이었다. 그것은 교회가 중심이 되는 것이 아니라 그 국가의 모든 개개인이 용서의 영향력을 통한 회복에 대한 소망 속에 이루어져야 할 것이었다.

그리스도인은 다시 연합을 향해 움직이게 될 것이며, 불신자는 예수님을 만나게 될 것이다. 7일째 되는 날, 우리는 하나님이 경배와 찬양으로 높임을 받으실 그 국가들을 횡단할 릴레이 달리기 경주를 제안했다.

NFW는 피지 기독교 교회 연합의 시작이 되었다. 그 목적은 하나님 나라의 핵심 요소로서의 용서를 강조한 것이었다. 이 일은 모든 인간이 자유로이 용서를 받아들이고 또 용서를 해야 할 당연한 필요성을 솔직히 받아들임으로 성취될 것이다. 또한 NFW는 겸손한 마음으로 모든 피지인들 사이에 용서와 회복을 실천하도록 고

무하는 데 사용될 수 있을 것이다.

어쨌든 그곳에는 위험도 함께 도사리고 있었다. 정치적인 수단이 되지 말아야 했고, 또한 정치적인 신념이 되어서도 안 되었다. 또한 그것은 그들 자신의 이익을 가진 다른 종교적 집단에 의해 강탈당할 수도 있는 위험이 있었다. 우리는 그것이 개인적인 어떤 것으로 남아 있어야 한다는 것을 알았으며, 인종적인 단결을 성취하기 위한 도구가 되어서도 안 됨을 알았다(비록 그것이 예측되는 결과임에도 불구하고). 또한 개혁의 필요성에 대해 말함으로 지역 사회나 사회적 기능에 비난을 가하는 것이 되어서도 안 되었다.

나는 우리 목사님인 폴 설리번을 찾아가서 내 생각을 얘기했다. 우리는 함께 기도했고 그는 그의 축복을 더했다. 그런 후 나는 데이비드에게 전화했고 그는 그 비전을 당장 받아들였다. 우리는 함께 기도하기 위해 두보에 있는 그의 집에서 만나기로 하고 시간을 정했다.

데이비드는 목사, 사업가, 왕실 목사로서의 그의 직무를 수행하며 동시에 작은 농장을 운영하며 기독교 서점과 식품점을 운영하느라 바빴다. 이미 너무나도 분주한 그의 삶으로 인해 더 이상 다른 일을 하는 것은 불가능해 보였다. 하지만 우리는 어쨌든 함께 기도했다. 기도가 중간 즈음에 이르자 주님은 우리가 함께 피지로 가게 될 것임을 확신시키셨으며, 데이비드는 모든 것을 주님에게 맡기고 어떻게 시간을 낼 수 있을지 물었다.

난 헬렌과 그 문제를 가지고 의논했고 우리는 마침내 합의점에 도달했다. 우리는 우리가 할 수 있는 한 중재 팀을 만들어야 했다.

우리는 중재자로서의 은사로 하나님께 부름 받은 능력이 있는 두 여인 수로즈와 코럴 조이너에게 연락했고, 그들은 다른 사람들을 모아 주었다. 우리는 시드니에 있는 우리 집에서 함께 만났으며, 나는 그들에게 계획한 행사의 개념을 설명했고 우리 모두는 하나님의 야심찬 계획과 관련하여 하나님께 기도했다.

피지로 출발

그 후 오래지 않아 우리는 그 만남을 통해 부니아니 나카우야카라는 피지 목사님의 전화번호를 알 수 있었다. 내가 부니아니(부니)에게 전화해서 NFW에 대해 얘기하자, 그는 우리에게 피지를 방문하라고 하며 우리를 위한 모임을 주선하겠다고 얘기했다.

그리하여 2002년 11월 두려움과 떨리는 마음으로 데이비드와 나는 부니(우리는 한 번도 서로를 만난 적이 없었다)를 제외하고는 아무도 아는 사람이 없는 수바(피지의 수도)를 향해 출발했다.

우리는 도착하기 전후 하나님이 무엇을 행하실까를 궁금해하며 많은 시간을 기도하면서 보냈다. 다음날 우리는 피지기독교총회(ACCF)의 특별 소집 총회에 참석하게 하기 위해 우리를 초대한 부니를 만났다. 그 모임은 군사 반란에 포함되었었던 특별 기습 부대 대원들의 운명을 논의하기 위한 모임이었다.

1980년대 이래 피지는 일련의 군사 쿠데타를 경험해 왔다. 2000년 5월의 쿠데타(조지 스페이트에 의해 주도되었던) 이후, 교회들은 회복을 위한 하나님의 영을 부어 줄 것을 간구하며 하나님께 기도해 왔다. 자연스럽게 지역 기도 모임들이 만들어지기 시작했고, 그것들을 통해 깨어진 관계의 치유와 기적이 일어났다. 만성병으로부터의 개인적인 치유, 전 어촌 지역에서 보고된 어획량의 회복, 오염되었던 강의 정화, 농산물 생산과 곡물의 크기가 둘 다 증가하는 등의 기적들이 일어났다.

아마도 당신은 "왜 이미 회복이 되었는데 피지에 NFW가 필요하지?"라고 물을지도 모른다. 난 하나님께서 그 회복이 서서히 사그라지기를 원하시지 않으며 그것들이 성장하고 발전되길 원하신다는 것이 그 해답이라 믿는다. 결국 회복이란 이 땅 위에 오실 하나님의 왕국이다. 그렇다면 하나님은 잠깐 동안만 우리에게 찾아오시는 걸까? 아니, 하나님은 오셔서 머무르길 원하신다.

내가 NFW는 퍼즐 맞추기의 한 조각일 뿐이라고 말했을 때 완성된 퍼즐은 이 땅에 하나님의 나라가 세워지는 것을 의미한다. 지속적인 회복 말이다! NFW는 국가에 매해 완수해야 할 용서의 필요성에 대해 강조하기 위한 역할을 할 것이다. 그것만이 행사 전체의 목적이 아니라 NFW는 하나님과 또 다른 사람들과 건강한 관계를 만들기 위해 기여할 것이다.

2000년 5월의 사회적 대격동 이후 피지 대통령 라투조세파일로 일로바투울리부다는 피지의 불안정에 대한 이유를 묻기 위해 '부족장 대자문 위원회'의 모임을 소집했다. 그가 얻은 대답은 그가 기대했던 대답이 아니었다. 그는 교회들의 분열이 국가의 문제를 양산해내는 근간이 된다는 정보를 얻었다. 독실한 신자로서 그는 피지 전역의 기독교 종파들을 한자리에 모을 수 있는 초교파 기구 설립을 요청했다. 이 위원회는 현재 22개의 종파를 대표한 '피지 기독교회단체'(ACCF)이며, 부니(Vuni)가 우리를 데려간 곳이 바로 그곳이었다.

그날 ACCF는 반란을 이끌었던 CRW 군인들 중의 많은 이들이 거듭난 그리스도인이 되었으며, 진심에서 우러나는 회개를 했기 때문에 그들의 감옥 형기를 삭감해 주어야 하는지에 대한 심의를 하고 있었다(3장에 있었던 반혁명 무력 반란을 참고하라). 우리는 이 문제와 관련해 ACCF를 도와줄 것을 요청받았다. 하지만 우리는 우리가 외부인이며 그 문제에 연루되는 것이 적절하지 않다고 판단했기 때문에 그 문제에 대해 논평할 것을 거절했다.

내가 ACCF의 의장인 라투에펠리카나이마위를 눈여겨보기 시작하자마자 "이 남자가 NFW를 위한 너의 아주 든든한 후원자가 될 거야"라는 하나님의 말씀이 들려왔다. 정말로 그랬다! 그는 우리에게 우리의 계획을 제출하라고 얘기했던 것이다.

그런데 말하려고 일어났을 때 난 내가 막 하려는 이야기들로 인해 탄식과 눈물 그리고 승리의 기쁨이 내 영혼에 가득 차올라 차마 말을 이을 수가 없었다. 그때 데이비드가 NFW가 어떻게 일할 것인지에 대해 논리적으로 설명하기 위해 자리에서 일어났다. 주님은 우리와 함께 계셨다. 왜냐하면 그 위원회가 우리의 생각을 받아들일 것인지에 대해 무기명 투표를 실시했고, 결국 피지 전역에 우리의 아이디어를 도입하기로 결정하였기 때문이다.

데이비드와 난 그 결과에 너무도 놀란 채, 도저히 믿기지 않는 일을 행하신 하나님께 영광을 돌리며 회의장을 빠져나왔다. 그것은 마치 아무런 장애물 없이 열린 문을 그냥 통과하여 걷는 것과 같았다.

수바에서의 남은 체류 기간 동안 우리는 또 다른 교회들과 정부 기관들 그리고 재계 지도자들을 만나 얘기하며 그 행사의 개념을 알리는 일을 계속해 나갔다. 마지막 하루를 남겨 둔 날, 주선자가 시드니로부터 전화를 걸어와 우리가 너무도 중요한 한 가지를 빠뜨렸다고 얘기해 주었다. 우리가 피지인 주선자를 만날 수 없었기에 그들의 중보 기도를 요청할 수 없었다는 것이었다.

데이비드와 난 기도한 후 다음날 예정되어 있었던 일정을 취소했다. 우리는 몇 군데 전화를 걸었고, 몇몇 중요한 피지인 주선자의 이름을 알 수 있었다. 그리고 우리는 그 주선자들에게 피지에서 머무는 마지막 날 밤에 호텔로 와 달라고 부탁했다. 친절하게도 그들은 우리가 누구인지 그리고 우리가 뭘 하려는지에 대해 알지도 못했지만 우리를 찾아와 주었다. NFW에 대해 설명하자 그들은 그 행사를 위한 선전과 실행 두 가지 모두를 위해 기도로 돕겠노라고 동의했다.

다음날 우리는 하나님이 행하신 일에 대해 하나님께 감당할 수 없을 만큼의 감사의 마음을 가지고 집으로 돌아왔다.

NFW가 윤곽을 드러냄

그 후 8개월을 지나면서 우리는 셀 수 없을 정도로 피지를 자주 방문했다. 이 방문을 통하여 우리가 이상한 사람들이 아니라는 것을 ACCF에게 보여주었다. 그들이 우리를 신뢰해 감에 따라 우리는 ACCF 위원회의 많은 회원들과 친구가 되었다. 어쨌든 그들이 NFW의 일을 시작하는 데는 거의 1년이라는 시간이 소요되었다. 우리는 그들을 방문할 때마다 그 계획을 향한 그들의 노력에 대해 계속적으로 격려해 주었다.

피지 사회의 뿌리 깊은 문제들을 해결하고자 하는 노력과 또 다른 정치적인 논란의 위협을 없애기 위한 희망을 가지고 피지 국회는 '국가 화합과 중재를 위한 기구'(Department of National Reconciliation and Unity)를 설치했다. 이 정부 기관은 인도계 피지인과 피지 원주민 공동체 사이의 화합을 촉진하는 일을 맡게 되었다. ACCF는 이 기관에 NFW의 아이디어를 제출했고, 결국 그 아이디어는 수상에게까지 전달되었다. 2001년 12월 수상과 그의 내각은 공식적으로 "피지 용서 주간" 개최를 승인했다.

수상 라이세니아 과라세(Laisenia Qarase)는 이 프로그램에 대해 개인적인 관심을 가졌다. 그는 "피지의 날"(피지 독립기념일)보다 먼저 그 행사를 치를 수 있도록 그 행사를 다시 계획하고 발전시켰다. 이 용서 주간은 "피지의 주간"이라는 이름으로 다시 명명되었다. 그 행사는 2004년 10월 4일부터 11일까지 개최되었고, 우리 가족은 하나님이 하시는 일을 보기 위해 다시 피지로 돌아갔다.

피지 용서 주간

"피지 용서 주간" 행사는 우리의 기대를 훨씬 뛰어넘었다. 한번에 모든 행사에 참석하기 힘들 정도로 규모가 큰 행사로 치러져 결국 우리는 그 엄청난 국가적 행사의 전부가 아닌 부분 부분만을 볼 수 있었다.

"우리 가운데서 역사하시는 능력대로 우리가 구하거나 생각하는 모든 것에 더 넘치도록 능히 하실 이에게"(엡 3:20).

그 일은 모두 하나님이 하신 일이었으며, 우리는 그 일을 볼 수 있는 특권을 누렸다.

"피지 주간"은 국가적 화합과 용서를 주제로 개최되었다. 피지 정부는 그 행사를 위해 70만 달러라는 비용을 들였고, 그 행사는 여러 다양한 분파들이 수바의 거리들을 가로지르는 시가행진을 시작으로, 대통령이 공식적인 피지 주간의 시작을 알리며 그의 사랑하는 나라를 위해 기도했던 앨버트 공원까지 이어졌다. 대통령은 그날 "기도와 용서는 우리나라를 위해 필요한 사랑의 관계를 위해 반드시 필요한 것입니다"라고 말했다.

진실한 회개와 용서를 구하는 일에 6개의 주요 도시(17개의 자치 구역)를 포함한 국가 전체가 동참했다. 예수의 이름으로 열린 용서라는 메시지는 정부의 최고위층, 교회들, 학교들, 도시와 마을들과 각 가정들에까지 전해졌다. 텔레비전과 뉴스, 라디오는 매일

매일 그 행사의 진행을 아주 긍정적인 관점으로 보도했다!

　교회 리더는 가톨릭과 앵글리컨, 순복음교회와 감리교 그리고 또 다른 주요 종파들 사이의 용서를 공개적으로 언급한 것을 정점으로 하여 용서의 필요성에 대해 열변을 토했다. 교회 리더는 공개적으로 다른 종파에 대한 그들의 비판적인 태도를 고백하며 사랑과 눈물의 용서를 구했다. 얼마나 멋진 광경이었는지!

　처음으로 피지를 대표하는 두 크리스천 기관인 ACCF와 피지교회공동연합(Fiji Council of Churches)은 두 기관이 연합하여 하나의 그룹으로 힘을 합해 함께 일해 나갈 것을 약속했다. 가톨릭, 개신교 그리고 순복음교회도 예수 그리스도의 한 몸의 지체로서 함께 일할 것을 약속했다. 하나님이 교회와 나라들을 함께하도록 중재하셨다.

　개개의 정부 부처와 지역 리더들은 텔레비전 카메라 앞에서, 교회와 지역사회와 인도 피지인들에 대해 저질렀던 특정한 그들의 죄에 대해 용서를 구하며 그들 자신을 낮추었다. 다양한 종교와 지역 사회 그리고 정부 부처 리더들은(수상을 포함해서) 사람들을 향해 그들을 섬길 것이라는 하나의 표시로 발을 씻기는 예식을 행하기도 했다.

　온 국가 전체에 예수님이 전해졌다. 눈물이 흐르고 상처가 치유되고 굳은 마음이 녹아내렸다. 사람들은 솔직하게 용서를 구했고, 용서는 주요 인사들과 군대 지도자들 그리고 지방 리더들에 의해 값없이 주어졌다. 각 마을들과 가정들에서는 한가족의 일원으로서 서로가 서로에게 지은 죄를 깨닫고 고백하며 용서를 구하고 베푸는 일들이 넘쳐났다. 얼마나 놀라운 광경이었는지!

피지 용서 주간 한 주 전에 수상은 뉴욕의 유엔(UN)에서 용서와 화해를 위해 준비한 다가올 행사에 대해 발표했다. 그러자 많은 대표단들이 축하하며 그와 악수하기 위해 줄을 서는 일이 벌어지기도 했다.

수상이 그 행사를 개최하려고 마음먹었을 때 주님이 그에게 주신 말씀이 성취되었다.

> "네가 네 하나님 여호와의 말씀을 삼가 듣고 내가 오늘 네게 명령하는 그의 모든 명령을 지켜 행하면 네 하나님 여호와께서 너를 세계 모든 민족 위에 뛰어나게 하실 것이라"(신 28:1).

"피지 용서 주간"은 참가한 사람들과 미디어 관계자들 모두로부터 더할 나위 없는 성공적인 행사로 보도되었다. 그 결과, 수상은 이 행사를 해마다 열기로 결정했다. 성령님은 수면 위를 운행하고 계셨다.

주님을 섬기고자 하는 갈망이 마음에서 자라날 때 하나님이 예비하신 모험을 위해 일어서야 한다! 하나님이 함께 일하고자 하는 동역자들을 사용하여 응답하셨던 기도는 늘 내가 기도하는 곳인 더러운 포도주 저장 창고에서 했던 기도였다. 그 응답은 지금 다른 나라에까지도 계속 확장되고 있다.

데이비드와 나는 "메신저"(messenger)가 되었다. 우리는 함께 조금의 빵과 고기를 이 섬나라에 가져다 주는 특권을 누렸다. 우리는 피지의 85만 명의 발 앞에 놓여진 '용서라는 양식'을 보았다! 얼마나 놀라운 광경이었는지!

　이 이야기에 관심을 가진 사람들에게 이 이야기를 하자 그중 한 명이 "당신네 둘은 도대체 누구예요? 당신 둘은 그냥 아무것도 아니잖아요!" 했다. 난 그 말에 동의했다. 우리는 그냥 우리의 능력을 훨씬 뛰어넘는 일을 하도록 하나님께 부름 받은, 아무것도 아닌 두 명의 보통 사람일 뿐이었다. 하지만 하나님이 우리와 함께하셨고 (그가 그리하실 것이라고 말씀하신 대로) 그것이 바로 차이를 만들어낸 것이다.

12장_ 경이와 영광

　이 책의 많은 곳들에서 나는 용서가 관계의 회복을 가능하게 한다고 얘기해 왔다. 만약 용서가 유지되기만 한다면 직장에서, 놀이터에서, 또 지역 사회 전체에서 건강한 관계가 꽃을 피울 것이다. 연합은 사람들 사이에 진실한 우정과 신뢰가 자라날 때 비로소 자라게 될 것이다.

　연합은 동일함을 의미하지 않는다. 연합은 개인주의를 받아들이며, 사람들 모두를 동일하게 만들려는 의도 없이 각 사람의 다름을 받아들이는 것이다. 하나님이 이와 같으시다. 하나님은 그의 창조물의 다양성에 가치를 두셨으며, 절대 한 개의 동일한 인종을 만들려 하시지 않으셨다. 그의 창조물들 속에 나타난 서로 다른 차이점들이 어떠한 말보다도 이 주제에 대해 더 분명히 말해 준다.

　하늘에서 떨어지는 눈송이를 생각해 보라. 한 개 한 개의 눈송이는 현미경 아래에 놓고 보면 서로 각각 다른 독특한 육각형의 모양이다. 식물과 동물의 왕국에도 수없이 많은 다양한 종들이 존재하고 또 각 종들 속에는 수없이 많은 개체가 존재하며 그들 각 개체는 각기 다른 유전자를 가지고 있다.

이것은 하나님의 교회에도 동일하게 적용된다. 각 종파들이 각기 다른 문화적 차이를 가지고 있음을 보라. 하나님은 옷을 어떻게 입어야 하는지, 교회 디자인은 어떠해야 하는지 그리고 예배의 형태는 어떠해야 하는지 강요하지 않으신다. 하나님은 그의 백성들의 마음에 관심을 두신다.

연합은 용서처럼 마음의 문제이다. 연합이란 우리가 어떤 말이나 야심이나 우리를 둘러싸고 있는 것에 대한 선호도 등에 의해 부서지는 것이 아니라는 것을 인식하며 우리 자신의 방어벽을 허무는 것을 의미한다. 이것은 모든 그리스도인이 듣고 이해해야 할 아주 중요한 문제이다.

너무도 많은 그리스도인들이 고치고 권고하고 충고를 하는 일에 몰두해 있다. 많은 경우 하나님이 이끄시는 대로만 말하고 지혜를 사용하는 것이 최선의 방법이다. 연합은 형제자매들 사이에 사랑이 있을 경우 자라나게 된다.

"보라 형제가 연합하여 동거함이 어찌 그리 선하고 아름다운고……거기서 여호와께서 복을 명령하셨나니 곧 영생이로다"(시 133:1, 3).

우리가 온전히 연합할 수 있는 유일한 곳은 예수 그리스도의 몸(진정한 교회) 안이다. 예수님이 세상을 이기셨기 때문에, 교회는 우리의 차이를 극복하고 우리 사이의 연합을 유지하기 위해 주님을 의지하는 법을 배우는 완벽한 장소이기 때문이다. 진정한 교회란 벽돌과 그 사이를 메우는 모르타르로 이루어진 것이 아니며 또 차가운 교리적 진리로 만들어진 것도 아니다. 진정한 교회는 우리의 모임과 매일매일의 삶 속에서 예수 그리스도의 메시지를 실천하는 것이다. 우리는 다른 사람을 용서하는 연습 없이 절대 그 일을 행할 수 없다. 그리고 하나님과 우리의 관계가 능동적이며 살아 있지 않다면 절대 우리는 제대로 용서할 수 없다.

신뢰가 쌓여 감에 따라 연합은 그 자체로 교회 공동체에서 자라날 것이며, 하나님 나라는 우리 각 사람에게 임할 것이다. 인종적 대립, 종교적 증오심, 정치적 입장 차이와 모든 종류의 오해들은 현재 그것들이 가지는 영향력을 잃을 것이다. 이러한 수준의 연합은 사실상 실현 불가능해 보이지만 보다 나은 미래를 위해 나와 같은 마음을 품어 주길 바란다.

연합은 그것 자체로 끝이 아니다. 기독교계에 연합에 대한 소원들이 있어 왔지만 우리는 한 번도 전 세계적인 진정한 의미의 교회 연합을 본 적이 없다. 우리가 가볍게 건드리기만 해왔던 연합에 대한 노력들도 가치 있는 일이지만 오직 하나님만이 연합이 가지는 막강한 힘에 대해 알고 계신다. 바벨 탑 사건을 통해 보여준 인간의 연합으로 인해 하나님은 "이후로는 그 하고자 하는 일을 막을 수 없으리로다"(창 11:6)라고 말씀하시며 온 무리를 세상에 흩으셨다.

하나님은 연합한 사람들이 할 수 있는 것이 무엇인지를 아셨다. 지금 이 시점에도 우리는 재앙을 위한 구호 활동, 군대, 과학이나 기술 부분에서 서로 협력하려는 노력들이 증가하고 있음을 볼 수 있다. 이러한 노력들은 인간 종족을 번창하게 함과 동시에 하나님에 대한 우리의 신뢰를 빼앗아 간다. 사실 하나님의 길은 우리의 길과 다르며, 하나님은 우리가 지상에서 한 번도 꿈꿔 보지 않았던 더 나은 계획을 가지고 계신다. 하나님은 당연히 인간이 번창하길 바라시지만 하나님은 그 유일한 길이 하나님 나라의 도래를 통해서만 가능함을 알고 계신다.

하나님을 아는 지식으로 성장해 나가는 그리스도인으로서 가지게 되는 큰 위험 중의 하나는, 교회나 예수 그리스도 안의 형제자매를 비판하려는 재판관의 자리에 앉도록 유혹당하는 것이다. 예수님은 이 세상에 살았던 그 누구보다 거룩하시고 흠이 없으신 분이었으며 예수님은 그 누구도 판단하지 아니하셨다(요 8:15). 우리 또한 어느 누구도 판단하지 않도록 주의하며 동일한 성령으로 옷 입어야만 한다.

우리가 하나님께 더 가까이 가면 갈수록 우리는 더욱더 분명히 볼 수 있다. 우리는 어쩌면 정결하지 않은 의도로 정결하지않은 교회를 볼 수도 있다. 아마도 우리는 잘못을 분별할 수 있으며 우리 교회의 목사나 친구들에게서 늘 한결같지 않음을 발견하게 될지도 모른다. 하지만 우리는 우리 마음을 지켜야 하며, 항상 모든 이를 향한 자비와 사랑을 실천할 준비를 하여야 한다. 예수 그리스도 안의 형제자매를 포함하여 말이다.

만일 성령의 열매가 사람들의 삶 속에 증거된다면 그들은 그리스도의 몸 안에서의 연합을 위해 협력하여 일할 것이다. 사랑, 인내, 온유, 자기 절제와 다른 성령의 열매 등, 이 모든 것들은 어떤 종교적 이상을 목적으로 연합을 깨뜨리는 것이 아니라 연합을 위해 일한다. 우리는 하나님의 아들딸들을 예수 그리스도 안의 의로운 자리에 이끌고 격려하기 위해 늘 비판을 삼가야 한다. 교회의 정결함은 하나님의 일이며, 하나님은 그 일을 그의 때에 그리고 그의 방법으로 성취하실 것이다.

연합은 고귀한 목적을 가지고 있다. 연합은 하나님이 거하실 공동체로서 우리를 준비시킨다. 하지만 연합이 증가될 때 특정 세력을 형성하거나 고립된 크리스천 공동체를 만들거나 또는 그 연합(단순히 인간의 본성적인 방법들에 의지한)을 유지하기 위한 법칙들을 만듦으로 이전의 율법적 신앙으로 되돌아가게 할 수 있는 유혹들이 생겨난다. 연합은 지상에 하나님의 나라를 이루기 위한 준비 단계이다. 연합은 하나님이 이 땅에 거하실 처소를 짓는 것이다.

잃어버린 세대

앞 장에서 용서에 대한 주기도문의 내용을 인용했다. 그런데 기도 초반부에 예수님은 "나라가 임하시오며 뜻이 하늘에서 이루어진 것같이 땅에서도 이루어지이다"라고 기도하셨다. 예수님은 하나님의 뜻이 이루어지고 그의 나라가 임하길 바라셨다. 분명히 이 기도는 실현 가능한 하나님의 뜻이다. 이 기도는 단지 먼 미래의 천년왕국의 구름 속 어딘가에서 벌어질 일이 아니라 지금 이곳 우리의 삶 속에서 이루어진다. 이것은 하나님과 함께 걸어가는 각 개인 성도뿐 아니라 우리의 공동체, 교회, 도시 그리고 우리나라들을 향한 것이다.

예수님이 하나님과 함께 거하시기 위해 지상을 떠난 후 여러 세대를 지나오며 여러 번의 신앙 부흥 운동들이 있어 왔다. 이러한 운동들은 산발적으로 일어났다가 교회 역사의 그늘 속으로 사라져 갔다. 우리는 교회의 업적이나 최종적인 목표로서 부흥에 대해 얘기하지만, 이러한 부흥 운동들은 하나님이 베푸신 조그마한 간섭이었을 뿐이라고 난 믿는다.

하나님은 더 큰 계획을 가지고 계신다. 하나님은 그의 나라가 이곳에 임하기를 원하신다. 난 하나님이 산발적으로 일어나는 부흥의 불길을 통해 잠깐 방문하러 왔다 가시는 분이 아니라 하나님의 나라(또는 하늘나라)라 불리는, 항상 있는 범세계적인 부흥을 통해 우리와 함께 거하시길 원하실 것이라고 믿는다. 이것을 가능하게 하는 유일한 길은 우리가 개인적으로 또 모두 하나가 되어 매일의 삶에 예수님을 따라 살기 시작하는 일이다. 그리하면 우리는 예수님을 닮게 될 것이며, 하늘에 가기 전 우리는 하나님과 함께 이곳에 거하게 될 것이다. 그리고 우리를 통하여 이 땅에 하나님이 증거될 것이다.

성경 비평가들은 성경의 오류를 마태복음의 누락된 세대를 한 예로 들어 설명한다. 마태복음 1장에서 그는 아브라함부터 예수 그리스도까지의 세 개의 명확한 혈통 계보를 기술하고 있다.

"그런즉 모든 대 수가 아브라함부터 다윗까지 열네 대요 다윗부터 바벨론으로 사로잡혀 갈 때까지 열네 대요 바벨론으로 사로잡혀 간 후부터 그리스도까지 열네 대더라"(마 1:17).

그 세대들을 헤아려 본다면 아마도 당신은 첫 두 개의 경우 열네 대라는 것을 확인할 수 있을 것이다. 하지만 뒷부분의 계보에선 단 열세 개의 세대만이 기록되어 있다! 처음에 보면 그것은 복음서 중의 하나를 기록한 마태의 가장 큰 업적에 치명적인 오점을 남긴 것처럼 보인다. 하지만 마태는 다른 제자들처럼 그냥 어부가 아니었다. 만일 그가 교육받지 못한 사람이었다면 우리는 그의 실수를 용인해 줄 수 있을지도 모른다. 하지만 마태는 세리(오늘날로 치자면 회계사)였다. 그런 그가 특별히 성령의 감화를 받아 기록한 글에 그렇게 엄청난 실수를 저지를 수 있었을까?

사실 난 우리가 바로 그 잃어버린 세대라고 믿는다. 예수님은 한 번도 결혼을 하거나 그의 계보를 계속 이어나갈 아이를 낳은 적이 없다. 하지만 그는 그의 자손들을 가지고 있다. 세대를 거치면서 그에게 온 모든 사람들은 다시 태어났다. 성령님이 예수님을 닮아 가도록 그리스도인인 우리를 인도하듯이 어떤 의미에서 우리는 예수님의 자손이다. 우리는 "하나님이 미리 아신 자들을 또한 그 아들의 형상을 본받게 하기 위하여 미리 정하셨으니 이는 그로 많은 형제 중에서 맏아들이 되게 하려 하심이니라"(롬 8:29)에서 말씀하신 것처럼 운명 지어졌다.

마태는 그것들을 잘못 기록한 것이 아니었다. 비평가들은 단순히 그것들을 이해하지 못할 뿐이다. 그들은 하나님의 길에 대해 알지 못하는 장님이며, 하나님의 나라가 이 땅에 임할 때 그들은 그들의 눈을 가린 베일로 인해 하나님의 나라를 볼 수 없을 것이다. 그리스도인으로서 우리는 해야 할 일이 있음에도 가만히 앉아 예수님의 재림을 기다린 것으로 죄를 지어 왔다. 우리의 마음에 예수 그리스도가 나타나게 함으로써 하나님 나라를 이루어 나가는 것이 지금 우리가 해야 할 일이다. 그리하면 영광 중에 예수님이 다시 오실 때 우리는 정결하고 순결한 신랑을 기다리는 신부로 준비될 것이다.

영광이란 무엇인가?

"이는 물이 바다를 덮음같이 여호와의 영광을 인정하는 것이 세상에 가득함이니라"(합 2:14).

이 세상을 가득 채울 영광이라 불리는 이 "영광"은 도대체 무엇을 말하는 것일까? 그것은 단순한 하나님의 속성이 아니다. 그것은 인간의 속성에도 사용되는 표현이다. 왕들과 왕가는 삶에 있어서의 그들의 지위와 관련하여 위엄과 영광을 취한다. 영웅들이나 용맹스러운 전사 또한 그들의 용감한 행동으로 인해 위엄과 영광을 취한다.

영광이란 흔히 가치 있는 한 개인으로부터 발산되는 어떤 탁월함으로 가장 잘 묘사된다. 한 개인을 영광과 존경을 받을 가치가 있게 하는 것은 어떤 위대한 업적이나 더 높은 지위이다. 영광은 다음에 소개되는 시나리오에 잘 나타나 있다.

- 절박한 패배의 순간 얼굴에 나타난 승리
- 두려움이 주위를 덮을 때의 강함
- 많은 세상적인 방법에 따르라는 압력이 있을 때에 의로움을 지키는 것
- 타협을 하기보다 혼자 고통당하는 것을 선택하는 것
- 개인적인 희생이나 죽음을 대가로 지불한 영웅적 행위
- 친구를 위해 그의 목숨을 버리는 것

이것들이 개인을 영광의 빛으로 나아가게 하는 몇 가지 상황들에 대한 예이다.

'빅토리아 크로스'(Victoria Cross)는 연방 군대에서 용감한 군인에게 수여하는 가장 고귀하며 신망이 있는 상이다. 이 메달을 받았던 사람들은 적군과의 교전에서 용감하게 위대한 공훈을 세운 사람들이다. '빅토리아 크로스'는 빅토리아 여왕이 처음 제정하여 1857년 처음 시행되었다. 메달 그 자체는 밋밋한 붉은색의 리본과 총을 만드는 금속으로 만들어진 어두운 색의 십자가로 제작되어 그리 멋져 보이진 않는다. 빅토리아 여왕은 메달을 목에 건 사람의 영광이 빛나 보이도록 메달의 디자인이 심플하고 눈에 띄지 않길 원했다. 사후에 이 상을 수여받았던 많은 사람들은 용감한 전투에

참여했었으며, 그들 모두는 그들의 동료와 국민에게서 한결같이 존경과 숭배를 받았다.

그리스도인으로서 우리는 영광의 개념에 익숙하고 친밀해져야 한다. 만일 우리가 우리 자신을 부인할 의지가 없고 복음을 위하여 개인적인 희생을 할 마음이 없다면 우리는 절대 우리 영혼 속에 있는 영광의 경이로움에 대해 알 수 없다. 왜냐하면 희생과 영광은 서로 분리할 수 없기 때문이다.

그럼에도 불구하고 사람의 영광은 하나님의 영광과 비교해 볼 때 상당히 제한되어 있다. 우리는 절대 하나님의 영광의 깊이와 근거를 가늠할 수 없다. 하지만 두 가지 확신할 수 있는 것이 있다. 하나는 하나님이 영광을 받으실 만하다는 것이고, 다른 하나는 영광은 희생과 함께한다는 것이다.

하나님의 영광은 그의 쇠하지 않는 힘으로부터 퍼져 나온다. 그의 본성, 그의 창조적 사역들, 그의 탁월함, 그의 거룩함, 모든 생명이 그를 통해 나고 유지된다는 사실, 그리고 그의 희생에서 말이다.

아버지의 상함

우리는 너무도 자주 예수님이 삼위일체의 한 부분임을 잊고 예수님만이 희생을 치르신 분이라고 생각한다. 사실상 그 고통은 함께 나눈 것이며, 우리가 별로 고마워하지 않는 아버지 하나님의 마음에 영원한 상처를 만들었는지도 모른다. 하지만 한 가지 확실한 것이 있다. 우리가 주님을 볼 때 아버지와 아들의 영광을 봄으로써 마음에서 우러나는 찬양으로 충만해질 것이며 함께한 그 희생에 감사하기 시작하리라는 것이다.

예수님은 엄청난 대가를 치르셨다. 천국에서 예수님은 희생될 양으로 알려지셨다. 예수님과 아버지가 함께 나눈 그 고통을 이해하기 위해 우리는 삼위일체의 신비를 더 깊이 탐구해야만 한다. 그러기 위해 우리는 다음에 나오는 몇 가지 난해한 질문에 답해야 한다.

1. 왜 예수님은 하나님의 유일한 아들인가?
2. 왜 하나님은 다른 아들을 가질 수 없었나?
3. 왜 하나님은 예수님 대신 자신이 직접 오시지 않았을까?

우리는 요한복음 첫 장에 "태초에 말씀이 계시니라 이 말씀이 하나님과 함께 계셨으니 이 말씀은 곧 하나님이시니라"(요 1:1)고 기록되어 있음을 안다. 이 말은 처음 볼 땐 언뜻 이해되지 않는 독특한 구절이다. 요한은 "말씀"을 예수로 간주하고 있다.

인간으로서 우리는 다른 사람의 생각이 무엇인지 또 어떻게 다른 사람의 마음에 있는 생각이나 감정들을 해석해야 하는지 정확히 알 수 없다.

몇 해 전, 난 소중한 어린 아들 팀과 함께 레슬링을 하다 팀이 펄쩍 뛰어올랐다 내려오면서 실수로 내 눈을 덮고 있는 보호막을 손

톱으로 할퀴는 사고를 당했다. 뒤이은 고통은 너무나 심했고 난 고통을 줄이기 위해 눈을 감은 채로 침대에 누워 있어야만 했다. 다음날, 난 안과 전문의를 찾아갔고 보호막이 다시 자라도록 한 주 동안 눈에 밴드를 붙이고 다녀야 했다.

그러나 그동안 팀은 한 번도 내게 와서 미안하다고 얘기하지 않았다. 팀은 한 번도 자책하는 기색이 없었다. 그것이 나를 슬프게 했다. 왜냐하면 우리는 항상 우리 아이들에게 사랑할 것을 가르쳤기 때문이다. 난 팀의 행동을 어떠한 식으로든 고쳐야겠다고 생각하기 시작했다. 그러자 하나님 은 조그맣고 잔잔한 목소리로 팀에게 그 아이가 그 사고에 대해 어떻게 느끼고 있는지를 물어 보라고 말씀하셨다.

그날 오후 우리는 함께 앉아 이야기를 나누기 시작했고 난 그 문제에 대한 팀의 마음이 어떠한지에 대해 팀에게 물었다. 그러자 팀은 갑자기 봇물 터뜨리듯이 눈물을 쏟으며 뭐라고 말해야 할지 몰라 너무 슬프다고 말했다. 팀이 문제를 극복하는 방법은 감정을 억누르고 아무 말도 하지 않는 것이었다.

이 일을 계기로 나는 두 가지 큰 교훈을 얻었다. 하나는 절대 다른 사람의 마음이 어떤지에 대해 추측하지 말 것이며, 또 다른 하나는 초기 성장기에 있는 당신의 자녀가 어떤 아이인지 알려고 노력해야 한다는 것이다. 아이들은 그들의 부모와는 다른 동기와 사고를 지닌 독특한 존재이기 때문이다.

내가 말하고자 하는 요점은, 만일 우리가 다른 사람의 마음이 어떤지 알려고 한다면 그들이 우리에게 그들의 마음에 대해 말하고

소통하며 설명해야 한다는 것이다. 언어를 사용하여 말이다. 그것이 바로 사도 요한이 예수님을 "말씀"(The Word)이라고 부른 이유이다.

예수님은 하나님의 마음을 우리에게 전달하셨다. 예수님은 하나님이 어떤 분이신지를 보여주신다. 그들은 본성상 동일한 분이시다. 우리가 성경을 통해 예수님에 대해 공부한다면 우리는 하나님에 대해서도 알 수 있을 것이다. 본질적으로 예수님은 하나님의 마음(heart)이다. 예수님은 하나님이 당신과 나를 향해 어떤 마음을 가지고 계시는지에 대한 계시이며, 그것은 너무나도 경이로운 사실이다.

왜 예수님이 하나님의 유일한 아들인지에 대한 이유는 간단하다. 그 이유는 예수님이 우리를 향한 유일하며 참된 하나님의 마음에 대한 계시이기 때문이다. 만약 하나님에게 또 다른 아들들이 있다면 그 또한 모든 면에서 동일하실 것이다. 왜냐하면 예수님은 완전한 하나님의 모습이기 때문이다. 하지만 하나님은 다른 동일한 아들을 만들지 않으셨고, 만일 만드셨다 하더라도 그들은 모든 면에 있어 완전히 동일할 것이다. 일란성 쌍둥이라 하더라도 그들을 독특한 존재로 만드는 어떤 차이점이 있는데 하나님은 오직 하나인 그의 마음을 표현해 주는 단 하나의 아들을 가지고 계신다.

그렇다면 왜 하나님은 예수님을 보내는 대신 그 자신이 오시지 않은 걸까? 만일 나라면 난 내 아들이나 딸을 보내기보단 나 자신이 왔을 거라는 생각이 든다. 그의 아들을 사랑하는 하나님이라면 그래야 했을 거라고 추측하는 게 당연하다.

요한복음에 빌립이 예수님에게 "주여 아버지를 우리에게 보여 주옵소서 그리하면 족하겠나이다"라고 물었다. 그러자 예수님은 "빌립아 내가 이렇게 오래 너희와 함께 있으되 네가 나를 알지 못하느냐 나를 본 자는 아버지를 보았거늘 어찌하여 아버지를 보이라 하느냐…… 내가 아버지 안에 거하고 아버지께서 내 안에 계심을 믿으라"(요 14:8-11)라고 대답하셨다.

내가 어떤 식으로든 예수님의 희생을 평가절하하려고 하는 것이 아님을 이해하길 바란다. 오히려 난 그 경이로움에 더 많은 초점을 맞추려고 한다. 실상은 "하나님 자신이 오신 것이다."

예수님은 하나님의 마음이시며, 그는 우리 죄로 인하여 상함을 당하고 찢기셨다. 다시 말하면 하나님 아버지 자신의 마음이 상하고 찢기신 것이다. 예수님이 유일한 하나님의 대변자이시므로 결국 창조주 자신이 값을 매길 수 없는 희생을 치르신 것이다. 우리는 이러한 사실에 대해 이제 막 이해하기 시작했을 뿐이다. 하지만 그 계시를 조금씩 알아 감에 따라 우리는 외경심과 찬미의 마음으로 하나님 앞에 나아가게 된다.

새로운 피조물

예수님이 겟세마네 동산에서 기도하실 때 그는 그가 치러야 할 일의 가혹함 때문에 피눈물을 흘리셨다. 그의 피는 채찍질, 구타, 가시관과 창과 못에 찔린 상처를 통하여 그의 몸으로 계속 흘러내렸다.

19세기 위대한 성경 교사였던 앤드류 머리는, 예수님의 보혈과 관련된 성경 구절을 묵상하며 보낸 2주간을 통하여 그의 삶에 아주 큰 은혜를 받았다고 말했다. 우리가 예수님의 희생에 대해 새로운 관점으로 볼 때, 그의 보혈은 진정 값지며 그의 희생은 우리 모두로부터 끊임없이 마음으로부터 넘쳐나는 예배를 받을 가치가 있다.

예수님의 눈에서 처음 한 방울의 피가 흐르던 바로 그 순간부터 사탄은 그가 무엇을 하려고 했는지를 생각하며 겁이 나 움츠러들기 시작했다. 예수님의 피는 흐르기 시작했고 사탄은 그의 통치의 종말을 보고 있었다. 예수님이 새롭고 산 문을 열어 놓으심으로 하나님 나라의 도래는 예고되고 있었다. 당신과 나를 위한 하나님의 계획이 성취됨으로 온 하늘이 이전에 한 번도 알지 못했던 기쁨을 누리기 시작했다. 난 그 순간 천사들이 "죽임당하신 어린양께 호산나"를 목이 터져라 외치며 예배하였으리라 믿어 의심하지 않는다.

마리아가 겟세마네 동산에서 예수님을 뵈었을 때 예수님은 그녀에게 "나를 붙들지 말라 내가 아직 아버지께로 올라가지 아니하였노라 너는 내 형제들에게 가서 이르되 내가 내 아버지 곧 너희 아버지, 내 하나님 곧 너희 하나님께로 올라간다 하라"(요 20:17)라고 말씀하셨다.

그 후 오래지 않아 예수님은 이 세상이나 유혹에 더 이 상 속박 받지 않으시는 부활하신 구세주로 그의 제자들 앞에 나타나셨다.

그는 모든 순간들에 위대한 승리를 거두셨다. 예수님은 이 세상의 어둠의 세력에 홀로 붙들리셨지만 그들을 이기셨다. 그는 우리가 그러한 것처럼 더 이상 육신의 살과 피로부터 그의 생명을 취하지 않으셨다. 인간임에도 불구하고 예수님은 항상 하나님의 능력을 의지하여 어둠의 세력의 영향을 초월한 삶을 사셨다. 죽음이 예수님을 붙들 수는 없다. 왜냐하면 예수님의 생명이 우리가 알고 있는 생명을 이기셨기 때문이다.

사실상 그의 제자들은 예수님이 귀신이라고 생각하고 두려워했지만 예수님은 다음과 같은 말로 대답하셨다.

"내 손과 발을 보고 나인 줄 알라 또 나를 만져 보라 영은 살과 뼈가 없으되 너희 보는 바와 같이 나는 있느니라"(눅 24:39).

예수님은 지금 그의 제자들에게 그를 만져 보라고 요청하신다. 무덤과 제자들과의 만남 사이에 무슨 일인가가 벌어졌다. 예수님이 그의 아버지에게 정결한 희생 제물이 되셨고, 아담 이후 처음 하나님과 우리의 교제를 시작할 수 있게 하는 문이 열린 것이라고 난 믿는다.

우리는 보통 "살과 피"(flesh and blood)라는 표현을 사용하지만, 예수님은 "살과 뼈"(flesh and bones)라는 단어를 사용하셨다. 사실 예수님 자신이 십자가에 달리시기 전 베드로에게 "이를 네게 알게 한 이는 혈육이 아니요"(마 16:17)라고 하신 말씀에서 앞의 단어 "살과 피"라는 말을 사용하셨다.

하지만 부활 후 제자들에게 나타나셔서 말씀하실 때 그는 아주 조심스럽게 단어를 선택하고 계신다. 그는 더 이상 육체의 피의 흐름의 결과로 사는 것이 아니다. 피의 흐름은 전혀 없다. 그것은 사라져 버렸다. 당신과 나를 위해 그의 피를 쏟으셨고, 그 피는 영원히 기억될 속죄의 대가로 그의 아버지께 드려졌다.

예수님은 이 세상의 한계를 초월하여 하나님의 영을 통해 살고 계셨다. 그의 정결한 피가 아버지께 드려졌기 때문에 이제 그의 제자들이 그를 만져 보는 데에 아무런 문제가 없었다. 하지만 보통의 평범한 육체가 아니었다. 그것은 음식을 소화할 수 있지만 벽을 그냥 통과해버리기도 할 수 있는 몸이기도 했다. 그의 생명을 유지하기 위해 더 이상 피를 필요로 하지 않았다. 그의 몸은 천국으로 옮겨졌으며 완전히 새로운 무엇인가였다.

예수님은 우리가 무엇이 될 것인지 그리고 피조물이 어떤 모습이어야 하는지에 대한 살아 있는 예가 되셨다. 우리가 알고 있듯이, 예수님은 생명을 초월하셨고 인간으로서 영광을 입은 첫 번째 예가 되는 새로운 아담이 되셨다. 예수님은 하늘과 땅 모두에서 살 수 있는 육체를 가지고 계셨다! 그는 단순한 영이 아니셨고 그는 완전히 새로운 인간 형태이셨다!

빵과 포도주

우리는 성찬식을 통해 예수님의 피와 살을 먹고 마심으로 예수님을 기억한다. 예수님은 "이것은 죄 사함을 얻게 하려고 많은 사람을 위하여 흘리는 바 나의 피 곧 언약의 피니라"(마 26:28)고 말씀하시며 그의 피가 모든 죄에서 우리를 깨끗하게 하신다고 말씀하셨다.

"우리는 그리스도 안에서 그의 은혜의 풍성함을 따라 그의 피로 말미암아 속량 곧 죄 사함을 받았느니라"(엡 1:7).

예수님의 피는 우리 죄를 씻음으로 우리의 마음과 생각을 정하게 하시는 정화제이다. Blessed be the name of the Lord! 예수님의 피의 정결함은 "피 흘림이 없은즉 사함이 없느니라"(히 9:22)가 말하듯, 우리를 향한 용서라는 선물에 대한 대가의 지불을 상징한다.

예수님의 피가 죄에 대한 용서를 위해 흘려졌듯이 그의 살은 하나님께로 가는 길을 열기 위해 찢겨졌다.

"그러므로 형제들아 우리가 예수의 피를 힘입어 성소에 들어갈 담력을 얻었나니 그 길은 우리를 위하여 휘장 가운데로 열어 놓으신 새로운 산 길이요 휘장은 곧 그의 육체니라"(히 10:19-20).

그 살은 하나님으로부터 우리를 분리하는 휘장이었다. 우리의 타락한 육신은 하나님께 가까이 가는 데에 있어 극복할 수 없는 장애물을 상징한다. 예수님의 살은 죄가 없다. 그러므로 예수님으로부터 전가된 순결함은 우리의 육체를(우리 육적 본성으로서가 아닌 성화된 육체) 하나님의 임재 속으로 온전히 들어갈 수 있게 한다.

예수님은 천한 인간으로 이 땅에 오시기 위해 하늘 위 영광의 보좌를 버리셨다. 그는 우리와 같이 되셨으며 우리의 소망, 기쁨, 고통, 유혹, 욕망을 아시는 분이다. 예수님이 인간의 속성을 가지셨음을 강조하는 이유는, 예수님이 모든 한계와 연약함에 자신을 맡기셨기 때문이다. 하지만 그에게는 한 가지 큰 차이점이 있다. 그는 죄를 알지 못하시는 분이라는 점이다.

"우리에게 있는 대제사장은 우리 연약함을 동정하지 못하실 이가 아니요 모든 일에 우리와 똑같이 시험을 받으신 이로되 죄는 없으시니라"(히 4:15).

육적인 삶(세속적인 삶)을 극복하는 데 있어, 예수님은 죄 없고 완전한 한 인간의 삶(어떤 누구도 도달하고자 노력해 본 적이 없는 그런 종류의 삶)을 산 자신을 희생함으로 하나님이 거하시는 곳으로 갈 수 있는 문을 열어 주셨다. 육적인 생명과 영적인 생명은 이제 더 이상 분리되어 있지 않다. 예수님의 생명이 그것들이 더 이상 상호 모순적인 것이 되지 않도록 하여 하나님과 화목하게 하였다.

예수님은 하나님이면서 동시에 인간이셨다. 그리고 그는 그를 믿고 회개하는 자 모두를 구원하셨다. 그의 피는 우리를 깨끗하게 하였으며, 그의 살은 우리와 하나님 사이의 휘장을 영원히 제거하셨다.

그러한 엄청난 속죄를 대가로 산 우리는 그의 피(성찬식에서 우리가 포도주를 마시며 기념하는)를 함께 나눌 수 있는 초대장을 가지고 있다. 달리 말하자면 우리가 하나님 아버지께 받아들여질 수 있도록 죄를 없애는 효과적인 방법이 있다는 것이다. 한편으로 성찬식의 빵은 교회 안의 우리 형제들과 하나님과 함께 하나로 연합하며 서로를 돌보고 나누며 인간 존재가 하나님과 교류할 수 있는 곳인 우리 안의 새로운 생명의 힘을 의미한다.

"우리가 축복하는 바 축복의 잔은 그리스도의 피에 참여함이 아니며 우리가 떼는 떡은 그리스도의 몸에 참여함이 아니냐 떡이 하나요 많은 우리가 한 몸이니 이는 우리가 다 한 떡에 참여함이라"(고전 10:16-17).

떠나시기 전 예수님은 이렇게 기도하셨다.

"내게 주신 영광을 내가 그들에게 주었사오니 이는 우리가 하나가 된 것같이 그들도 하나가 되게 하려 함이니이다 곧 내가 그들 안에 있고, 아버지께서 내 안에 계시어 그들로 온전함을 이루어 하나가 되게 하려 함은 아버지께서 나를 보내신 것과 또 나를 사랑하심 같이 그들도 사랑하신 것을 세상으로 알게 하려 함이로소이다"(요 17:22-23).

여기서 우리는 예수님이 우리가 다른 사람과 그리고 하나님과 연합할 수 있도록 그의 영광을 우리에게 주셨음을 볼 수 있다.

예수님이나 아버지의 희생을 치르지 않고서는 이러한 영광을 가질 수 없었듯이 우리 또한 희생을 치러야 그러한 영광을 가질 수 있다. 그것이 설사 고통을 의미한다 하더라도 우리는 그것들을 받아들일 준비를 하여야 한다. 우리가 하나님께 더 가까이 가고 그의 생명을 우리 안에 받아들이기 시작할 때 예수님을 닮고자 하는 염원이 자라나게 된다. 예수님을 닮고자 하면 우리는 우리의 마음 깊이 자리하고 있는 모든 종류의 죄들과 싸우고자 하는 마음을 가지게 된다. 이것이 바로 우리가 치러야 할 희생의 일부이다.

예수님이 우리가 그것들을 해낼 수 있도록 은혜를 주시겠지만 우리는 성령의 인도하심에 순종해야 한다. 그때에 우리는 세상 속으로 나아가 세상의 죄에 대한 해답의 일부가 될 것이다. 어디를 가든 우리는 하나님 나라를 증거하고자 할 것이다.

세상을 이기심

어느 날엔가 우리는 하나님과 함께 통치하고 다스리게 될 것이다. 하나님은 우리가 이 지상에 거하는 동안 우리로 하여금 다스리도록 우리를 부르셨다. 하나님은 우리의 삶 속에서 죄를 다스리길 원하신다. 죄가 우리 발 아래 있을 때 죄, 질병 그리고 죽음을 일으키는 힘과 권세를 다스리기를 원하신다.

"이기는 그에게는 내가 내 보좌에 함께 앉게 하여 주기를 내가 이기고 아버지 보좌에 함께 앉은 것과 같이 하리라"(계 3:21).

우리 중 많은 이들이 우리를 정복하려는 적이 나타나면 낙심하거나 자기 연민에 빠진다. 한번은 내가 아주 힘든 시련을 당할 때 내 친한 친구에게 불평을 했다. 그러자 그 친구는 물린 개처럼 낑낑대지 말고 내가 남자다워야 하며 하나님 앞에 일어서야 한다는 말로 충고해 주었다. 난 그의 충고를 마음에 새겼고 큰 교훈을 배우는 계기가 되었다. 난 머리이지 꼬리가 아니다. 하나님의 뜻에 따른 고통은 예수님이 그러하신 것처럼 우리의 기쁨이 되며 양식이 될 것이다.

"너희는 다시 무서워하는 종의 영을 받지 아니하고……성령이 친히 우리의 영과 더불어 우리가 하나님의 자녀인 것을 증언하시나니 자녀이면 또한 상속자 곧 하나님의 상속자요 그리스도와 함께한 상속자니 우리가 그와 함께 영광을 받기 위하여 고난도 함께 받아야 할 것이니라 생각하건대 현재의 고난은 장차 우리에게 나타날 영광과 비교할 수 없도다"(롬 8:15-18).

기술이 발달한 이 시대는 교회 집회나 모임에 참여하고 말씀 테이프나 비디오 시청, 경건 서적을 읽거나 찬양이나 예배 CD를 듣는 방법을 통하여 그리스도인으로서의 길을 따르려는 노력이 점점 줄어들고 있다. 몇몇 사람들은 그리스도인으로서의 정체성을 유지하기 위한 일차적 수단으로 교회 출석을 하곤 한다. 그리스도 형제 자매들이 "이곳은 더 이상 제게 만족을 주지 못해요"라고 말하는 것을 자주 듣는다. 대부분의 경우 그 말의 의미는 더 이상 영혼의 만족함을 얻지 못하기 때문에 교회를 떠나려고 한다는 말이다.

얼마 전 나도 그 같은 마음을 가지고 내 앞에 앉아 있는 조그마한 꼬마를 내려다 보며 교회에 앉아 있었다. 그 꼬마는 유아용 책에서 "넌 이제 혼자 먹을 수 있을 만큼 충분히 자랐어"라고 쓰여진 페이지를 펼쳐 읽고 있었다. 그것은 하나님이 내게 하시는 말씀이었다! 난 내가 하나님과의 직접적인 교제를 통해 내 길을 걸어가야 한다는 것을 배웠다.

예수님은 그의 '양식'(생명을 유지하는)이 하나님의 뜻을 행하는 것이라고 하셨다.

> "나의 양식은 나를 보내신 이의 뜻을 행하며 그의 일을 온전히 이루는 이것이니라"(요 4:34).

하나님의 뜻을 행하는 것이 우리에게도 마찬가지로 우리 강함의 일차적 원천이 되어야 한다. 하나님의 뜻은 오직 사랑의 힘으로만 성취된다. 그것은 단순히 순종의 문제가 아니다. 우리는 잘못된 의무감 때문이 아니라 하나님을 기쁘시게 하기 위해 하나님께 순종해야 한다. 그것이 바로 사도 요한이 사랑과 순종을 서로 바꾸어 쓸 수 있는 동일한 개념으로 언급한 이유이다. 순종은 하나님에 대한 우리 사랑의 표현이다. 하나님의 뜻을 행함으로 사랑은 기쁨을 얻는다.

　우리가 하나님께 받아들여질 만한 희생을 할 때 하나님의 영광이 나타나기 시작하며 우리 자신과 우리 주위에 명백히 드러날 것이다. 받아들여질 만한 희생이란 아마도 겸손, 내 안의 적에 대항하여 싸우는 일, 용서의 행위, 누군가를 축복하는 일, 하나님의 드러난 뜻에 대한 단순한 순종 등일 것이다. 하나님의 임재와 인정은 이제 우리가 잘 알고 있는 이러한 영광 속에 들어 있다. 그것은 우리의 양식이고 음료이며, 높은 곳으로부터 축복을 가져다 준다.

거룩함이란 무엇인가?

　10장에서 주님이 우리 딸 안나에게 말씀을 묵상하는 일에 대한 가치를 어떻게 일깨워 주셨는지를 언급했다. 최근 나는 내 삶의 너무도 중요한 계시들 가운데 하나를 받았다. 처음 주님으로부터 그러한 계시를 받은 사람은 안나였다. 안나가 열의에 가득 차 그 계시들에 대해 말할 때 나 자신도 계시를 받았었다. 지금 난 그 계시를 이 글을 읽고 있는 당신에게 건네고자 한다. 하지만 당신은 아마도 이 말을 가슴으로 받아들이기 위해 몇 번이고 반복해서 읽어야 할지도 모른다.

　그건 매우 간단하지만 아주 심오한 의미를 지니고 있다. 하나님은 "그분이 거룩하시다!"는 사실을 안나에게 계시하셨다. 바로 그것이다. 하나님은 거룩하신 분이시다! 다시 설명하자면 우리는

"is"(-이다)라는 단어에 특별히 유의해야 한다. 거룩함은 하나님의 본성인 것이다.

선지자 이사야는 웃시아 왕이 죽던 해에 주님이 높이 들린 보좌에 앉아 계심을 보았다. 여섯 날개를 가진 스랍들이 주님 주변을 날아다니고 있었다. 그 날개 중 둘로는 자기의 얼굴을 가리었고, 다른 둘로는 자기의 발을 가리었고, 나머지 둘로는 날고 있었다. 서로 불러 이르되 "거룩하다 거룩하다 거룩하다 만군의 여호와여 그의 영광이 온 땅에 충만하도다" 했다(사 6:1-4).

스랍이라 불리는 괴상한 생명체는 모든 경이와 영광에 취해 하나님의 보좌 주변을 빙글빙글 돌며 "거룩하다 거룩하다 거룩하신 주님"이라고 외치며 끊임없이 찬양했다. 이 천사 같은 존재는 여섯 날개를 가지고 있지만 그것들 모두를 나는 일에 사용하지 않고 둘로는 얼굴을 가리고 또 둘로는 발을 가리는 데 사용했다. 그들은 하나님의 영광의 광채가 매우 강해 하나님께 가까이 갈 수 없기 때문에 그들은 스스로를 가리는 유일한 방법을 택한 것이다. 그들은 하나님의 영광을 가까이에서 볼 수 있는 능력이라는 큰 특권을 가지고 있으며, 그들은 하나님에 대해 본 것이 무엇인지를 말하고 있다. 곧 그들은 "하나님은 거룩함이다"라고 선포한다! 달리 표현하자면, 거룩은 하나님 자신이다.

마찬가지로, 요한계시록에서 요한은 하늘로 올라가 하나님 보좌를 보았다. 그가 본 것들을 그는 이렇게 기록하고 있다.

"네 생물은 각각 여섯 날개를 가졌고 그 안과 주위에는 눈들이 가득하더라 그들이 밤낮 쉬지 않고 이르기를 거룩하다 거룩하다 거룩하다 주 하나님 곧 전능하신 이여 전에도 계셨고 이제도 계시고 장차 오실 이시라 하고"(계 4:8).

나는 용서가 사랑의 한 요소임을 강조하기 위해 1장에서 성령의 열매를 언급한 성경 구절을 의도적으로 틀리게 인용했다. 어쨌든 갈라디아서 5장 22절은 사랑이 삼위일체의 한 분이신 성령의 열매임을 언급하고 있다.

'하나님은 사랑이시다' 라는 말은 분명한 진리이다(요일 4:8). 하지만 그보다 더한 진리는 '하나님은 거룩하시다' 라는 것이다. 사랑은 하나님의 거룩함의 결과이다. 정말로 사랑은 하나님의 거룩함으로부터 흘러나온다. 용서가 사랑의 산물인 것처럼 사랑은 그분의 거룩함의 산물이다.

이것은 성경이 의미하는 거룩함이 무엇인지에 대한 새로운 빛을 던져 준다. 난 거룩함이란 순수하고 분리된 어떤 것이며 의로움이며 결백함을 의미한다고 생각했다. 거룩함이 이 모든 것을 의미한다는 것은 분명하다. 하지만 이제 우리는 거룩함의 열매들 곧 사랑, 기쁨, 평화, 인내, 온유, 양선, 충성, 자비를 포함하기 위해 거룩함의 정의를 더 넓혀야 한다. 이것들은 과실이 그것들을 낳은 나무의 소산물인 것과 같은 방식으로 거룩함으로부터 나오는 성령의 열매들이다.

우리가 거룩함에 대해 공부하려 할 때, 우리는 결국 거룩이란 것이 우리에겐 너무나 낯설기 때문에 이해할 수 없다는 것을 인식하면서 좌절하곤 한다. 우리는 거룩을 평가할 만한 존재가 아니다. 인간은 사랑할 능력이 있기에 사랑을 알 수 있다. 마찬가지로 우리는 하나님이 주신 능력을 인하여 선한 일을 행할 수 있기에(우리가 그러길 원한다면) 양선을 안다. 하나님이 모든 인간에게 위임하신(어느 정도까지는) 모든 성령의 열매 또한 마찬가지이다. 하지만 거룩함에 대해선 우리는 거의 알지 못한다.

거룩함은 하나님의 본성이시며 그것은 흉내 낼 수 없는 그 무엇이다. 거룩함과 그 열매는 하나님과의 친밀한 교제를 통해서만이 전달된다. 거룩함의 열매는 아버지와의 교제로부터 흘러나오는데, 그 이유는 그와 함께함으로 그가 그의 거룩함을 우리에게 부여하시기 때문이다.

"내가 거룩하니 너희도 거룩할지어다"(벧전 1:16).

이것이 바로 신약성경이 말하는 것이다. 우리가 그냥 그를 영접한다면 그의 임재가 우리를 통해 그의 뜻을 성취하신다. 그리고 이것이 바로 완전한 용서가 일하는 방식이다. 그분의 영은, 하나님이 우리를 위하여 행하신 일에 대해 감사가 넘칠 때 우리가 그 감사를 통해 마음속에서 다른 사람을 용서하기 위해 필요한 모든 것을 나누어 주신다.

종착지

우리는 이제 여행의 거의 마지막에 다다랐다. 하지만 용서할 수 없는 데 대한 답을 찾고자 했는데 만족스러운 답을 찾지 못해 실망스러운 사람들도 있을 것이다. 그들에겐 답이 없는 것처럼 보일 것이다. 상처가 너무 크고 여전히 용서는 먼 나라의 이야기처럼 느껴질 수도 있다. 파멸이 그들을 엄습하고 그들이 사랑했던 사람들이 소름끼치도록 싫을 수 있지만 확신하건대 하나님은 그 모든 것을 이해하신다.

여전히 용서하지 못하는 황폐함 속에 있는 사람들에게 난 이렇게 말하고 싶다. "당신이 가야 할 길은 분명합니다."

"하나님을 가까이하라 그리하면 너희를 가까이하시리라"(약 4:8).

그러면 당신은 "전 그리스도인이에요. 전 하나님과 교제하고 있어요"라고 말할 것이다. 천사들이 바라는 것처럼 할 수는 없지만 말이다. 당신은 여전히 하나님께로 더 가까이 나아가야만 한다. 당신은 하나님 보좌 우편으로 가 그의 무릎에 앉도록 허락받았다. 당신 자신을 하나님의 아름다움과 거룩함, 곧 하나님이 거하시는 깊은 곳(그리고 그곳에 머물라)으로 인해 하나님을 경외하게 하라. 당신은 그의 영원하신 용서로 인하여 용서할 수 있는 힘을 발견하게 될 것이다. 이것이 바로 당신이 걸어가야 할 길이다.

중생한 그리스도인으로서 우리 각자는 하나님의 임재 속으로 온전히 들어갈 수 있는 권리를 가진, 예수님의 새 언약의 참여자들이다. 우리는 스랍들처럼 하나님께로 가까이 가는 것에 제한을 받지 않는다. 우리가 다 수건을 벗은 얼굴로 거울을 보는 것같이 주님의 영광을 보듯이, 우리는 우리의 얼굴을 가릴 필요가 없다(고후 3:18). 우리는 그의 영광스러운 보좌 우편을 걸으며 그와 함께 앉을 것이다. 그것이 바로 우리 구원의 위대함이다!

거룩함은 우리의 종착점이자 궁극적 목적이다. 성령의 열매로서 사랑은 거룩함으로부터 나온다. 그리고 용서는 사랑으로부터 나온다. 용서는 우리 주변 사람들에게 사랑을 보여줄 수 있는 조그마한 씨앗이다. 그 속에는 사람들 사이에 사랑을 자라게 하고 하나님의 나라를 성장시키는 가능성이 들어 있다. 비록 작고 보잘것없는 씨앗이지만, 그것은 우리 모두를 건강하게 하며 하나가 될 수 있게 하는 힘을 가지고 있다.

> "모든 사람과 더불어 화평함과 거룩함을 따르라 이것이 없이는 아무도 주를 보지 못하리라"(히 12:14).

우리가 거룩해지면 우리는 하나님의 사랑으로 채워진다. 그 결과 하나님 나라의 번성으로 인해 이전엔 하기 어려웠던 용서가 쉬워진다. 만일 우리가 하나님 나라에 살 수 있는 권리를 가지게 된다면 우리는 용서하는 마음을 늘 유지해야만 할 것이다.

이제 우리는 여행의 종착지에 다다랐다. 용서는 이 땅 위에 세워질 하나님 나라의 주춧돌이다. 그것은 하나님의 거룩함에서 비롯한 사랑으로부터 나온다. 우리는 용서해야만 한다. 이 책의 전체 메시지는 결국 다음에 나오는 구절로 마무리지을 수 있다.

"우리가 진정으로 하나님과 함께 걸어갈 때
다른 사람을 향한 용서를 실천하고
또 용서받고자 하는 갈망은
선택이 아니라 필연이다."

다른 사람에 대한 죄가 아주 극악하든 아니며 사소한 것이든, 또는 그 죄가 실제이든 마음속 상상이든, 답은 항상 동일하다. 용서하라. 그렇지 않으면 당신은 쓰디쓴 마음으로 분노의 바다를 굽이치며 끝없이 표류할 것이다. 당신의 구원자이신 예수님이 당신을 그 자신에게로 인도하시도록 그분께 맡겨라. 당신은 주님의 평화로운 안식처에서 누군가를 용서할 수 있는 사랑과 자유와 은혜를 발견할 것이다.

더 넓게 보자면, 용서는 전쟁을 멈추게 하는 힘이 있다. 이혼율을 낮추는 힘이 있다. 지역 사회의 분열을 치유하는 힘이 있다. 인종 간의 불화를 없앨 수 있는 힘이 있다. 그리고 우리가 매일의 삶에서 만나게 되는, 해소되지 않는 긴장들을 해소할 수 있는 힘이 있다. 용서는 하나님과 우리의 교제 그리고 우리 주변 사람들과의 교제를 가능하게 한다.

정말 용서는 의심할 나위 없는 이 지상의 가장 강력한 힘이다.

용서는 교회의 연합을 가능하게 한다. 하나님이 도저히 거부하실 수 없는 연합, 또 암탉이 새끼를 품듯이 하나님이 오셔서 우리를 품으실 그러한 연합!

마음을 다한 용서는 우리가 가야 할 하나님의 나라를 위한 길을 낼 것이다. 그것은 그의 뜻이 하늘에서 이루어진 것처럼 땅에서도 이루어지게 하기 위한 준비가 될 것이다. 그리고 마침내 그의 분명한 영광이 드러날 것이다.

"내가 들으니 보좌에서 큰 음성이 나서 이르되 보라 하나님의 장막이 사람들과 함께 있으매 하나님이 그들과 함께 계시리니"(계 21:3).

감사의 글

책을 출간하는 데 유익한 조언과 도움을 준 아래 모든 분들께 감사를 드린다.

Helen Warren, (Jon) Michael Cooper, Harriet Cuming, Rev Barrie Wright, David Newby, Rosemary Newby.

특히 남태평양 지역의 NFW(National Forgiveness Week)를 진행하는 데 큰 도움이 된 동료 David Newby에게 감사를 전한다. 하나님은 우리를 동역자로 보내셨고 우리는 함께 그의 놀라운 사역을 목도하는 특권을 누려왔다.

NFW는 팀워크가 이루어낸 결과이다. 중보기도 분야에서 우리를 도와준 각 개인들에게도 감사를 보낸다.

Helen Warren, Sue Rose, Rosemary Newby

Harriet Cuming, Graeme Dear, Graeme Lee

Jenny Dear, Jane Lee, Chris Tyler

Coral Joiner, Sandra Wysman, Rev Barrie Wright

Beverley Wilson, Judy Wright, (Jon) Micheal Cooper

Rosalyn Ferrier

그들의 기도가 없었다면 아무것도 성취해 낼 수 없었을 것이다. NFW는 팀원 각각이 가진 재능을 가지고 함께 일하고 있다. 건강한 몸의 기능이 그러하듯이 산돌로서 우리는 하나님 나라의 확장을 위해 서로 부족한 부분을 채워가며 함께 일하고 있다.

그리고 나의 가족에게 감사를 표한다. 특히 우리가 힘들게 번 저축을 NFW에 사용할 수 있도록 많은 도움과 끊임없는 용기를 준 Helen, 또한 열정적인 기도와 도움을 아끼지 않았던 우리 아이들 Tim과 Anna에게 감사를 전하고 싶다.

Fiji NFW를 위한 도안을 디자인하기 위해 시간과 재능을 아낌없이 쏟아 부어 준 David Rose에게도 특별히 감사의 마음을 전한다.

NFW를 위해 중보기도로 많은 도움을 준 피지인 중보기도자 Dr Vereniki Raiwalui, Asena Raiwalui, Pastor Salabogi Mavoa, Losalini Mavoa, Sainimili Kacimaiwai 그리고 Rev Vuniani Nakauyaca에게도 감사의 인사를 전한다. 그리고 NFW를 위해 매일 새벽 4시에 일어나 중보기도에 함께 참여했던 팀원들에게도 감사를 전한다.

NFW를 성공적으로 치르는 데 기여한 많은 사람들, 핵심적인 주최자 Rev Isireli Ledna Kacimaiwai, Ratu Osea Gavidi, Fr Apomeleki Qiliho, Dr Akanisi Kedrayate Tabualevu, Ratu Epeli Kanaimawi, Ana Vesikula, Laisenia Qarase의원과 Asenaca Caucau의원에게도 감사를 전한다. 더하여 뒤에서 쉬지 않고 도와준 많은 감사의 마음을 전한다.

NFW를 진행함에 있어 실제적인 도움을 준 George Livanos와 (Jon) Micheal Cooper에게 특별한 감사의 마음을 전한다.

마지막으로 그들의 감동적인 이야기를 쓰도록 허락해준 Shane Stevens 대령과 Lauren Lok에게 감사를 전한다.

참고문헌

저작권과 관련하여 아래에 나열된 출판물로부터 발췌한 인용문들은 정당한 절차를 거쳐 사용하도록 허가받았다. 만약 출처가 주어져야만 하는 곳에 출처가 빠져 있다면 관대하게 용서해주길 바란다.

1. Robert Lowry(1826-1899) & William Rees(1802-1883), *Here is Love*, (translated from the Welsh title *Dyma gariad fel y moroedd*).

2. G.C. Bevington, *Remarkable Miracles*, Bridge-Logos Publishers, Florida USA(1992) ISBN 0-88270-703-5.

3. Mary Webster, public address, USA, unknown venue, *circa* 1970.

4. Theodore Monod (1836-1921), *Oh the Bitter Shame and Sorrow* (1874).

5. John & Carol Arnott, *The Importance of Forgiveness*, Sovereign World, Kent UK (1997) ISBN 1-85240-215-6.

6. John & Paula Sandford, *The Transformation of the Inner Man*, Victory House, Tulsa USA (1982).

7. Madame Guyon, *Experiencing God Through Prayer*, edited by Donna C. Arthur, Whitaker House, Pennsylvania USA (1984) ISBN 0-88368-153-6.

8. George Verwer, *A Revolution of Love and Balance*, STL Productions, Kent UK (1977).

9. Lindley Baldwin, *Samuel Morris*, Bethany House Publishers,

(division of Bethany Fellowship Inc.), Minneapolis USA (1971) ISBN 0-87123-950-7.

10. H.R. Mackintosh, *The Christian Experience of Forgiveness*, Nisbet & Co, London UK (1927).

11. Natalie Steel, *Milton Smith - A Man After God's Heart*, Castle Publishing, Auckland New Zealand (2003).

12. A.W. Tozer, *Men Who Met God*, Kingsway Publications, Sussex UK (1986) ISBN 0-86065-758-2.

13. Mrs C.E. Cowman, *Streams in the Desert - Vol.2*, Marshall Morgan & Scott, London UK (1979) ISBN 0-551-05097-7.

14. Mrs C.E. Cowman, *Springs in the Valley*, Cowman Publishing Company, LA California USA (1925).

15. Robert G. Warren, *Summer Showers & Cactus Flowers*, Crossway Books, Sydney Australia (2005) ISBN 0-9757133-2-6.

| 판 권 |
| 소 유 |

용서가 주는 선물
하나님의 영광에 이르게 하는 용서의 힘

2013년 6월 1일 인쇄
2013년 6월 5일 발행

지은이 | 로버트 워렌
옮긴이 | 김묘정
발행인 | 이형규
발행처 | 쿰란출판사

주소 | 서울특별시 종로구 이화동 184-3
TEL | 02-745-1007, 745-1301~2, 747-1212, 743-1300
영업부 | 02-747-1004, FAX / 02-745-8490
본사평생전화번호 | 0502-756-1004
홈페이지 | http://www.qumran.co.kr
E-mail | qrbooks@gmail.com
　　　　　　qrbooks@daum.net
한글인터넷주소 | 쿰란, 쿰란출판사

등록 | 제1-670호(1988.2.27)

책임교열 | 김윤이 · 이화정

값 12,000원

ISBN 978-89-6562-432-5　03230

＊ 이 출판물은 저작권법에 의해 보호를 받는 저작물이므로 무단 복제할 수 없습니다.
　잘못된 책은 교환해 드립니다.